EL ESPIRITU DE LA SELVA

Copia de lectura avanzada

prueba de galera no corregida

EL ESPIRITU DE LA SELVA

La historia de un chamán Yanomami

Mark Andrew Ritchie
Trini Bernal Boada
Traducción

ISLAND LAKE PRESS
CHICAGO

Otros títulos de Mark Andrew Ritchie

God in the Pits
The Last Shibboleth
My Trading Bible
The Signs and Testimony of Yohan (Próximamente)
Treasures of my Heart
America's Four Blind Spots (Próximamente)

Esta edición en español está dedicada a Trini Bernal Boada porque el autor considera que superar los detalles de la historia de Hombreselva conlleva un alto precio emocional. Uno debe lograr desconectarse del trauma emocional de cada situación para registrarla meticulosamente. Y, sin embargo, nadie intentaría este proyecto sin sentir gran empatía hacia los sujetos de estudio. Bernal se distingue al completar esta traducción mientras albergaba estas dos cualidades altamente conflictivas.

© 2018 by Mark Andrew Ritchie

ISBN: 978-0-692-09607-9
Island Lake Press
Publisher Title Management: 1885779

Diseño de portada: Pablo Balestra

Para Trini Bernal Boada

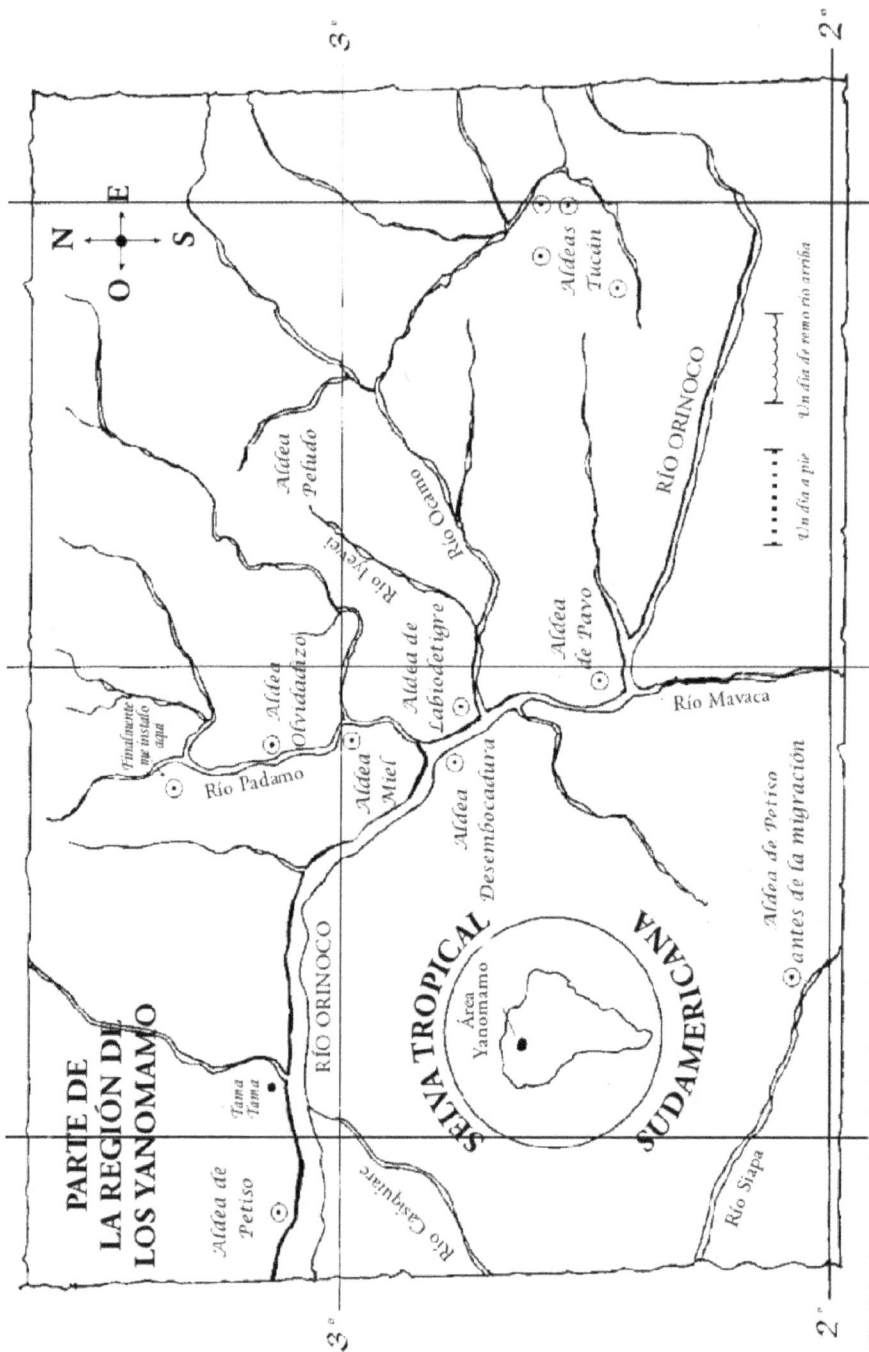

PARTE DE LA REGIÓN DE LOS YANOMAMO

N
O · E
S

Aldea de Petiso

Tama Tama

RÍO ORINOCO

Río Castaiare

SELVA TROPICAL

Área Yanomamo

SUDAMERICANA

Río Siapa

Aldea de Petiso antes de la migración

Finalmente me instalo aquí

Río Padamo

Aldea de Ofvududazo

Aldea Peludo

Río Iyewei

Río Ocamo

Aldea de Laboodetigre

Aldea Miel

Aldea Desembocadura

Aldea de Pavo

Río Mavaca

RÍO ORINOCO

Aldeas Tucán

Un día a pie   Un día de remo río arriba

CONTENIDO

INTRODUCCIÓN A LA SEGUNDA EDICIÓN

Asistimos a una convención donde mi agente de RR.PP. y yo presentaríamos a un indígena Yanomamö inusualmente diserto frente a un auditorio de estudiantes. Ya se había forjado una reputación como vocero de su pueblo. Durante lo que sería supuestamente una breve introducción, alguien del público me desafió con la antigua teoría del "déjenlos tranquilos, viven en el Edén." Mordí el anzuelo y comencé a defender el derecho del Yanomamö a hablar, etc. Finalmente, mi agente de RR.PP. deslizó una nota hacia mí: "Has hablado durante cuarenta y cinco minutos y todavía no lo hemos hecho entrar." Me torné lívido al percatarme de que había ocupado la mayor parte de la hora hablando de un tema que mi amigo indígena había viajado desde el Amazonas para abordar.

El etnocentrismo, que con tal facilidad se descubre en otras personas, es casi invisible cuando nos toca de cerca: yo me había estado regodeando en él durante cuarenta y cinco minutos. Por lo tanto, permítanme ahorrarles una enormidad de material introductorio, que de todos modos los aburriría, y presentarles sin más a uno de los más talentosos narradores que se pueda conocer. Comprenderán lo que digo muy pronto. Solo una advertencia: Hombreselva no conoce ni límites ni eufemismos.

1

O, when I am safe in my sylvan home,
I tread on the pride of Greece and Rome;
And when I am stretched beneath the pines,
Where the evening star so holy shines,
I laugh at the lore and the pride of man,
At the sophist schools, and the learned clan;
For what are they all, in their high conceit,
When man in the bush with God may meet?

Ralph Waldo Emerson

EL ESPIRITU DE LA SELVA

Copia de lectura avanzada

Arriba, en la copa de un árbol, un mono howashi saltó y, agarrándose a la suave corteza de la rama, correteó hasta alcanzar las bayas más altas. Tan arriba estaba, tan a la brillante luz del sol, que no podía ver el húmedo suelo de la selva. Un tucán cantó. El mono se volvió y "le contestó," atrapó sus bayas, se instaló en el recodo de una rama y comenzó a llenarse los carrillos. Miraba a través de las hojas. Las copas de los árboles se extendían hasta donde le alcanzaba la vista, reflejando todos los tonos de verde en el cálido amanecer. En su mundo de paz y belleza, no podía divisar el claro dos curvas abajo en el lento río Padamo. En este lugar se asentaba un pueblo llamado Miel.

El humo de las hogueras mañaneras para cocinar, subía del poblado. En los techos de hojas de palma, círculos de yuca blanca se secaban al caluroso sol de la mañana. Sin embargo, un poblado Yanomami nunca es tan pacífico como parece.

Prólogo: 1982

Antes de cada pelea, siempre hay una larga historia

Los guerreros Miel se colocaron en una línea curva que formaba una media luna. La hierba húmeda de la mañana bajo sus pies, se secaba al sol del amanecer, pero no todo lo rápido que ellos necesitaban. Los guerreros Desembocadura estaban frente a ellos, también en forma de media luna. Algunos de ellos llevaban ropas que habían conseguido de los *nabas,* los blancos que hablaban como bebés. El resto llevaban taparrabos. Cada uno de los hombres del círculo llevaba un garrote de recia madera de palmera que él mismo se había fabricado con esmero. Con la brillante luz del sol, podías ver profundas arrugas en cada rostro.

Velludo podía golpear con su garrote a un hombre hasta matarlo, pero podía llevarle mucho tiempo y mucho esfuerzo. Permanecía fuera del círculo, a un lado. En realidad, esta no era su batalla. Si se viera envuelto, no usaría un garrote. Usaría el arma que tenía en sus manos, la que le había hecho tan famoso y tan temido.

Parecía relajado, con su arco y sus flechas. Había perfeccionado su imagen a lo largo del tiempo: brazos cruzados sobre el arma, los dedos de una mano sobre su boca. La mano lo era todo. Ocultaba el montón de tabaco que colgaba de su labio inferior e impedía que nadie viera el movimiento de su boca. Sus enemigos nunca le vieron asustado. Pero yo sé lo que Velludo sentía por dentro; una gran agitación crecía en su interior, una sensación que él conocía bien. En un instante esta pelea pasaría de los garrotes a las flechas. Y su estómago gritaba al resto de su cuerpo que estuviera preparado para la acción. Sus largas flechas iban desde el suelo, a sus pies, hasta sus brazos cruzados. Las afiladas puntas descansaban tranquilamente delante de sus ojos. Oía los sonidos de una batalla que estaba a punto de comenzar. Entre dos de las puntas, untadas con veneno rojo intenso, vio a Huesodepierna, quizá el mejor guerrero del enemigo. *Él será el objetivo de una de estas puntas, si tuviera que usarlas,* pensó Velludo.

Los ojos de Velludo le lloraban debido al humo de las fogatas mañaneras. Se los hubiera restregado, pero jamás quitaría esa mano de delante de su boca. Ese gesto mostraba que no tenía miedo. Y no era momento de hacer movimientos innecesarios.

Al lado de Velludo estaba el jefe de los Miel, Calzapié. Este jefe no parecía como los demás, sus manos estaban vacías. Ni garrote, ni arco, ni flechas. Tampoco tabaco en su labio inferior. Entre los indios Yanomamis, Calzapié siempre ha sido y sigue siendo un misterio. Su amistad con los blancos le hizo algo raro. Fue un valiente guerrero y aún era un gran cazador. Ni siquiera yo, su pariente y su maestro, le entendía. Ahora trataba de impedir las batallas. Había hecho todo lo posible por detener esta, pero los Desembocadura no se irían. Sin embargo, él sabía exactamente dónde estaban su arco y sus flechas, mucho más cerca de lo que cualquiera sospechaba.

Rabodeperezoso, también permanecía fuera de la línea curva de guerreros. Al igual que Velludo, sostenía su arco y sus flechas y observaba. A diferencia de Velludo, nunca había matado a un hombre. Ningún Yanomami alardearía de que nunca había matado a un hombre. Al lado de Rabodeperezoso estaba Keleewa, su amigo de toda la vida, quien le había convencido de que evitase esas peleas, y Rabodeperezoso lo hacía. Keleewa hablaba como un Yanomami, pero era un naba; blanco como todos los demás.

Unos pocos más estaban en lugares de importancia fuera y detrás de las dos líneas de guerreros enfrentados. Sin garrotes, sólo arcos y flechas. Estos sólo observarían hasta que se necesitaran las flechas. Pero ninguno podía observar como Velludo. Él veía a cada guerrero enemigo, especialmente los que estaban detrás de la línea, los que miraban. Estos estaban como Velludo, con los brazos cruzados sobre su pecho, una mano sobre la boca, tan quietos como los árboles cuando no hay viento. Algunos incluso se habían sacado el montón de tabaco y lo habían dado a sus mujeres. Velludo observaba. Si uno de esos hombres se movía, el arco de Velludo se tensaría.

Por supuesto, todas las mujeres Miel estaban allí también. No se lo perderían. Las mujeres siempre estaban cerca de las peleas. Se movían libremente para ayudar a los heridos, llevarse a los muertos y sostener las armas de sus hombres. A veces estaban quietas, pero no era lo habitual. Cuando llegaba el momento de lanzar insultos, cada guerrero agradecía la ayuda de una mujer que, a menudo, conocía la información más privada y humillante del enemigo.

Una mujer, Deemeoma, conocía a todos los hombres de esta batalla. Es lo bastante vieja, ahora que sus hijos tienen hijos. Conocía la larga historia que precedía a esta batalla. La conocía desde el mismísimo principio, y a cada guerrero presente, de ambos bandos. Los conocía desde antes que nadie y mejor que nadie, también.

El resto de los guerreros formaban parte de las líneas curvas que se enfrentaban. Todos se preguntaban quién sería el primero en saltar al centro del círculo y luchar. Los Miel no serían los primeros. Aunque tenían más hombres, no querían pelear. Los Desembocadura habían venido a vencer a los Miel y a llevarse algunas de sus mujeres.

Los Desembocadura enviaron al centro a uno de sus mejores guerreros con un garrote enorme y muy largo. Nocrece, Ojoscruzados, Fuertepié, Cabezón, Tropezón, Gracioso y otros guerreros Miel se miraban. ¿Quién sería el primero en defender a su pueblo? Una suave brisa sopló, pero nadie la notó.

Nocrece salió. Durante su infancia había estado tan enfermo, que todos decían que no conseguiría hacerse mayor. Todavía no era un guerrero experimentado. ¿Qué oportunidad podría tener frente a un guerrero de verdad? Los Desembocadura estallaron en carcajadas cuando vieron que su garrote no era mucho más largo que su propio brazo. "¡Mirad ese minúsculo palito!," se burlaron los Desembocadura, mientras Nocrece caminaba hacia el centro del círculo. El garrote del guerrero Desembocadura era dos o tres veces más grande que el de Nocrece.

Pero, Nocrece era rápido con su garrote. Mientras el guerrero Desembocadura dibujaba un violento movimiento con su garrote, Nocrece le asestó cinco golpes en la cabeza. La sangre brotó a borbotones. El guerrero Desembocadura volvió rápidamente a su formación para dejar probar a otro.

Velludo observaba a Lanza y a su hijo, Hombrefruta, entre los guerreros Desembocadura. Ellos eran la causa de esta lucha. *Son nuestros amigos*, pensó, *pero por no permitir nosotros que su familia tomara a la chica que ellos querían, ahora todo su pueblo quiere pelear con nosotros.* Lanza permanecía detrás de la línea Desembocadura, con su amigo, Bocachica; y Bocachica sólo estaba allí de pie y observaba, como Velludo.

Otro guerrero Desembocadura fue al centro, Gracioso, de los Miel, fue su oponente. Gracioso también tenía un garrote pequeño y los Desembocadura rieron de nuevo, pero esta vez ya no tan fuerte. Gracioso lo hacía todo divertido. Miró a su garrotito y se rió también. Era bueno con la canoa y también a motor en el río, se encargaba de la mayoría de los desplazamientos fluviales de los Miel, pero nunca había luchado. Mientras se unía a las risas de su enemigo, se preguntaba si ese sería el día en que finalmente recibiría su primer gran mamporro en la cabeza.

Todo se quedó en silencio. Gracioso parpadeó para aliviar sus ojos del escozor del humo, sintió la áspera madera de palma al agarrarla con firmeza y miró a los ojos de su enemigo que se aproximaba. Se agachó para evitar el primer porrazo, usó su pequeño garrote como Nocrece, e hizo sangrar la cabeza del guerrero Desembocadura.

Los Miel nunca se acercaban al centro los primeros. Sólo defendían sus posiciones cada vez que un atacante se aproximaba desde la otra media luna. Sus cortos garrotes demostraban ser efectivos en las distancias cortas, hacían volver a cada atacante a su línea con las cabezas sangrantes.

Finalmente, llegó el turno de Huesodepierna. Todos habían oído acerca de Huesodepierna, el mejor guerrero Desembocadura. Caminó hasta el centro y esperó.

Tropezón, el guerrero más joven, avanzó lentamente. Había una chica Miel que ocupaba el corazón de Tropezón. Ella era la verdadera causa de esta batalla.

Ahora Velludo estaba especialmente atento porque Tropezón era pariente suyo y, además, un guerrero principiante. Velludo había enseñado a Tropezón a luchar, y, en realidad, le gustaría que Tropezón consiguiera esa chica. El pueblo de Velludo y Tropezón tenía buenas relaciones con los Miel, y Velludo era consciente de lo mucho que su pueblo necesitaba más chicas para poder crecer. Tropezón ya había recibido un buen garrotazo en la cabeza, hacía unos días, de uno de los chicos Desembocadura que quería a la chica.

Ya se sabe, siempre hay pequeñas riñas que preceden a las grandes batallas, como la de ahora. Antes de cada pelea, siempre hay una larga historia.

Los Desembocadura rieron. "¡Sólo es un niño!," gritaron. Estaban en lo cierto. Jamás había luchado.

Tras la línea Desembocadura, Bocachica, el padre de Huesodepierna, miraba a su hijo ahí parado, esperando que Tropezón se acercara. Sabía que su hijo era un gran guerrero.

Velludo observaba a Bocachica.

Velludo descruzó sus brazos. Con su pulgar golpeó la cuerda de su arco, tan suavemente que sólo él pudo oír el sonido. Estaba tensa. Con la punta de sus dedos acariciaba la lisa flecha. Estaba preparado. *Si Huesodepierna comete algún abuso: ¡Zuumm!*, pensó. "Zuumm" es el sonido de la flecha envenenada saliendo del arco de Velludo para matar a Huesodepierna.

Tropezón notó la hierba húmeda bajo sus pies, mientras se aproximaba al centro para enfrentarse a Huesodepierna. Tendría que moverse muy rápido para poder escapar de su espléndido garrote. Si la hierba estuviera más seca, sería más fácil evitar una caída. Sabía que, si se caía, jamás se libraría de su nombre.

Tropezón no oyó el parloteo del mono howashi en la distancia, tampoco oyó el canto del tucán, ni el lento río tocando la orilla. No oía nada. Sólo veía su objetivo: los ojos de Huesodepierna y el garrote que balanceaba. *Si supieran que el golpe que me llevé el otro día, fue el primero de mi vida*, pensaba Tropezón, *sí que se reirían. Menos mal que me lo dio un chico como yo.* Todos sabían que Huesodepierna usaba su garrote para matar. *Si me golpea sólo una vez*, pensó, *estaré acabado.*

El garrote de Huesodepierna era tan grande que Tropezón lo pudo esquivar fácilmente. Antes de que Huesodepierna pudiera prepararlo para lanzar el siguiente golpe. Tropezón saltó a su lado y le asestó un montón de golpes en la cabeza. La sangre empezó a chorrear y a caer por la cara de Huesodepierna.

Los Desembocadura vieron como Huesodepierna volvía a su línea. No sólo le había hecho retroceder, estaba mal herido. El mejor de sus guerreros había sido humillado por un chico sin ninguna reputación como luchador.

Los Desembocadura habían venido a moler a palos las cabezas de sus cobardes enemigos hasta verles huir y, sin embargo, estos no tenían siquiera aspecto de haber luchado, mientras los Desembocadura estaban heridos y sangrando. La deshonra era insoportable. Huesodepierna fue a donde estaban las mujeres. *Si no puedo conseguir la sangre de un guerrero*, se dijo, *al menos voy a conseguir algo de alguien.* Su mujer le alcanzó un garrote pequeño. Se acercó a una mujer anciana que estaba sentada en el suelo observando, alzó su garrote y le dio un golpe tan brutal en la cabeza, que su cuero cabelludo se abrió hasta el hueso.

Y ahí está, entonces fue cuando todo ocurrió, y todo ocurrió con el chasquido de la cuerda de un arco.

Huesodepierna había golpeado a la madre de Rabodeperezoso. En la cultura Yanomami, la protección de los más débiles es una obligación familiar. Como el jefe Miel, Rabodeperezoso había aprendido nuevos y extraños caminos de paz. Pero, cuando el garrote abrió el cuero cabelludo de su madre dejando expuesto su cráneo, todo lo que Rabodeperezoso había aprendido, toda la influencia de los nabas, se le olvidó. Inmediatamente reaccionó como un hijo.

Nadie era lo suficientemente rápido como para pararle, ni siquiera su amigo blanco, el que estaba a su lado. Antes de que él mismo pudiera darse cuenta de lo que estaba haciendo, una de las flechas de Rabodeperezoso se estaba clavando en la paletilla de Huesodepierna. Nadie golpea a una anciana sin dar lugar a una guerra.

Velludo dirigió su arco hacia Huesodepierna. Pero el misterioso jefe Miel ya se había colocado en el centro gritando: *¡Nada de flechas, nada de flechas!* Y ahora, sus manos ya no estaban vacías, de alguna manera, su arco y sus flechas aparecieron instantáneamente. No podía ponerse en medio de un grupo de asesinos sin armas. De repente, los garrotes desaparecieron y fueron sustituidos por arcos y flechas.

Pero, un jefe pacifista pidiendo a gritos que no se usaran las flechas, no podría impedir una guerra después de una muerte. El arco de Rabodeperezoso había desaparecido y sus flechas habían aparecido en una sola acción, una acción que le llevó de vuelta a sus raíces. Un cazador experimentado sabe, cuando la flecha sale de su arco, si ha dado en el blanco. Y Rabodeperezoso sabía que su tiro había sido perfecto.

En ese cálido amanecer, Rabodeperezoso vio cómo su vida de paz había acabado. Su pueblo, liderado por el misteriosamente pacífico jefe, volvería finalmente a la guerra asesina. Pero, recuerda, dije que antes de cada batalla, siempre hay una larga historia. Y esta historia comenzó antes de que Rabodeperezoso naciera. En la tierra Yanomami existen algunos secretos. Ninguno de ellos se me escapaba, porque mis espíritus lo veían todo y me decían todo lo que yo necesito saber.

Soy un hombre del mundo de los espíritus, nos llaman "chamanes." Un chamán, casi siempre, es el jefe de su pueblo. Si es un buen chamán – quiero decir, si puede evitar a los malos espíritus y acercarse a los buenos – puede conducir a su pueblo a la buena caza, decirles el mejor lugar para sembrar, con quien hacer la guerra – todo lo que les convertirá en un gran pueblo.

La larga historia que precede a la batalla sobre la hierba en Miel, es una historia que conozco mejor que nadie – fui parte de sus inicios. Deemeoma y Lanza también formaron parte de ese principio.

EL PRINCIPIO:

1950 APROXIMADAMENTE

LA VERDAD A MEDIAS

1

NUNCA ES BONITO UN LUGAR EN EL QUE NO TE QUIEREN

Nosotros, los Yanomamis, sólo contamos nuestras historias. Nunca arañamos nuestras palabras en papel como vosotros los nabas. Estas palabras de mi boca – si las estás viendo en papel, es que debes ser un naba. Por ser un naba, hay muchas cosas que debo explicarte para que puedas entender la historia de mi gente.

Debes saber que yo tengo muchos nombres, todos nosotros los yanomamis los tenemos. Pero casi nunca los decimos. Si tú fueras Yanomami, yo no te diría mis nombres y tú tampoco los preguntarías. Todos mis amigos conocen mis nombres, pero nunca los dicen en voz alta. Pero para contaros una historia a vosotros, los nabas, tengo que usar los nombres de todos. Uno de mis nombres es Hombreselva. Ahí está. Como estás lejos, en tierra naba, no me oíste decírtelo, sólo lo ves en el papel. Para contarte mi historia, tengo que llevarte atrás en el tiempo al momento en que Deemeoma era una niña pequeña. Pero, incluso antes de hablarte de Deemeoma, debes entender el mundo espiritual. Ninguna de las historias de mi gente se puede entender sin saber acerca de los espíritus. Y para hablarte de los espíritus, tengo que llevarte a la época en que yo era un niño pequeño.

Nadie debería estar en la selva solo, especialmente ningún niño. Pero yo lo estaba y me gustaba. Un tronco pequeño estaba atravesado en el camino. En vez de pasar por encima, lo pisé. Entonces fue cuando ocurrió. El tronco me dijo: "¿Por qué me estás pisando? ¡Quítate de encima de mí!" Me quedé pasmado del susto y corrí a casa con mi madre.

Y cuando iba a cazar, siendo aún pequeño, los animales venían y me decían: "Vamos, dispárame." Yo corría a casa, muerto de miedo. Pero mi madre me decía que eso ocurría porque yo era especial, que no debía tener miedo de ellos.

Cuando me convertí en un joven, toda la selva me hablaba. Cuando andaba por el sendero y echaba a un lado las hojas, me decían: "¿Por qué nos estás echando del camino? ¿Qué te hemos hecho para que nos trates así?" Yo solía soltar mi arco y mis flechas y corría a casa.

"Las voces que oyes," me dijo mi madre, "no son las voces de animales o plantas. Tú sabes que las plantas no hablan. Son las voces de los espíritus que quieren tenerte. Quieren ayudarte. No les tengas miedo. Eres especial. Serás un gran hombre del mundo de los espíritus."

"Pero, yo no me he preparado para ser chamán," dije yo, "ni siquiera he tomado ebena y he pedido a los espíritus que vengan a mí, como hacen todos los chamanes."

"Eso no importa. Los espíritus ya te han elegido para ser su especial. Se te están acercando a pesar de que tú no has decidido convertirte en chamán. Este es tu llamado, aunque no te guste."

"Creo que no me gusta," dije, "tengo miedo."

"No hay nada que temer. Son maravillosos. A medida que vayas aprendiendo a controlarlos, dejarán de darte miedo."

"¿Y si me equivoco de espíritu? ¿Y si contacto con esos malos espíritus de los que he oído hablar?"

Ella dijo, "No les tengas miedo. Más adelante, serás capaz de deshacerte de los malos y quedarte con los buenos."

A la mañana siguiente, salí temprano y estaba a punto de disparar a un ocelote, cuando el gato me dijo: "No me dispares. ¿Por qué lo haces?" Y de nuevo arrojé mi arco y mis flechas y corrí a casa. Después volví con un grupo y recuperé mis cosas. Los espíritus nunca hablaban cuando había gente cerca. Pero, cuando nos separamos para cazar, vi un gran tucán y decidí dispararle. El tucán no tiene mucha carne, pero su pico es grande y bonito y a nosotros nos encantan sus plumas. Mientras yo sacaba mi arco, el tucán hizo como que le habían disparado y cayó justo a mis pies. Después se convirtió en una rata y me dijo: "¿Por qué siempre estás tratando de escapar de mí? ¿Por qué no te quedas conmigo?"

Mi madre tiene razón, pensé, *esto no es una rata que me está hablando. Es un espíritu que quiere conocerme.* Pero seguía teniendo miedo. Salí corriendo.

"La próxima vez que te hablen, síguelos," dijo mi madre. Pero era demasiado siniestro. Un día un pájaro me silbó y sonó como una persona. Y había otros pájaros hablándome. Como eran sólo pájaros, decidí seguirles. Me llevaron por toda la selva a lugares en los que oí más espíritus llamándome. Esto había ocurrido muchas veces antes, pero siempre había estado demasiado asustado para oírles o para seguirles.

En esta ocasión me acerqué más a las voces, era evidente que había muchos de ellos. Estaba más asustado de lo que jamás pensé que podría estar. Estaba fuera del sendero y tan lejos en el interior de la selva que estaba seguro de que jamás sería capaz de regresar. Subí a un gran tronco. Cuando me deslicé a otro lado, vi un enorme panal dentro del tronco y los espíritus salieron volando de él, más espíritus de los que jamás pensé que existían. Todos venían y me decían que me quedase quieto y me aguijonearon. Estaba a punto de salir corriendo, pero ellos seguían diciendo: "¡Sigue quieto! ¡No corras! ¡Te protegeremos!"

Y siguieron aguijoneándome hasta que me dolía tanto que no podía sentir nada. Era imposible decir si me estaban picando abejas reales o espíritus en el mundo espiritual. Pero no parecía importar.

De repente, levanté mi mirada y la selva se volvió tan hermosa, más hermosa de lo que ningún Yanomami jamás ha visto. Los Yanomami más hermosos del mundo vinieron a mí. Los guerreros eran perfectos. Todos altos y bien musculosos. ¡Y las mujeres! Eran tan perfectas. Su cabello largo, negro y brillante, sus cuerpos tan limpios y magníficos. Jamás pensé que una mujer podría hacerme tan feliz como me sentí con sólo mirarlas. Y todas me querían.

Había mujeres riendo y chicas con risitas nerviosas y uno de los espíritus le dijo a los otros: "Fuera. Apestáis." No podría decir de dónde venían todas las voces, pero era evidente que luchaban por captar mi atención. Cuando vi lo mucho que me querían, el dolor de las picaduras se volvió una sensación maravillosa.

Me llevaron al Espíritu Omawa, el líder de todos los espíritus. Estar cerca de él es lo más grande que le puede pasar a un chamán. Es tan hermoso, con el abrumador aroma de la más hermosa flor de la selva. Ni la ebena podía producir tanta excitación. Me llevaron por toda la selva e, incluso, atrás en el tiempo. Vi pasar todas esas cosas que había oído a mi madre y a los más ancianos contar.

Vi a Omawa acercarse a los Yanomami para ayudarnos a convertirnos en la gente más fiera y hermosa de toda la tierra. Le vi enseñar a un joven chamán cómo triturar los huesos de sus parientes y mezclarlos con bebida de banana. Luego, Omawa le dijo: "Este es el cuerpo de aquel a quien amas. Todo tuyo, bébelo. Después iremos y mataremos al causante de su muerte." Les observé rodear el pueblo y atacarlo a través de la entrada del *shabono*. Asesinaron al hombre que venían buscando.

Más tarde Omawa enseñó al chamán del otro pueblo a triturar los huesos de sus parientes y salieron de vuelta para matar a otra persona en el primer pueblo.

Cada vez que los espíritus venían a mí, me mostraban más. En una ocasión vi al chamán tratando de salvar una niñita de la muerte. Cuando casi había muerto, el espíritu enemigo envió su halcón para atrapar el alma de la pequeña. El chamán invocó el Espíritu de Hielo y juntos persiguieron al halcón para tratar de arrebatarle el alma de la niña. A medida que se acercaban al territorio del gran enemigo, todo se volvió demasiado brillante y demasiado caliente, y el Hombre de hielo cubrió al chamán con hielo para enfriarlo. Sin ese hielo, hubiera fracasado. Justo antes de llegar al territorio del gran enemigo, el chamán atrapó el alma de la pequeña y la devolvió a su cuerpo.

"Tú harás lo mismo," me decían mis hermosos amigos. "Te daremos poder sobre las enfermedades y aún sobre la muerte." *Qué maravillosos espíritus son estos,* me dije.

Después de que el chamán devolviera el espíritu a la niña, esta se sentó y comenzó a hablar. Su madre estaba exultante.

Al día siguiente el halcón volvió por el alma de la misma niña. Vi al chamán perseguirlo de nuevo, pero esta vez era demasiado tarde. El halcón se llevó el alma de la pequeña hacia arriba por el fondo del lago hacia el territorio del gran espíritu. Hacía demasiado calor, demasiada luz y demasiado ruido, para que el chamán pudiera permanecer allí. "¿Qué lugar es este?" pregunté a mis espíritus amigos.

"Ese territorio es donde vive el gran espíritu enemigo," dijeron dos de ellos a la vez. "Es el espíritu más poderoso que existe, "dijo otro. "Pero no es amistoso. No te puedes acercar a él. Como ahora. Tomó el alma de esa niña y nunca la devolverá. Ahora mismo se la está comiendo. Y nosotros no podemos entrar en su territorio porque hace demasiado calor y hay demasiada luz. Por eso le llamamos Yai Wana Naba Laywa, el espíritu no amistoso. Nunca saldrá de ahí para hablarnos."

"¿Y todo ese ruido?," pregunté.

"Son todos los seres que están allí cantándole y celebrando. Siempre están celebrando algo. Precisamente ahora, lo más seguro, es que estén celebrando que tienen el alma de uno de nuestros niños."

En poco tiempo, estaba cómodo con estos perfectos seres Yanomami. Me habían introducido en un mundo de gozo que jamás imaginé. Seguía recordando las palabras de mi madre: *A medida que aprendas a controlarlos, dejarán de asustarte.* Cuán acertada estaba.

Eran gente tan hermosa. Y las mujeres – nunca pensé que las mujeres pudieran llegar a ser tan perfectas y preciosas. Vi a una deslumbrante, con el pelo más largo que las demás. Se ondulaba hasta sus hombros. Vi que había reparado en mí.

Todos los espíritus mujeres estaban celosos unos de otros, agolpándose alrededor para captar mi atención. La especial, la que era casi demasiado perfecta, había empujado a las otras para llegar a mi lado. "No querríamos ir allí," me dijo la hermosa mujer. "Allí no nos quieren. Yai Wana Naba Laywa nunca nos dejará entrar."

Me debilitó ver tanta belleza. Me levanté y miré fijamente al fondo del lago. El agua estaba tan clara, podía ver todo, era demasiado bonito para poder describirlo. "Pero parece hermoso el lugar," susurré, temiendo mirarla.

"Sí, lo es. Pero nunca es bonito un lugar en el que no te quieren," respondió ella. Tenía razón. Se me acercó y me dijo al oído: "Mi nombre es Cautivadora." Su suave voz me hizo sentir como si todo el viento de la selva me hubiera atravesado. Entonces me miró y me sonrió. El blanco de sus dientes destacó en su boca y su cara morena. Yo también le sonreí.

Cuando el chamán volvió sin el alma de la pequeña, oí de su madre y de su padre un lamento que salió de la selva y llegó a todo el mundo. Quemaron el cuerpo de la niña, trituraron sus huesos en un tronco hueco. Luego los mezclaron con zumo de banana y se lo bebieron. Yo ya sabía todas estas cosas, pero ahora estaba viendo cómo comenzó.

Siempre me había preguntado por qué nunca nos vengábamos cuando moría un niño pequeño." Es porque el espíritu enemigo se lleva las almas de los niños," me dijo Cautivadora. "Pero, los adultos siempre son asesinados por alguien; por eso, de esas muertes, sí que debemos vengarnos."

A partir de ahí, vi que cada vez que alguien moría, a no ser que fuera un niño o un anciano, sus parientes trituraban sus huesos, los bebían y se vengaban de la persona que los espíritus les señalaban. Si ellos lograban matar a esa persona, entonces los espíritus de Omawa ayudaban a los parientes de esa persona a triturar sus huesos y volver a buscar su propia venganza.

Cautivadora me lo enseñó todo y los demás espíritus le ayudaron. "Una vez que Omawa nos enseñó a los Yanomamis todo lo que necesitábamos saber," dijo, "fue al mundo de los nabas a enseñarles también a ellos estos caminos."

Fue muchas estaciones antes de que yo me convirtiera en chamán, que comenzaron a pasar las cosas que dieron lugar a la batalla que te conté al principio. Todo empezó en un lejano pueblo, cuando Deemeoma era una niña pequeña.

Los pies de Deemeoma aterrizaron en una espesa capa de polvo del suelo de tierra cuando se deslizó de su hamaca de cuerdas de algodón y corrió tras su padre, Wyteli. Él atravesó el centro del shabono camino a la entrada. El padre de Deemeoma andaba derecho, llevaba un arco más largo que él y algunas flechas de caña aún más largas que el arco. Ella estaba orgullosa de ser su hija y tenía que correr para poder seguir su ritmo. Él era el poderoso jefe de todo su mundo, el shabono: una enorme pared que rodea un gran círculo. La pared se inclina tanto hacia dentro que cada familia puede colgar sus hamacas debajo y protegerse de la lluvia. Hay suficiente sitio en el medio para que los niños jueguen al sol y para que la gente mayor haga sus cosas.

Al rodear el interior del shabono, pasaron por la sección de la hermana de Deemeoma; Tyomi era lo suficientemente mayor como para tener sus propios hijos. Mientras trabajaba, agarraba un bebé contra su pecho para evitar que cayera al fuego. En el siguiente grupo de hamacas, la amiga de su hermana trabajaba sobre el fuego con su hijo Fredi. Ambas mujeres miraron y sonrieron a Deemeoma al pasar. Todos prestaban atención a su padre en todo momento, hiciera lo que hiciera, porque era una persona importante. Deemeoma les devolvió la sonrisa y se preguntó cuándo Fredi sería lo suficientemente mayor para jugar.

Pasaron cerca de muchas más familias hasta que alcanzaron la entrada al shabono. Aún no había oscurecido, pero era necesario bloquear los caminos antes de que anocheciera para proteger el shabono de los enemigos y de los malos espíritus durante la noche.

Fuera del shabono, Deemeoma no podía correr al lado de su padre o agarrar su gran mano, porque el sendero que atravesaba la selva era estrecho. Para su piececito, el fresco y húmedo sendero resultaba agradable mientras seguía a su padre. Delante, la niña podía ver las plantas de los enormes pies de él cuando se elevaban a cada paso.

Apiló matorrales en medio del camino y ella buscó algunas ramas para incorporarlas a la pila. Él la echó a un lado y continuó apilando matorrales hasta que la pila estaba más alta que él mismo. Nadie podría pasar por encima de ella, ni siquiera los espíritus.

Deemeoma le siguió de vuelta a la entrada y después hacia otro sendero que bloqueó de la misma manera. Cuando regresaron a la entrada, se encontraron con el hermano mayor y el cuñado de Deemeoma, el hombre que se había casado con su hermana mayor.

"Hemos bloqueado los demás senderos," dijeron a su padre.

"¿Bien?," preguntó él.

"Tan alto como pudimos," contestaron.

"No me gustan las sensaciones de ahí fuera," les dijo el padre. "Llamaré a mis espíritus para ver si hay algún peligro."

Ella observaba a los hombres hablar con sus arcos y sus flechas en sus manos. Estos guerreros eran musculosos de pies a cabeza. Su padre era el más grande. Cada uno de ellos tenía un buen montón de tabaco en su labio inferior. La cuerda que rodeaba la cintura de su padre, estaba amarrada a la piel del extremo de su pene, manteniéndolo alzado. Ella nunca había visto un hombre con su pene hacia abajo y se preguntaba cómo sería.

"¿Tenemos algo de ebena?," preguntó uno de los guerreros. Deemeoma sabía lo que hacían. Había visto a su hermano machacar las plantas hasta convertirlas en polvo. Estaba aprendiendo las abundantes costumbres de los espíritus y pronto él mismo se convertiría en chamán.

A Deemeoma no le gustaba cuando soplaban aquel polvo negro en la nariz de su padre. Siempre se volvía raro cuando bailaba con los espíritus. A ella le asustaba. No era él mismo. Dejó a su padre con los hombres y volvió corriendo al centro del shabono para estar cerca de su madre.

Casi había oscurecido ya cuando su hermano mayor se puso en cuclillas y sopló polvo de ebena a través del largo tubo, hasta la nariz de Wyteli. Rodó sobre su espalda y se agarró la cabeza como si le doliera. Pero, volvió a ponerse en cuclillas y tomó otro poco. Para entonces, el efecto del polvo podía llevarle con sus espíritus. La ebena goteaba de su nariz y corría hasta su barbilla y él entró en trance bailando y cantando.

Cuando las cocinas ya se habían apagado, volvió de su encuentro con sus espíritus. Entonces el pueblo se reunió a su alrededor, como hacían siempre, para oír lo que los muchos espíritus de Wyteli tenían que decir.

Aquella noche, el pueblo escuchó al padre de Deemeoma contar una historia tras otra de lo que había estado haciendo con sus espíritus. Todos estaban silenciosos cuando él hablaba, nadie quería perderse una palabra. "¿Os acordáis de la historia que escuchamos sobre aquel hombre que acaba de morir? Yo envié a mis espíritus a matarlo." El grupo de guerreros, mujeres y niños se entusiasmaban al oír aquello. "¿Recordáis aquellos bebés que murieron en Sandy Place? Mis espíritus y yo fuimos allá y rociamos sobre ellos polvo de alowali. En pocos días todos estaban muertos. Podemos estar contentos, no tendremos que preocuparnos de que esos bebés crezcan y vuelvan para matarnos."

Todos le aclamaron cuando oyeron los que habían hecho a los bebés. Rieron cuando oyeron cuán indefensos se encontraban sus enemigos frente a sus espíritus. La alegría de Deemeoma iba en aumento con cada historia, porque se daba cuenta de lo poderoso y lo maravilloso que era su padre para todo el pueblo.

El humo de las cocinas apagadas revoloteaba por las caras de los que oían una y otra historia. Ya era tarde cuando su padre la tomó del regazo de su madre y la llevó a su hamaca. Se había dormido hacía tiempo y se había perdido la mayoría de las historias de la gente que había matado. No importaba. Las contaría de nuevo.

Su gente descansaba en sus hamacas con muchas historias de asesinatos en sus cabezas. Eso les recordaba a sus propios parientes que habían sido asesinados. Algunos habían sido asesinados con flechas, pero otros habían muerto lentamente a causa de enfermedades, enfermedades causadas por chamanes enemigos de otros pueblos. Por eso nadie se sorprendió cuando Tyomi, cuya hamaca estaba cerca de la de su hermana Deemeoma, comenzó a gimotear. El marido de Tyomi empezó a llorar también al recordar a su bebé que había muerto. La familia que estaba al lado de ellos comenzó a llorar igualmente. Ellos lloraban incluso más fuerte. También la madre de Deemeoma y después su padre. Todos estaban pensando en alguien y el llanto pronto se extendió por todo el shabono, gemidos de angustia de mujeres y hombres por igual que rompían el tranquilo aire de la selva con la horrible pena que sufría cada miembro del pueblo.

Deemeoma saltó de su hamaca temblando de miedo y extendió sus brazos hacia su padre. Él la tomó y la abrazó fuerte. Ella sentía el movimiento de su pecho con cada respiración mientras gritaba su angustia. ¡Cuánto sufrimiento le habían causado sus enemigos! Por eso él había matado a tantos de ellos.

Aún tapándose los oídos con las manos, seguía oyendo los gritos. Era tanto el pánico que Deemeoma pensaba que su cabeza daba vueltas y ni siquiera estaba segura de dónde estaba.

Sólo cuando sus voces empezaron a cansarse, el sonido fue bajando y el pueblo lentamente fue cayendo en el sueño. Ella no recordaba que su padre la hubiera devuelto a su hamaca.

"¡Invasores!" El grito sacudió los cuerpos de todos los indios dormidos. Es lo que más temen. El segundo grito incluyó la estridente voz de todas las mujeres del pueblo. *"¡Invasores!"* Aquello taladró los oídos de Deemeoma.

Saltó de su hamaca. El shabono entero retumbó. Oyó ¡plas! y luego un golpe sordo. Se volvió a mirar. Su madre yacía en el suelo de tierra. Una larga flecha atravesaba su cuerpo. De su boca salía sangre. En todas direcciones volaban flechas. Su padre ya estaba de pie disparando a los guerreros enemigos. Estaban por todas partes, por todo el shabono y seguían entrando más. Las mujeres y los niños corrían para encontrar un escondite. La mayoría de los guerreros, sorprendidos, trataban de escapar. Pero no había escape.

Los más valientes, como el padre de Deemeoma, nunca corrían. Él permaneció junto a su hamaca, disparando flecha tras flecha. Alcanzaba a un enemigo, luego a otro. Una flecha le alcanzó en el costado, pero no se detuvo a sacarla. Disparó hasta que no tenía más flechas. Ahora Deemeoma comprendió por qué a veces le llamaban Difícil-De-Matar. Era verdad.

La niña tomó una flecha que estaba en el suelo al lado de su sangrienta madre. La alcanzó y la tendió a su padre. Él la disparó, mientras dos flechas más penetraban su cuerpo. Ella le acercó otra flecha. Fue a por más.

Mientras las flechas volaban, Deemeoma corría de acá para allá recogiendo flechas del suelo y pasándoselas a su padre. Ahora el enemigo estaba por todas partes y todos los guerreros que no habían huido estaban heridos. Los Yanomami nunca disparan a los niños en un ataque. Cada vez que ella le daba flechas a Wyteli, más le habían alcanzado a él. La niña trataba de sacarlas, pero no podía. Los gritos del pueblo eran tan altos.

Él siguió disparando. Deemeoma se limpió el polvo de los ojos con el brazo mientras iba a por otra flecha. Siguió recogiéndolas, flecha tras flecha, durante mucho rato. Pronto el cuerpo de Wyteli estaba tan lleno de flechas que casi no podía tensar el arco. Los gritos ahora no eran tan altos, así que ella pensó que todos debían estar muertos. Pero él no. Él nunca moriría. *"¡Así que esto es lo que quiere decir tener a los espíritus!"* Ella le acercó dos flechas más y, al volverse a por más, oyó otro golpe. Le habían alcanzado de nuevo. Pero Deemeoma sabía que él pronto les guiaría fuera de allí. Todo lo que necesitaba eran más flechas...

Por todas partes por las que corría, veía a sus parientes muriendo. Su tío suplicaba por su vida a los atacantes. "¡No me dispares, hermano mayor!" gritaba al guerrero que le amenazaba con su arco. Su tío había disparado su última flecha. Ahora se escondía tras sus manos para protegerse, implorando misericordia. "¡Hermano mayor, no me mates!," seguía gritando. Evidentemente no eran hermanos, sólo es la manera en que te dirigirías a alguien que no conoces. Pero el guerrero no le echó cuenta y las manos no fueron suficiente protección para el tío de Deemeoma. La flecha atravesó su pecho y cayó muerto en un golpe seco.

Deemeoma corrió hacia el lado y tomó una flecha, otra vino y fue a dar en la estaca de su lado. La cogió del suelo y volvió llevando ambas a su padre. Pero él no las cogió. Estaba sentado en el suelo, sujetado por las flechas que le salían en todas direcciones. La tierra de alrededor intentaba empapar su sangre. Pero ella sabía que él no podía morir. ¡No como los demás! Deemeoma trató de agarrarlo, pero eran tantas las flechas que le atravesaban y tan largas, que no podía alcanzarle. Ella trataba de separar las flechas para hacer sitio que le permitiese acercarse y abrazarlo. No podía.

Comenzó a gritar. Wyteli no respondía. Se había ido. Había hecho lo que le prometió que nunca haría. La había dejado.

El griterío cesó; sólo quedaban los llantos de los bebés y los niños. Los enemigos comprobaron con cuidado para asegurarse de que todos los guerreros estaban muertos. Yacían por todas partes—algunos con sus miembros estirados en cualquier dirección. Otros en un montón. Otros desparramados por las hamacas. La sangre, rojo brillante, corría por el suelo y se mezclaba con él. Todos los cuerpos tenían largas flechas con plumas que apuntaban al cielo matutino. Algunas de las flechas se movían un poco a medida que los parientes de Deemeoma exhalaban su último aliento.

Ella soltó un largo gemido. Debería haber empezado a llorar cuando vio cómo la primera flecha alcanzó a su madre, pero no había tenido tiempo. Ahora las lágrimas aparecieron rápidamente. Su madre, sus hermanos, su padre, todos estaban muertos. Incluso algunos de los niños habían sido golpeados y habían muerto en la confusión. Ahora que el último guerrero había caído, el enemigo centró su atención en los niños.

Deemeoma se cubrió los ojos y miraba por entre sus dedos. El bebé de su hermana estaba llorando a sólo unos pasos de ella. *Si sólo se callara*, pensó Deemeoma. Ella sabía que su hermana debía estar muerta. Un hombre agarró al niño por los pies y lo balanceó con todas sus fuerzas. Golpeó la cabeza del bebé contra una estaca. Deemeoma cerró los ojos cuando vio lo de dentro, blanco y húmedo, correr por la estaca. Mataron a todos los bebés de la misma manera. Sin embargo, los niños mayores, los que podían correr, tenían las cabezas demasiado duras para eso.

Un hombre clavó su arco en la tierra, agarró al hermano pequeño de Deemeoma y lo clavó, por el trasero, en la parte puntiaguda del arco. Él gritó y pataleó. Luego murió. Muchos de los niños mayores murieron de esa manera.

A un niño lo habían atravesado con la punta de una flecha. Él tiró de la punta de su cuerpecito, la sacó y se la devolvió a su asesino. Después murió.

La amiguita de Deemeoma estaba sentada en el suelo llorando. Un joven guerrero la agarró para matarla. "¡No la mates!," gritó otro más viejo. "Nos la quedaremos." Pero, aún así, la mató, porque era un guerrero novato y estaba deseando cometer su primer asesinato.

La tierra estaba cubierta de sangre. Deemeoma seguía intentando pasar por entre las flechas para alcanzar la cabeza de su padre, cuando los guerreros la atraparon. Ya iban a matarla, cuando el guerrero viejo gritó: "¡No! ¡No! ¡No! ¡No la matéis! ¿No veis que está saludable? Nos dará muchos niños."

"No por mucho tiempo," objetaron los guerreros más jóvenes. Estaban a punto de enzarzarse en una pelea, pero el guerrero viejo era fiero y respetado.

"Matad sólo a los varones, los bebés y los heridos," dijo. "Tenemos que quedarnos con las niñas sanas." Tenía razón y todos lo sabían. No debían haber estado matando niñas.

Deemeoma estaba sentada en el suelo con los ojos fuertemente cerrados detrás de sus manitas. Finalmente miró entre sus dedos. Pero los niños seguían clavados en las estacas, sólo que ahora no se movían. Todos los cuerpos permanecían allí. Las flechas que salían de ellos ya no se movían. Los troncos cubiertos con esa cosa blanca de las cabezas de los bebés. Deseaba que se dieran prisa y la mataran pronto.

Entonces los hombres descubrieron algunas mujeres y un bebé pequeñito, escondidos detrás de un montón de madera, en la zona oscura del shabono. Eran Tyomi, el pequeño Fredi y su madre y algunas mujeres más. El corazón de Deemeoma saltó al ver a su hermana con vida. *Seguro que a ella no la matan*, pensó, *es una mujer adulta.*

Arrancaron a Fredi de los brazos de su madre. Ella gritó: "¡Por favor! ¡No le matéis! ¡Es todo lo que me queda!" Uno de los guerreros nuevos estaba a punto de atravesarlo con una flecha.

"¡Espera, espera!" Era el mismo hombre que había salvado a Deemeoma. "Está sano, quedémonos con él." Pero le ignoraron, colocaron a Fredi en el suelo e intentaron alcanzarlo con sus flechas. Saltó entre las piernas de su madre y después hacia el otro lado. Se empujaban, tratando de alcanzarle en el pecho con la punta de alguna flecha.

Deemeoma cerró los ojos y se tapó la cara, así no tendría que verlo. "¡Os he dicho que paréis!" gritó el hombre de nuevo. "Ya habéis matado bastante. Dejadle en paz." Fredi volaba de acá para allá y alrededor de las piernas de su madre como un pájaro con un ala rota.

"¡Crecerá y nos matará!," decían los guerreros novatos. "¡Lo quiero!," respondió el viejo, "me lo quedaré para que me lleve la carne cuando vaya de caza." Mientras ellos discutían, la madre lo agarró fuerte y lo cubrió con su cuerpo sobre el suelo. Movía los brazos arriba y abajo para evitar que una flecha atravesara el pecho de su hijo.

"Dejadle en paz," dijo otro hombre. "Cazará para nosotros cuando nos hagamos viejos." Agarró a Fredi, mientras otro hombre sujetaba a su madre.

"Le mataremos después," dijo uno de los jóvenes y se agruparon alrededor de los hombres que habían cogido a Tyomi. Ya habían empezado a divertirse con ella.

2

ERES TAN VALIENTE

En nuestro mundo de chamanes, aquella mañana contra el pueblo Patata, es lo que llamamos una gran matanza. Debido a que yo, Hombreselva, soy chamán y el jefe de mi pueblo, dirigí aquel ataque. Deemeoma, Fredi y las mujeres lo pasan mal en el camino a casa, como es lógico, pero se acostumbrarán a nosotros. Puede que les lleve tiempo, pero lo harán.

En realidad, toda la matanza fue culpa del padre de Deemeoma. Al principio, nosotros fuimos a Patata sólo para matar a una persona que había sido el causante de una muerte en nuestro pueblo. Yo sabía que había sido él porque mis espíritus me lo dijeron. Así que, invitamos a otros pueblos a un gran banquete, bebimos los huesos triturados de nuestros parientes muertos y vinimos para vengarnos del culpable. Escuchamos, desde fuera del shabono, para asegurarnos de que el hombre que buscábamos estaba dentro. Entonces oímos a Wyteli contar historias de la mucha gente de nuestro pueblo que había matado. Pronto nos enfurecimos *tanto que olvidamos que habíamos venido a matar a una sola persona. Sabíamos que debíamos matarlos a todos. Fue una gran victoria.*

Cuando estamos en un ambiente de tanta celebración, hacemos cosas impensables en otros momentos. Los padres y los hijos jamás tienen relaciones sexuales con la misma mujer, pero...

Aquel día quedó claro que somos los Yanomamis más fieros que existen. En nuestro frenesí asesino somos capaces de todo. Nos turnamos para violar a las mujeres mientras Deemeoma gritaba aterrorizada. Se preguntaba si también lo intentaríamos con ella. Pero con las cuatro adultas, teníamos bastante. Cuando terminé con una de las mujeres, me di cuenta de que Deemeoma estaba allí sentada llorando, encogida de miedo en una sucia esquina de su shabono tapándose la cara. Yo acababa de abusar de su hermana.

Después me uní a otro grupo de guerreros para esperar mi turno con la siguiente mujer. Había cuatro grupos de hombres y una mujer en medio de cada grupo. Así continuamos hasta que ya no podíamos más.

Seguían vivas, cuando todos estábamos exhaustos. Atamos nuestros penes alzados y emprendimos el largo regreso a casa llevando con nosotros a las mujeres.

Tardamos muchos días, pero con tantas historias que contar sobre nuestra victoria, se nos pasaron rápido. Las mujeres lloriqueaban y gimoteaban al oír de nuevo el relato de cada historia, teníamos que golpearlas para que pararan. A veces golpearlas no funcionaba, pero lo intentábamos. Deemeoma y Fredi tuvieron dificultades para seguir el ritmo y, a menudo, había que llevarles en brazos. Cada vez que parábamos, abusábamos de las cuatro mujeres.

Estábamos atravesando un puente que suele ser difícil para los más pequeños, porque sólo se compone de un tronco sobre el que caminar y unas ramas arriba a las que agarrarse. Muchas veces, los niños no alcanzan la rama y es necesario llevarles en brazos. Cuando estábamos sobre la zona más ruidosa de los rápidos, los guerreros jóvenes cogieron a Fredi para tirarlo al agua. Fredi se agarró a la rama con todas sus fuerzas. Pero hubiera sido muy fácil para los guerreros soltar la manita de Fredi de la rama. "¡No vais a tirarlo!," gritó el hombre que salvó a Deemeoma. Pero con el ruido de los rápidos, era difícil escucharle.

"¡Crecerá e intentará matarnos!," respondieron ellos, y la discusión volvió a comenzar. Fredi cayó sobre sus pies y se aferró al tronco. Ya habíamos matado bastante. Pero estos jóvenes e inexpertos guerreros no habían sido lo suficientemente rápidos como para acabar con nadie en la gran matanza.

"¡Será mío!" gritó el viejo guerrero.

El viejo no estaba lo bastante cerca del puente como para detener a los chicos. Arrancaron a Fredi del tronco y a punto estuvieron de dejarlo caer a la ruidosa agua de abajo. Pero el que tenía que haber lanzado a Fredi, decidió que no quería tener que enfrentarse a la ira del viejo guerrero cuando bajaran del puente. Le soltó y Fredi siguió gateando hasta que hubo pasado.

Cuanto más nos acercábamos a nuestro shabono, más emocionado me sentía. Esta sería la mayor celebración de toda mi vida. Sería tan bueno como tomar ebena. No habíamos permitido que nadie se adelantara con las noticias.

El entusiasmo se extendía por el shabono a medida que nos oían acercarnos por el camino. Las mujeres corrían desde sus cocinas hacia la entrada.

"¡Les matamos! ¡Les hemos matado a todos!" gritábamos al acercarnos a la entrada del shabono. Las mujeres nos aclamaban con deleite y todos comenzamos a contar nuestra propia versión de lo que había ocurrido, mientras ellas observaban nuestro botín de guerra.

"¡Teníais que haber visto cómo murieron cuando les alcanzaron nuestras flechas!," algunos de nosotros gritamos, y empezamos a imitar los movimientos de una persona alcanzada por una flecha y derribada. "Corrían por todos lados, pero ninguno escapó."

Las mujeres y los niños se arremolinaban alrededor, entusiasmados de vernos y orgullosos de nosotros. La energía que te da ser tan fiero es lo mejor que te puede pasar. Y yo soy el más poderoso del pueblo. Allí en medio del shabono oyeron con detalle todo lo que hicimos.

Nuestras mujeres rodearon a las cuatro que habíamos capturado y las miraban. Las tocaban, las apretaban. Habíamos abusado mucho de ellas durante el camino, pero hasta este momento no las habíamos mirado bien.

Al principio, las mujeres que han sido raptadas se muestran tímidas y no quieren oír hablar de lo que hicimos a sus hombres. Pero se acostumbrarán a nosotros. Y también se tendrán que acostumbrar a escuchar lo que les hicimos a sus hombres. Jamás dejaremos de contárselo a quien nos quiera escuchar.

"Lanza y Hombreselva y él y él y..." decía un joven guerrero, señalándonos a los que, para nuestro orgullo, habíamos matado a algunos, "tienen que hacer algunos días más de *unokai.*" En el camino habíamos comenzado con nuestros muchos días de limpieza ritual por los asesinatos. Durante esos días en el viaje y durante algunos más, no permitimos que nuestras manos tocaran ninguna parte de nuestros cuerpos. Si tus manos han matado a alguien y luego tocan tu cuerpo, la sangre sucia de ellas producirá una enfermedad en esa parte de tu cuerpo. Una vez, un hombre se tocó los ojos durante su unokai y se quedó ciego. Un asesino se tocó la piel y le salió un sarpullido que no podía dejar de rascar. Y lo tuvo para el resto de su vida.

Las mujeres podían ver perfectamente quiénes de nosotros habíamos matado a alguien en Patata porque cada asesino llevaba un palo que encajaba perfectamente en el gran agujero del lóbulo de cada oreja. Cuando comíamos, sacábamos los palos de los lóbulos y los usábamos para poner, con cuidado, la comida en nuestras bocas. Cualquier cosa para evitar tocarnos con nuestras manos.

Surgió una gran discusión acerca de quién debía quedarse con las mujeres. Nuestros parientes del otro pueblo querían al menos una. "¡Hemos venido desde el nacimiento del Ocamo para ayudaros en este ataque y estas mujeres son tan nuestras como vuestras!" gritaron. Las cuatros mujeres estaban de pie, agrupadas, escuchando la discusión. Fredi ya pertenecía al viejo. Deemeoma comenzó a llorar de nuevo y se aferró a la pierna de su hermana, como si fuera todo lo que le quedaba en el mundo.

Ciertamente, nuestros parientes de Ocamo tenían tanto derecho como nosotros a las mujeres, incluso más, porque algunos de ellos habían resultado heridos en el asalto. Pero nosotros éramos más, así que nos quedamos a las mujeres y también a Deemeoma y a Fredi. Sabíamos que, en realidad, no era justo, pero también sabíamos que ellos se las habrían llevado si nosotros hubiéramos sido menos. Volvieron a casa muy enfadados. Ese enfado no se calmaría fácilmente.

Lanza colocó la ebena verde al final del largo tubo. Lanza era mi compañero chamán. Después de tal victoria, ambos tendríamos mucho que contar a nuestros espíritus. Coloqué el tubo en mi fosa nasal y él sopló el polvo. Me tambaleé y caí en tierra sobre mi costado. Parecía que él se mecía con la brisa. Era una mezcla poderosa, no como esa débil ebena que nos proveía esa gente del río Ocamo. Ya no la necesitaba. Lanza estaba borroso y les vi venir, el amor de mi vida. Bajaban por muchos caminos. Algunos incluso venían del cielo. Me darían sabiduría, poder, cualquier cosa que quisiera. Ahora no veía a Lanza ni a los demás hombres. Mis espíritus vinieron al shabono de mi pecho y yo me alegré de verlos. Bailamos y me hablaron.

"¡Tk!," chasqueé mi lengua emocionado al Espíritu Jaguar. "¡Hemos acabado con todos los de Patata!"

"Fue maravilloso, Padre," respondió Jaguar. "Eres un guerrero fiero. Eres maravilloso. Nos encanta venir a ti."

"Eres tan valiente," me dijo Cautivadora con su suave voz. Es la mujer más hermosa que he visto jamás, en el mundo de los espíritus y en el mundo real. Bailé con todos mis espíritus, una danza que duró casi toda la noche. Fue una magnífica celebración. Algunas de las otras hermosas mujeres vinieron a bailar conmigo. Son maravillosas también. Mis espíritus visten siempre tan bien, con plumas en sus cabezas y hermosos adornos en sus orejas y en sus labios. Pero, pronto, Cautivadora las echó a todas. Sólo les deja pasar un ratito conmigo y, al poco, regresa. Danzamos en la selva y me hizo el amor hasta caer exhausto. Esta fue la gran victoria de mi vida.

A la mañana siguiente comenzamos con el duro trabajo de mantenernos a salvo de las represalias. Sabíamos que los de Patata tenían muchos amigos que vendrían a matarnos.

Para empezar, construimos una enorme pared de madera de palma en la entrada frontal del shabono. La llamamos *alana*. Un extremo de la alana se ata fuertemente a la pared del shabono. El otro extremo deja un espacio pequeño entre la alana y el shabono para permitir el paso de una persona al interior del shabono. Estábamos tan asustados que alargamos la alana hasta rodear todo el shabono. Esto haría que cualquier atacante tuviera que cubrir un buen trecho entre el exterior del shabono y la alana, sólo para acceder a la entrada. Después tapamos todos los pequeños agujeros de la pared del shabono que las familias usaban para entrar y salir.

Lanza se llevó a un joven guerrero para inspeccionar los caminos y asegurarse de que estaban bloqueados. El guerrero era demasiado joven para tener nombre, pero le llamaré Calzapié, un nombre que consiguió mucho después. Lanza y Calzapié no se alejaron demasiado, porque es fácil caer en una emboscada por los caminos. Mientras estaban fuera, hicieron sus necesidades. Todos los demás tendrían que hacerlo en el shabono.

El primer día nos sentimos a salvo. Pero, a los pocos días, necesitábamos algo de alimento del huerto. Enviamos a la mitad de nuestros guerreros con las mujeres a recoger la comida y el resto de nosotros nos quedamos para guardar el shabono. Lanza y yo nos quedamos en el shabono porque no podíamos siquiera tocar nada del huerto hasta que acabáramos nuestros unokai.

Aquella noche, Lanza y yo estábamos realmente cansados porque hacía muchas noches que no dormíamos. Así que, nos echamos en nuestras hamacas y las mujeres apilaron leña alrededor de nosotros hasta que no se nos veía. Esto nos ayudaría a dormir un poco mientras ellas podían vigilar y despertarnos si el enemigo aparecía. Hicieron lo mismo con otros guerreros aquella noche. Fue la primera noche que pudimos dormir bien, aunque no estoy muy seguro de que Lanza lo hiciera. Oí las cuerdas de su hamaca estirándose toda la noche mientras el daba vueltas.

Una de las personas que Lanza había matado era un hombre joven. Estaban muy cerca cuando le mató. El chaval gritaba: "¡No me mates, hermano mayor!" Ahora, tendido en su hamaca, Lanza se preguntaba por qué le había hecho sufrir tanto.

Por la mañana Lanza dijo que había dormido bien, pero seguía pareciendo cansado. Las mujeres nos trajeron comida y nosotros tomamos los palos de nuestras orejas y cogimos, con cuidado, la comida de las manos de ellas. Todavía no podíamos tocarlas ni a ellas, ni a ninguno de nuestros parientes.

Hicimos lo mismo ese día, enviamos a la mitad de los guerreros al huerto para proteger a las mujeres mientras ellas recogían alimento. Pero no podíamos trabajar el huerto para que diera más comida, así que nuestros suministros casi se estaban acabando. Aquel día, todo lo que consiguieron fue yuca, que es nuestro alimento principal. Pasaría mucho tiempo hasta que pudiéramos conseguir algo que nos gustara más, como la miel.

Esa noche soñé que nos mataban a todos en un ataque. Cuando desperté, la hamaca estaba húmeda de mi sudor, pero al ver la pila de leña a mi alrededor supe que tal ataque no se había producido. Aún así, seguía asustado; sabía que si había un ataque, me sería muy difícil disparar desde detrás de la madera y me tomaría mucho tiempo escalar el montón y empezar a responder. No pude volver a dormirme.

A la mañana siguiente, antes de que saliera el sol, Lanza, Calzapié y yo tomamos a algunos guerreros y salimos a cazar. Nos movimos despacio por el camino. Calzapié y yo, con otro guerrero, inspeccionábamos la selva para buscar señales de emboscada por delante. Lanza iba detrás para asegurarse de que nadie nos seguía. Cubría nuestras huellas. Los otros dos guerreros buscaban alguna presa.

Pero esta forma de cazar era inútil. Ningún animal se para y espera a que seis cazadores les disparen. "Si no nos separamos, jamás encontraremos nada," me susurró Calzapié. Aún era joven y no entendía del todo.

"Acuérdate de tu tío," le respondí. Sabía que Calzapié se acordaba, no porque hubiera conocido a su tío, no lo había hecho. Se lo dije porque su madre guardaba sus huesos en una calabaza y, desde que Calzapié era pequeño, le hablaba de la gente que le había matado y de cómo, un día, Calzapié bebería esos huesos y se vengaría.

"Así es como mataron a tu tío," le dije." Fue a cazar solo cuando su pueblo estaba en guerra y cayó en una emboscada. Lo llenaron de flechas antes de que pudiera apartarse del camino."

"Tendremos que encontrar algún sendero seguro donde cazar o moriremos de hambre," respondió Calzapié en un susurro.

"Después de lo que hicimos a Patata, no existe senda segura," dije. "¿Recuerdas cómo tu madre ha estado hablándote de vengarte de tu tío, aun habiendo sido asesinado antes de que tú nacieras? Igualmente, los parientes de los Patata estarán ahora hablando a sus niños de matarnos. Seguirán hablando de ello mucho después de que nosotros hayamos muerto."

Oímos un pavo salvaje en la distancia. Siempre puedes reconocer su sonido. Se coloca en lo alto de los árboles y canturrea una cancioncilla. Nos miramos unos a otros. "Ahora sí que tenemos que tener mucho cuidado," avisé a todos. "Podría ser una trampa. Podrían estar imitando el sonido del pavo. Y, aunque no lo estuvieran imitando saben que vendríamos a por un pavo. Podría haber una emboscada en cualquier punto entre nosotros y ese pájaro."

Lanza, por supuesto, lo sabía todo sobre los peligros y qué hacer al respecto. Tomó a dos de los hombres y comenzó a inspeccionar la selva en una dirección, buscando cualquier señal de que habían tendido una emboscada. Calzapié y yo, y el otro guerrero, fuimos en la otra dirección. Paso a paso, caminamos hacia el pavo. En la selva hay tantos lugares en los que preparar una emboscada que el movimiento se hace muy lento. Pero, siendo seis, sabíamos que, al menos, daríamos buena batalla.

Sentía las hojas húmedas de los arbustos rozar mi espalda, mientras caminaba de espaldas, observando con cuidado la senda detrás de nosotros. "Nada," susurré a Calzapié sobre mi hombro. Pero, yo sabía también que el silencio no siempre es un buen sonido en la selva. Oímos el tarareo del pavo de nuevo. Estábamos más cerca. Calzapié miraba hacia un lado, el otro guerrero miraba al otro y yo hacia atrás.

Paso a paso yo caminaba de espaldas, con mi arco y mis flechas listos. Una emboscada difícilmente se puede ver con suficiente tiempo. Todo lo que puedes hacer es estar preparado para devolver los disparos lo antes posible. A cada paso, crecía el temor. Oí en la distancia la cháchara de un *howashi*. No significaba nada. Oí algo al lado, salté y cogí mi arco. No era nada. Por delante de mí, los cinco cazadores habían sacado sus arcos y apuntaban en la misma dirección que yo. Lentamente bajamos nuestros arcos y continuamos.

A medida que nos acercábamos al pavo, los cazadores del principio se aseguraron de que el canturreo del pavo venía de las copas de los árboles. A veces un jaguar puede sentarse al pie de un árbol y cantar como un pavo. Después se come a quien quiera que venga a comerse al pavo.

Nos llevó mucho tiempo, pero al final cazamos al pavo. Los chicos lo llevaron porque Lanza y yo no podíamos tocarlo. El regreso al shabono no fue tan temible porque ya habíamos inspeccionado el camino. Sin embargo, debíamos seguir teniendo mucho cuidado porque los guerreros podían colarse detrás de nosotros. En el camino a casa, hicimos nuestras necesidades, así no tendríamos que hacerlas en el shabono. Así nos libramos de tener que envolver lo sólido en hojas y lanzarlo por encima de las paredes. Todos estaban haciendo sus necesidades en el interior del shabono y cada día apestaba más. Muchos bichos habían aparecido ya.

Era casi media tarde, cuando llegamos con el pavo. Las mujeres lo cocinaron en uno de los fuegos. Todos en el pueblo pudieron tomar un trocito de carne en un poco de yuca. Los niños se arremolinaban y observaban con ojos hambrientos. Evidentemente no había suficiente para ellos. Yo podría habérmelo comido entero, pero se acabó antes de que pudiera probarlo.

Esa noche, Calzapié preguntó a su madre sobre su tío. "Es lo que llevo diciéndote toda la vida," dijo ella. "Cada día te pregunto, ¿sabes por qué no eres feliz? Porque te falta un tío. Si él estuviera aquí para jugar contigo y llevarte a cazar, serías feliz. Pero esos de Yoblobeteli le mataron. Esa es la verdad. Me has visto lamentarme por él toda tu vida. Pero, cuando te conviertas en un fiero guerrero, beberemos sus huesos e irás a matar a los responsables."

"Estarán muertos para entonces," respondió Calzapié.

"Eso no importará," dijo ella. "Sus hijos habrán crecido. Podrás matarles a ellos. No importará a quién mates, con tal de que te vengues. El tío que te ha faltado toda la vida se lo merece."

Comprobamos los caminos que salían del shabono e hicimos pilas de matorral aún más altas en ellos. Los chicos que se quedaban despiertos para avisarnos de cualquier peligro, permanecían cerca de la gran pared que cubría la entrada del shabono. Hacían ruido durante toda la noche para que pareciera que había gente despierta dentro. Reían, charlaban y mantenían el fuego encendido. De esta manera nos resultaba aún más difícil dormir, pero sabíamos que, mientras estuvieran haciendo ruido, estábamos más seguros. Las mujeres apilaron la madera a nuestro alrededor aquella noche.

El día siguiente era el último de nuestro unokai. Durante muchos días no habíamos tocado nuestros cuerpos más allá de los dedos de una mano. Pero hoy acabaríamos. Nuestras manos estarían limpias de nuevo. Por la tarde, Lanza y yo, y los otros que también estaban en unokai, cogimos nuestras hamacas, nuestros arcos y nuestras flechas y abandonamos el shabono. Permanecimos en grupos pequeños por temor a las emboscadas. Encontré una palmera de dura madera, el árbol que tiene la mejor madera para nuestros arcos. Até alrededor del árbol mi hamaca, mi arco, mis flechas y todas mis mortíferas puntas. El árbol absorbería todos los efectos malos de mis asesinatos. Yo podría olvidar cuánto les hice sufrir. Los demás guerreros encontraron otros árboles duros e hicieron lo mismo con sus cosas. Más guerreros vigilaban todo el tiempo para que no fuéramos atacados.

Aquella noche Lanza sopló, de nuevo, ebena en mi nariz y bailamos con nuestros espíritus. Necesitábamos mucha dirección de su parte para los tiempos difíciles que se acercaban. El pueblo estaba muy hambriento. Los niños siempre estaban llorando. Algunos, incluso, habían muerto y mis espíritus no habían sido capaces de revivirlos. Necesitábamos un espíritu que nos diera comida en el shabono, para no tener que ir a por ella. Pero mis espíritus no conocían a ningún espíritu de ese tipo.

"¿Qué deberíamos hacer ahora que sus amigos y sus parientes van a venir a por nosotros para vengarse?" pregunté al espíritu Jaguar y a los demás. "No podemos plantar nada en nuestros huertos. No podemos cazar. No podemos dormir. Ni siquiera podemos hacer nuestras necesidades."

"Es hora de mudarse. Quizá separarse, incluso."

"He oído de unos nabas blancos en otro mundo," dije yo. "¿Quién es esta gente? ¿No podrían ayudarnos? Estamos muy necesitados ahora que no podemos trabajar nuestros huertos porque nuestros enemigos vienen a vengarse."

"Los nabas son gente que tienen muchas de las cosas que vosotros necesitáis. Deberíais ir a su tierra para conseguir cosas." Sólo pensar en ir a la tierra de los nabas me asustaba mucho. ¿Cómo llegaríamos hasta allí? ¿Y si no eran amigables? Sería humillado delante de mi gente. Sin embargo, mis espíritus conocían todos mis temores y me aseguraron que nos cuidarían.

Bailé con mis espíritus largo rato, hablando y disfrutando de la gran matanza de Patata. Luego, me relajé en mi hamaca mientras ellos se colgaban alrededor de mi shabono como si fueran murciélagos. Un rato después vi a los hombres congregados alrededor de mi hamaca de nuevo y les conté todo lo que mis espíritus habían dicho. Sabía lo que dirían.

"¿Ir a la tierra de los nabas?," reaccionaron con miedo. Y un silencio cayó sobre todos nosotros. Ellos no se imaginaban que yo estaba igual de asustado que ellos. Un gran guerrero jamás muestra miedo. Aún cuando sabe que le están matando, un gran guerrero seguirá de pie y dejará que le atraviesen con flechas por todos lados, pero nunca mostrará miedo.

Cuando uno tiene espíritus tan extraordinarios como los míos, jamás se plantea ignorar sus consejos. Así que, muy pronto estuvimos listos para ir al pueblo naba.

Para permanecer ocultos de nuestros enemigos, los que se quedaron tomaron a las mujeres y a los niños y se dividieron en muchos grupos. Anduvimos hasta bien entrada la tarde, cuando disparé a un mono y decidimos comer y parar para pasar la noche. Los chicos que venían con nosotros nos construyeron rápidamente un refugio con palos, ramas y hojas de palma. Colgamos nuestras hamacas debajo y compartimos mono asado.

Me senté en mi hamaca y mastiqué la carne hasta los huesos. Hablamos poco. En la distancia dos altos árboles se movieron y oímos el sonido suave. Todos nos volvimos a mirar. No era nada, pero todos estábamos asustados ante lo desconocido que nos esperaba.

No había bastante carne en aquel pequeño mono y seguíamos con bastante hambre, pero sabíamos que cuando viajas siempre pasas hambre.

Estuvimos atravesando la selva casi por una luna entera. Ninguno de nosotros había estado nunca tan lejos de nuestra tierra. Lo hicimos en respuesta al consejo de mis espíritus. Pero ninguno de nosotros estaba preocupado por si nos perdíamos. Mis espíritus sabían que llegaríamos a un gran río y encontraríamos allí a los nabas.

Cada día que pasaba, estábamos más hambrientos. Un día cacé un pavo. Mientras los asábamos en el fuego, los hombres me preguntaron: "¿Cuánto queda?" Yo no lo sabía. Jamás pensé que el viaje sería tan largo. Cada día pensábamos: *Hoy encontraremos el gran río.* Cada día nos desilusionábamos.

"¿Estás seguro de que vamos por el camino correcto?," le preguntaba yo al espíritu Jaguar cada noche cuando me echaba en mi hamaca en otro lugar de la selva que nunca antes había visto. Cada noche, él me decía que íbamos bien.

Finalmente, un día mientras hacíamos nuestro camino y yo observaba los árboles buscando monos; sin poder evitarlo, el guerrero que iba delante de mí gritó asustado. Sus ojos habían captado el destello de algo que jamás había visto, muchas aguas. Después se avergonzaría de haberse mostrado tan asustado. Quizá lo llamemos a partir de ahora Miedoalaguagrande.

Los demás pudimos esconder nuestro temor, aunque sabíamos que todos estábamos asustados. Nunca habíamos visto un río como ese. "¿Cómo vamos a cruzarlo?," preguntó alguien. "Casi no puedo ver la otra orilla."

"¿Sabías que sería tan grande?," me preguntaron. Sabía que era grande, pero nunca pensé que lo sería tanto. Nos quedamos aún más estupefactos cuando vimos el pueblo de los nabas. Entramos con mucho miedo. A nuestro alrededor había grandes cosas de madera que los nabas habían construido, cosas tan grandes que una persona podía caminar en su interior. Estaban cubiertas en el techo con el mismo tipo de hojas que nosotros usamos en el shabono para resguardarnos de la lluvia. *Aquí debe ser donde ellos viven,* pensé. Mi gente sabía que yo tenía el poder de protegerles de todo daño en este temible lugar. Jamás les dije lo asustado que yo mismo estaba.

Había otros indios en el pueblo, pero no eran como nosotros. Eran indios Myc, que hacían todo tipo de trabajo para un naba llamado Noweda.

Los indios Myc solían vivir cerca de nosotros los Yanomami y mantuvimos una larga guerra con ellos. Todo empezó cuando un Myc finalmente se cansó de que un Yanomami le robara comida de su huerto. Esta no es una gran ofensa, es algo habitual entre nosotros. Y el dueño del huerto puede tomar comida del nuestro también, especialmente si no puede evitarlo. Pero este Myc se enfureció. Fue y le cortó un pecho a la esposa del otro. Entonces el Yanomami también se enfureció. Fue y le cortó ambos pechos a la esposa del Myc. Aquello enfureció a todo el pueblo y en poco tiempo había una guerra abierta entre las tribus.

Los Myc podían vencernos en una batalla directa a cielo abierto. Pero nosotros no solemos luchar batallas de ese tipo. Nosotros atacamos cuando todos duermen o emboscamos en los caminos. Sin embargo, lo más significativo en cuanto a nosotros, es que nunca damos por terminada una guerra. Ya lo dije, guardamos los huesos de nuestros muertos y los molemos como Omawa nos enseñó. Así que, una vez que comenzó la guerra con los Myc, no tenían forma de terminarla. Por supuesto, siempre que podíamos les robábamos sus mujeres. Sus mujeres son enormes, así que todos lo pasábamos bien con ellas siempre.

Los Myc no comprendían por qué seguíamos apareciendo estación tras estación, generación tras generación. Al final se mudaron tan lejos que ya no pudimos matarles más. Así que se convirtió en algo de todos conocido que, puedes ganar una guerra a los Yanomami hoy, pero tus hijos lo pagarán para siempre.

Noweda, el naba del gran río, era un hombre gigante de piel blanca y sin pelo en la cabeza. Inmediatamente me di cuenta de que tenía algún tipo de poder sobre los Myc. Les ordenaba hacer lo que le daba la gana. Cocinaban para él, cazaban para él, hacían todo lo que decía. A nosotros nos trató bien, quizá porque llevábamos los arcos y las flechas en las manos al entrar en el pueblo y, quizá porque éramos Yanomami y sabía que éramos vengativos. Sin embargo, ninguno de sus indios llevaba arco y les golpeaba con garrote cada vez que se enfurecía.

"Debe haberles hechizado de alguna manera," me dijo mi hermano.

"Sí, lo sé," dije. "Los Myc son guerreros valientes y esta gente parecen unos cobardes." Nos desconcertaba que permitieran que un naba les controlara. Pero parecía que Noweda nos tenía miedo y nos trataba muy bien. Empezó a llamarme Hombreselva porque yo había llegado de la selva. Así fue como obtuve ese nombre. Ahora todos los nabas me llaman así. Pasamos muchas lunas con Noweda. Viajamos con él en el gran río y le ayudamos a construir una de esas cosas grandes de madera. Los nabas las llaman casas. A cambio nos dio muchas cosas. Nos hicimos muy ricos. Tenía un abrevadero muy grande que llenamos de papaya y de todo tipo de fruta de la selva. Allí se quedaba día tras día hasta que fermentaba y se pasaban el día bebiéndola.

Viajamos a muchas tierras con Noweda y sus Myc recogiendo caucho de los árboles. La gente le conocía en todas partes a dónde íbamos. Siempre tenía muchas mujeres alrededor, se las quedaba hasta que tenían un bebé, entonces perdía el interés en ellas. Cuando tenía deseos de tener una mujer, agarraba la que estuviera más cerca, le arrancaba la ropa y entraba. No le importaba quién estuviera por allí y jamás nadie le impidió hacerlo. Cuando le vi hacer esto por primera vez, empecé a sentir curiosidad hacia los nabas. Quizá no eran tan inteligentes como pensé al principio.

Bajando el río Casiquiare, encontramos un lugar en el que había más árboles de ebena de los que había visto nunca. Había ebena por cualquier parte que miráramos. Era como el cielo de los chamanes. Salté de la canoa y tomé un poco, pero el viejo dueño de la canoa me dijo: "¡No toques mi ebena! Si lo haces te mato." Sin embargo, allí había más ebena de la que toda la gente del mundo podría consumir, así que le robé un poco cuando no miraba.

Un día Noweda me dijo: "Ven conmigo al río, nadaremos y nos daremos un baño." Había una gran laguna de aguas tranquilas por allí. "Y ve a por Picodeloro para que venga con nosotros." Se colocó su gran cinturón que tenía esas cosas de metal que producían ese ruidoso estallido. Tenía una a cada lado. Fui a por Picodeloro, uno de sus Mycs, y los tres nos subimos al barco de Noweda y cruzamos el río gigante.

El chaval Myc actuaba extrañamente. Noweda dijo: "Nada hasta allí, no tengas miedo," y le dijo al Myc que buceara. Noweda se quedó cerca de la orilla y yo hice lo mismo porque no sé nadar. Pero el chico buceó como una nutria y nadó como un cocodrilo. Se zambullía desde una roca y desaparecía bajo el agua durante un rato. Después cruzaba el lago nadando. Nunca había visto a nadie hacer cosas así en el agua. En una ocasión le vi zambullirse y una anguila punzante le dio. Salió del agua como un pez saltarín. Pero se subió de nuevo a la roca y se volvió a zambullir.

Noweda se sentó encima de una gran roca y observaba. Mientras miraba al chaval, una mueca divertida apareció en su cara. La siguiente vez que el chico se zambulló, Noweda sacó uno de sus palos metálicos de su cinturón y apuntó al lugar por el que saldría. Cuando asomó su cabeza, oí como un trueno y vi una llamita salir del palo metálico. Un agujero sangrante apareció en la cara del muchacho. Corrí aterrorizado. El corazón se me iba a salir del pecho de miedo cuando alcancé la playa del río. Seguí corriendo a lo largo de la playa, pero no pude rodear una gran roca porque no sabía nadar.

Noweda soltó una enorme carcajada. "¡Amigo!," gritó mientras yo me escondía tras la roca temblando de miedo. "¡No tengas miedo!" Señaló el agua sangrienta, imitó al chaval mientras se hundía y rugió mientras se reía. Algunos de sus trabajadores Myc habían dicho que mataba gente, pero yo no les creía. Este asesinato daría comienzo, con toda seguridad, a una guerra con su gente.

Al otro lado del río habían oído el disparo. Cuando nos vieron volver, sólo dos personas en el barco, supieron lo que habían pasado. Un lamento fue creciendo desde la orilla a medida que nos acercábamos. Yo quería alejarme de Noweda, porque sabía que volarían flechas.

Sin embargo, el sacó sus cosas metálicas y empezó a agitarlas gritando a todo el mundo, llamándoles nombres de partes privadas del cuerpo y un montón más de palabras que yo ni siquiera entendía. ¡Y no hicieron nada para vengarse! Inmediatamente supe que, fuera cual fuera el poder que yo tuviera dentro para controlar a la gente, él tenía más. Tenía tanto control sobre estas personas que ni siquiera los parientes del muchacho intentaron vengarse.

Llamé a los guerreros y nos dimos prisa para salir de regreso a casa. Noweda me había prometido uno de esos palos de metal que él llamaba escopeta. Y me hubiera gustado tener una, pero después de lo que vi, no me quedé a esperarla. De todas formas, salimos de allí más ricos de lo que jamás hubiésemos pensado. Salimos cargados de hachas, machetes, material rojo para los taparrabos y cacharros para cocinar de todo.

El camino a casa fue largo y duro, a pesar de que ahora teníamos machetes para despejar el paso. La segunda mañana, algunos de nosotros se despertaron con irritación de garganta, dolor de ojos y muy calientes. Tenía algo de ebena, así que le pedí a alguien que me la soplara en la nariz y hablé con mis espíritus. Vi, de nuevo, mi shabono y la hermosa gente que yo amaba venir a mí llamándome Padre. Y querían que yo les llamara hijos.

"Los nabas os han hecho un hechizo maléfico," me dijo el Espíritu Sanador. "Muchos de vosotros moriréis."

Cautivadora me susurró al oído: "Me aseguraré de que tú no mueras. Eres mío, valiente guerrero." Es tan hermosa y amable conmigo. La amo.

Con la ayuda del Espíritu Sanador, succioné la enfermedad y la escupí. Pero, al día siguiente, uno de nuestros guerreros murió.

Quemamos su cuerpo, reunimos sus huesos y continuamos el camino. Pero, al otro día, todos estaban enfermos, excepto yo y mi hermano. No podíamos movernos muy rápido. Otra persona murió al día siguiente y otra al otro. Y cada vez, quemábamos el cuerpo y reuníamos los huesos antes de seguir. Pero, seguían muriendo, y mis espíritus no eran capaces de parar las muertes.

Eran tantos los que morían, que no teníamos tiempo de quemar los cuerpos de todos. Empezamos a dejar los cuerpos por el camino. Cada día moría alguien, algunos días morían dos. Murió alguien por cada dedo de mis dos manos y de mis dos pies. Al final estábamos demasiado enfermos para viajar y paramos a esperar que la enfermedad se fuera, pero no lo hizo.

Después de muchos días retomamos el viaje, aunque estábamos demasiado enfermos para caminar. Andábamos a cuatro patas todo el día y no avanzábamos mucho. Dos de los guerreros jóvenes estaban bien, ellos se encargaban de cazar para el resto. Cuando caía la noche, no éramos capaces de atar nuestras hamacas, así que dormíamos en el suelo de la selva. Estábamos demasiado débiles aquella noche para lamentar al que había muerto aquel día. Le dejamos en el camino.

El día siguiente fue igual. Y el otro. Muchos de nuestros hombres murieron.

Cuando entramos al shabono, débiles y flacos, comenzamos a llorar por todas las "flechas rotas" que habíamos dejado atrás. No habíamos podido quemar sus cuerpos. Las mujeres se nos unieron y lloramos juntos por mucho tiempo. Aquella noche, mientras dormíamos, las mujeres empezaron a llorar a sus hombres. Y durante muchas noches, después de aquella, las mujeres nos mantuvieron despiertos con su llanto.

Pregunté a mis espíritus si debíamos vengarnos. "Podrías perder demasiados guerreros intentando vengarte," me dijo Jaguar. "Necesitas a los espíritus que protegen de esta enfermedad de nabas. La próxima vez, antes de ir al mundo de los nabas, tienes que pasar mucho tiempo con nosotros y enviarnos a nosotros por delante para protegeros contra el mal que vendrá sobre vosotros en su tierra."

Cuando por fin recuperamos nuestras fuerzas, conduje a algunos hombres y mujeres por el camino para recoger a nuestros muertos y los bienes que habíamos ido dejando por el camino. Dimos con ellos buscando nidos de termitas. Había un enorme nido de termitas encima de cada cuerpo. Los taparrabos estaban todos destrozados, pero pudimos recuperar las hachas y los machetes.

Cuando encontrábamos un cuerpo, hacíamos un fuego, lo quemábamos y llorábamos nuestra pérdida. Nos llevó muchos días encontrar todos los cuerpos y quemarlos. Regresamos a nuestro shabono con muchos huesos.

Cuando llegamos al shabono, todos lloramos. Muchos de los que habíamos perdido eran amigos y parientes de aldeas cercanas a los que habíamos invitado a unirse al viaje. Uno de ellos llevaba los huesos de su hermano a su esposa y me agarró del brazo. Me empujó al centro del shabono y sacó pecho. Yo también saqué pecho y él me golpeó con todas sus fuerzas y volvió a sacar pecho. Yo le devolví el golpe todo lo fuerte que pude y saqué pecho de nuevo. Me golpeó el pecho una vez más y preparó el suyo para recibir otro. Intercambiamos golpes hasta que él acabó molido a palos y cansado. Estaba enfadado conmigo. Y yo estaba enfadado con mis espíritus. Necesitábamos luchar de esta manera para ayudarnos con nuestra pena.

Después otro de los parientes se adelantó y tomó su lugar y me golpeó en el pecho. Y yo se lo devolví. También había perdido a su hermano. Cuando se cansó, otro ocupó su lugar.

Había muchos más para golpearme, pero yo no podía golpearles muy fuerte. Al final, no pude aguantar más y caí a tierra. Pasamos el resto de la noche llorando nuestra pena. Fue un momento horrible porque yo había conducido a nuestros seres queridos a la muerte. Sabía que merecía esos golpes. Pero aquella noche, echado en mi hamaca escuchando el llanto de mi gente, me enfadé con mis espíritus.

"¿Por qué me habéis hecho esto?," grité el Espíritu Jaguar. "¿Por qué no habéis podido mantener a nuestra gente con vida? Vosotros me enviasteis a este viaje."

"No te enfades con nosotros, Padre," rogó el Espíritu Jaguar. "Por favor, no nos eches. Nosotros no somos los espíritus idóneos para controlar la enfermedad de los nabas. Necesitas conseguir un espíritu diferente para eso. Necesitas a los espíritus que controlan las enfermedades nabas."

No sabía qué decirle; ya tenía tantos espíritus que no tenía tiempo de hablar con todos. Estuve enfadado toda la noche y mis espíritus siguieron intentando calmarme. Enviaron a Cautivadora para que estuviera conmigo. Ella siempre me hace sentir mejor. Pero seguía enfadado.

Al día siguiente los hombres se reunieron en consejo para decidir si debíamos vengarnos de los nabas. Pero estábamos confundidos. Lanza y yo contactamos con nuestros espíritus. Incluso los espíritus estaban desconcertados. "Necesitáis conseguir otros espíritus para las enfermedades nabas," seguían diciéndonos.

Nuestras vidas eran mejores ahora, con todas las cosas que habíamos traído de los nabas. Pero seguíamos sin poder dormir por temor al ataque de nuestros parientes de Patata. Lanza estaba tan asustado que, cuando yo me fui, llevó a todo el pueblo a *wyumi*. Se escondieron en la selva, buscando comida y cubriendo sus huellas por donde quiera que fueran.

Así que fortificamos nuestro shabono y construimos la alana aún más alta en la entrada y más larga a todo alrededor. Esto haría mucho más difícil que los atacantes pudieran entrar y tener buen ángulo de tiro. Aún así no estábamos seguros y lo sabíamos. No podíamos dormir.

3

NO TODOS LOS ESPÍRITUS SON LO QUE PARECEN

Deemeoma está mayor cada día. Suele quedarse cerca de su hermana buscando protección de los otros niños. Pero, Fredi no tiene protección y los niños siempre se burlan de él. Le dicen: "Masacramos a tus parientes." Los guerreros experimentados les regañan, pero eso no les detiene. Fredi siempre acaba llorando.

Lanza se casa con una chica que llamábamos Tarántularuidosa. La llamamos así por una vez en que estaba tomando un baño e hizo ruido con su tarántula, su parte femenina. Evidentemente, ella odia ese nombre, pero... Cuando un niño se hace hombre, su nombre de la infancia se convierte en un insulto, entonces empezará a luchar para que todos dejen de usarlo. Pero, a las mujeres las llamamos como nos da la gana. Tarántularuidosa le da muchos hijos a Lanza.

Uno de los asesinos del asalto a Patata era chamán, como yo. Todos le respetaban, como chamán y como guerrero. Tenía un hijo que se llamaba Calzapié. Calzapié fue el joven que me ayudó a cazar el pavo. Los líderes del otro pueblo y yo descubrimos que el mundo de los espíritus tenía mucho interés en este muchacho. Como líder entre los chamanes, me encargué de entrenarle y pasarle nuestras costumbres.

Construimos un lugar especial para él en el shabono en el que nadie podía verle o hablarle. Sólo podía comer ciertas cosas y poca cantidad. "Necesitamos que te quedes muy flaco, así los espíritus vendrán a ti," le dije.

Día a día veía como Calzapié se iba quedando más delgado. No se le permitía hablar con nadie, excepto conmigo y con cualquier espíritu que viniera a él. Después de mucho tiempo, estaba preparado. Le sacamos. Lanza metió un puñado de ebena verde al final de un largo tubo y, con cuidado, lo colocamos en su orificio nasal. Yo soplé por el otro extremo y lancé la ebena a su cerebro. Se retorció sobre el suelo del dolor, y luego se puso de pie mientras los espíritus comenzaban a golpearle y a llevarle a su mundo. Yo bailé con él, invocando a los espíritus iniciadores para que construyeran un shabono en su pecho. De esta manera, habría sitio para que vinieran a vivir otros espíritus.

"Ví cosas que nunca antes había visto," me dijo Calzapié cuando regresó de su viaje al mundo de los espíritus. Estaba claro que los espíritus le habían llevado a alguno de los lugares en que yo había estado.

"Te dije que el mundo de los espíritus es mucho mejor que este, ¿no?"

"Sí, me lo dijiste. Pero, ¿cómo iba saberlo yo?"

Desde el principio supe que Calzapié iba a ser bueno. Sería tan bueno con los espíritus como yo.

"Vas a ser un gran hombre del mundo de los espíritus, amigo," le dije. "Puedo decirlo desde ya. Serás una gran líder para nuestra gente."

Cada noche, Lanza y yo tomábamos ebena y hablábamos con nuestros espíritus para ver si había algún peligro en la selva acechándonos. Ahora empezamos a incluir a Calzapié en nuestros tiempos habituales con los espíritus. Aún después de tantas lunas, seguíamos sin poder salir a trabajar nuestros huertos por miedo a ser atacados y no había suficiente comida. Los niños lloraban continuamente de hambre.

Cuando conseguíamos algo que comer, los adultos estaban tan hambrientos que, para cuando ellos habían acabado de comer, casi no quedaba nada para los niños.

Una noche, una mano temblorosa sobre mi pecho, me despertó. Salté de la hamaca y agarré mi arco y mis flechas. "Estoy seguro de que he oído algo," susurró Calzapié, con su voz temblorosa de miedo. Yo temblaba también, pero no oímos nada. Nos deslizamos, silenciosamente hacia la entrada del shabono. La luna y las estrellas no estaban fuera así que sólo veíamos negro. Ni siquiera podíamos vernos el uno al otro. Apenas podíamos ver los rescoldos casi muertos de los fuegos del shabono tras nosotros. Eso era todo. El canturreo lejano de un pavo rompió el silencio.

"Hombre, me encantaría comérmelo," susurró Calzapié. "Vamos a cogerlo."

"¡Nunca!," susurré bruscamente. "Ya sabes que es ahí donde nuestros enemigos estarán esperando para emboscarnos." Justo al pasar la entrada del shabono, oímos un movimiento ligero procedente de la selva, frente a nosotros. Los dos preparamos nuestras flechas para disparar. Estaba a punto de hacerlo, cuando oímos unos susurros que venían de los arbustos.

"Somos nosotros, somos nosotros," susurraron, casi demasiado tarde. Eran hombres de nuestro pueblo. Habían salido a cazar el pavo, pero se asustaron y volvieron. Guardamos nuestras flechas.

"Es mejor que no hayáis seguido," dije. "Hay algo ahí fuera. Puedo sentirlo." Volvimos a nuestras hamacas, pero no dormimos.

Así era noche tras noche. Nos escondíamos en nuestro shabono, temiendo ser atacados y temiendo salir a cazar. Pronto moriríamos. Así que decidimos poner a todo el pueblo en wyumi. "No estaremos tan protegidos deambulando por la selva," dije a todos, "pero será más difícil que nos encuentren y podemos separarnos e ir a distintos lugares. Quizá podamos encontrar algo que comer."

Hacer wyumi siempre es duro. Simplemente vagamos por la selva buscando cualquier cosa comestible. Cuando no lo encontramos, es horrible. Los niños mueren antes, porque siempre son los últimos en recibir alimentos y es duro para ellos seguir el ritmo. Pero nada podría ser peor que lo que hemos estado pasando desde el asalto a Patata.

Nos separamos en todas direcciones y nos introdujimos en la selva, cubriendo nuestro propio rastro. Lanza y yo estábamos en el mismo grupo. Calzapié vino con nosotros, porque aún le estaba enseñando.

Encontramos un árbol de papaya y tomamos alguna fruta. Cacé un pavo. Todos sabían que los que venían conmigo comerían mejor porque yo siempre podía volver con bastantes presas. Otros cazadores acechaban a sus presas sigilosamente hasta que estaban realmente cerca, pero entonces solían asustar al animal. Mi método era trepar salvajemente a un árbol haciendo mucho ruido, como hacen los monos. Cuando llegaba al lado del pájaro o del mono en el árbol, le disparaba. Mis espíritus hacen que los animales piensen que soy un mono más.

Los jaguares me seguían por todos lados, naturalmente, porque yo siempre estaba donde estaban las presas. En una ocasión estaba cazando y encontré un árbol lleno de pavos. Dejé la mayoría de mis flechas abajo y comencé a trepar para coger uno cuando oí algo caminado sobre las flechas que había dejado abajo. Metí la cabeza entre las ramas y miré. El corazón se me paró cuando vi algo negro ascendiendo por el árbol.

Si es un jaguar, pensé, *este puede ser mi fin.* Entonces vi esas inmensas almohadillas de sus garras delanteras a medida que ascendía y hundía sus zarpas en la corteza del árbol. A cada lado de su boca, vi los dos grandes dientes. Pero eran sus ojos lo que más asustaban. Las grietas en sus grandes ojos azules decían lo que buscaba.

Miré alrededor, pero no había ningún árbol lo suficientemente cerca como para saltar a él. Miré hacia abajo. Se estaba acercando y seguía trepando.

Subí a una rama más alta en la que había más espacio para moverme y cogí la cuerda del arco. Mientras se acercaba, quedaba en la parte del tronco lejos de mí. Podía ver sus garras a ambos lados del árbol. Oía cada pequeña respiración, a medida que seguía a por mí.

Cuando llegó a mi altura, se movió despacio alrededor del tronco. Pero yo estaba preparado. Le clavé el extremo del arco en el cuello y le tiré del árbol. Grité de miedo. El aulló cuando golpeó el suelo de la selva y salió corriendo. Por supuesto, los pavos no se habían quedado sentados todo este tiempo. Se habían ido.

Cada vez que salía a cazar los jaguares me seguían. Me daban un susto de muerte. Estaban celosos de mí porque para mí era fácil conseguir comida en la selva. Una vez un jaguar me había atrapado y estaba a punto de clavarme sus zarpas. Pero, le dije rápidamente, "No me arañes ahora. Estoy enredado en estas ramas. Tienes ventaja sobre mí." No sé por qué, pero relajó sus garras y se sentó entre las ramas. Le disparé en la garganta. Cuando el veneno de la flecha le mató, me lo até a la espalda y lo llevé a casa. Entonces dije, "Bien. Puedes seguir y arañarme ahora."

A veces me preguntaba si los jaguares con los que me encontraba podrían estar relacionados de alguna forma con el Espíritu Jaguar, pero nunca me dio esa sensación. El Espíritu Jaguar era un Yanomami con el valor de un jaguar. Era ese espíritu el que me hacía tan valiente a mí. Y sólo con valor puede uno enfrentarse a un jaguar.

Por la noche, tomaba ebena y enseñaba a Calzapié más sobre los espíritus. Calzapié era un joven impulsivo, pero grande en el mundo de los espíritus.

Hacer wyumi era tan duro porque siempre había gente enferma. Esto nos daba mucho trabajo a nosotros los chamanes. Especialmente enfermaban los más pequeños. En muchas ocasiones yo perseguía las almas de los niños hasta la tierra del espíritu hostil y las traía de vuelta. Pero, muchas veces, no podía alcanzarlas a tiempo y morían. Los viejos morían a menudo en el wyumi. Sabíamos que, cuando todos volviéramos a reunirnos, tendríamos muchas calabazas llenas de huesos molidos para beber y mucho duelo que pasar.

Desde entonces hasta ahora, Lanza jamás le ha contado a nadie lo que le pasó. Pero me lo contó a mí.

El padre de Lanza era muy viejo y estaba muriendo, no podía seguir nuestro ritmo. Pero no murió como los otros enfermos lo hacían. Simplemente se hacía cada vez más viejo y más débil. Nosotros tomábamos ebena y utilizábamos a nuestros espíritus para intentar que mejorara, pero jamás mejoró. Mis espíritus me dijeron que debíamos abandonarlo. Cada día, cuando nos movíamos en busca de comida, el viejo se desplomaba muy atrás. Lanza, su mujer y sus niños pequeños se quedaban atrás con él para evitar que se perdiera y ayudarle a seguir el ritmo de los demás. Nosotros estábamos atentos a ellos, pero, al final, se quedaron tan atrás que les perdimos en la selva. "Déjame," decía el viejo continuamente a Lanza. "Sólo, déjame. Déjame morir sólo."

Pero Lanza no podía hacerlo. Al día siguiente estaba peor. El anciano casi no podía andar. Lanza fue a cazar, pero no encontró nada. El área ya había sido rebuscada y en los árboles no había fruta. En la estación adecuada, la selva puede producir lo suficiente para que una persona sobreviva. Pero en la estación equivocada, no había nada.

Cuando Lanza volvió aquella noche, el anciano quería hablar. Quería decirle a Lanza que se fuera donde pudiera encontrar comida para el resto de la familia y que le dejara solo para morir. Pero su boca no quería pronunciar las palabras. Lanza estaba acostado en su hamaca en lo oscuro de la selva. Había mucho que quería decir a su padre, pero no podía hablar. Había mucho que quería preguntarle, tantas cosas que no sabía, especialmente ahora. Pero, ¿obtendría sabiduría de un moribundo confuso? Lanza recurrió a sus espíritus para preguntarles qué hacer.

"Es el momento," le dijeron.

A la mañana siguiente, Lanza hizo señas a su esposa e hijos. Ellos sabían que eso significaba que debían dejarle y tratar de alcanzar al resto del pueblo. Sabían que Lanza les seguiría cuando hubiera concluido. Se quedó con su anciano padre. *Ni siquiera está enfermo,* pensó Lanza. *Es sólo que está tan viejo que no puede moverse bien.*

Una vez que los demás se hubieron ido, Lanza volvió a intentar hablar con su padre, pero seguía sin poder decir nada. Ni siquiera había podido decirle que la familia había seguido el camino para alcanzar al resto del pueblo. Y había mucho más. Quería decirle que no quería hacer lo que iba a hacer; pero tampoco podía hablar de eso. Se le hizo un gran nudo en la garganta.

El viejo miraba a Lanza. Podía ver en los cansados ojos de su hijo lo que estaba pensando. Quería hablar a su hijo, pero no sabía por dónde empezar. No dijo nada. Lanza indagó en los ojos de su padre. Vio el miedo. La desesperanza. La sorpresa. ¿No se había referido a esto su padre cuando le dijo que se fuera y le dejara?

Lanza colocó algunas piezas de fruta seca y nueces en una hoja de palma, bajo la hamaca de su padre. No podía desperdiciar la comida, pero... No había nada más que hacer, ninguna razón para quedarse, excepto decir todo lo que quería decirle. Pero no era capaz. Así que hizo cosas, cosas que no eran necesarias. Desató las cuerdas de su hamaca, luego la volvió a atar y la desató de nuevo. Organizó las frutas y las nueces en la hoja de palma. Tensó la cuerda de su arco, aunque ya estaba bien tensa. Repasó las plumas de las flechas. Lanza sabía que, de todas formas, ese día no cazaría. No podía. Este sería el peor día de su vida.

"¿Dónde estáis ahora que os necesito?," reclamaba Lanza a sus espíritus. "Nunca me dijisteis cómo pasar por esto."

Lanza no sabía cómo dar ese primer paso que le alejaría de la hamaca. ¿Debía andar de espaldas y seguir observando a su padre? ¿Debía volver? No pudo evitar que una lágrima rodase por su mejilla. *Nada, en toda mi vida puede ser tan duro como esto,* pensó.

Se alejó unos pasos del pequeño refugio de hoja de palma que protegería la hamaca de su padre en caso de que lloviera antes de su muerte. Dio unos pasos más, y luego algunos más. Miró atrás. La cabeza de su padre estaba inclinada fuera de la hamaca. Estaba mirando alerta desde debajo de las palmas del refugio. Lanza retiró la mirada rápidamente. Quizá su padre no le había visto indagar en sus ojos. *Sabía que no debía haberme vuelto a mirarle,* pensó mientras se ponía de nuevo en camino. Rompió a gemir de dolor. La familia le oyó y supo que había terminado su trabajo y les estaba siguiendo.

Lanza estaba furioso con sus espíritus. "¿Por qué me habéis hecho esto?," preguntó enfadado. "¡Sois inútiles! ¡No tenéis ningún poder para sanar! ¡Debería deshacerme de todos vosotros!"

El padre de Lanza oyó los gemidos de su hijo hasta que se hicieron demasiado débiles. Siguió escuchando el resto del día. Pero los gemidos jamás volvieron. *Mañana estaré más fuerte,* pensó... *quizá. Quizá me levante y les siga.* Habría comido algo de la fruta o las nueces, pero no tenía hambre. Tenía la esperanza de dormirse y no volver a despertar; pero se despertó. Comió toda la fruta y las nueces y seguía hambriento y dolorido. Esperó a que oscureciera, esperó a Lanza. Esperó que el dolor se fuera, pero no se fue. El dolor era tan intenso que sabía que debía estar muriéndose y deseó que ocurriera rápido, pero no fue así. Sin embargo, el *dolor* de estar *solo* para morir, era peor que el mismo dolor de morir.

Nunca volvimos a ver al padre de Lanza, pero sé cómo se sintió porque un día encontramos a un hombre que había sido abandonado como él. Había permanecido días así y aún seguía vivo. Le alimentamos y se vino a vivir con nosotros. Estaba tan triste que no podía hablar de cuando fue abandonado. Un día, cuando no había nadie cerca, me contó al oído su historia de cuando fue abandonado en el camino.

Cuando se hizo de noche, Lanza colgó su hamaca y lloró. Toda la familia se lamentó con él. Todos los demás del pueblo también gemimos con él. Esta situación nos hizo recordar a todos nuestros parientes que habían muerto, cuyos huesos habíamos bebido, y todos lloramos más todavía. Todos recordamos cada ocasión en que tuvimos que abandonar a un pariente anciano en el pasado e hicimos lamento por ellos. El ruido del llanto asustaba a los niños, que corrían hacia sus padres buscando consuelo. Sin embargo, nosotros no teníamos ningún sitio donde encontrar consuelo. Después de llorar media noche, nuestras voces se cansaron y dejamos de hacer ruido. Dejamos a Lanza sólo con sus pensamientos. "Nada puede ser peor que esto," dijo a sus espíritus.

Y tenía razón. No hubo nada peor para Lanza que aquella noche. Sabía que no dormiría aun cuando todo el pueblo llevaba ya mucho tiempo en silencio. Quizá esto le ayudara a olvidar ese otro peor recuerdo que le robaba el sueño: Ese guerrero de Patata. Lanza veía su rostro otra vez y oía su grito: "¡No me mates, hermano mayor!" Lanza había intentado cambiar el recuerdo y no disparar en esa ocasión, sin embargo, soltaba la cuerda de su arco y lanzaba la flecha.

Seguramente, ahora con el recuerdo del rostro de su padre, pronto olvidaría la espantosa cara del guerrero que rogaba por su vida. Pero,

¿cómo podría dormir? *Otros valientes guerreros no tienen problemas para dormir después de haber matado,* se decía. *¿Habré hecho algo mal durante el unokai? Quizá me toqué con los dedos y no quedé del todo limpio de los asesinatos.*

Ahora, el dolor por la memoria de su padre se añadía al otro. Todos sabíamos que Lanza atravesaba un gran sufrimiento, pero nunca le dijo a nadie lo profundo que era. Después de mucho tiempo de vagar por la selva, volvimos a reunirnos en el shabono.

Una noche, cuando los fuegos casi se habían apagado y el pueblo estaba en calma, las familias que estaban cerca de Lanza fueron sorprendidas por un grito agudo que rompía la tranquilidad. "¡Hermano mayor, no me mates!" Nadie estaba asustado, porque no había gritos de asaltantes en el aire. Era la voz de Lanza que chillaba: "¡No me dispares, hermano mayor!"

Niñofruta salió de su hamaca y llegó hasta la hamaca de su padre, tropezando en la oscuridad. Agarró los brazos de su padre, que se agitaban por delante de su cara intentado protegerse. Estaban húmedos y resbaladizos por el sudor.

"¡Es un sueño! Es un sueño," susurró Niñofruta tan claro como pudo. Tenía que evitar que su padre supiera que había despertado a los demás con este sueño tan desagradable. Si la gente se enteraba de que su padre estaba teniendo problemas por haber asesinado, sería humillado. Lanza luchó para liberarse del agarre de su hijo. "¡Sólo soy yo: Niñofruta!" susurraba en el rostro de su padre. Lanza despertó y se desplomó en su hamaca. Dio un gran suspiro de alivio. Niñofruta volvió a su hamaca.

El pueblo estaba de nuevo en calma. Más en calma que antes. La gente, acostada, seguía despierta pensando. Niñofruta se preguntaba cuánto tiempo necesitaría su padre para olvidar. Lanza se preguntaba si habría despertado a alguien más. *Seguramente van a pensar que no soy un asesino valiente,* pensó. Los padres de Calzapié y Ojoscruzados se preguntaban si alguna vez ellos habían tenido un sueño como este, que mostraba a otros sus temores. *Quizá todos saben que no somos tan valientes como decimos ser,* reflexionaban. Y ambos se preguntaban qué estaría pensando el otro.

Pero nosotros jamás admitimos tener miedo.

Como cualquier buen chamán, yo intentaba conseguir los mejores espíritus para Calzapié. Siempre hay montones de espíritus malos deseando vivir en tu pecho para obligarte a hacer locuras. Un chamán principiante tiene que aprender a diferenciar entre los buenos y los malos espíritus. Un chamán siempre será tan listo y tan poderoso como lo sean sus espíritus. Por eso siempre le advertía sobre el Espíritu Venado.

"Esta vez he conocido un espíritu hermoso," dijo Calzapié una vez que la ebena se había ido.

"Cuéntame de él."

"Podía hacerse muy atractivo para todas las mujeres. Simplemente lo adoraban. Podía tener a cualquiera que quisiera. Sólo tenía que hablarles y ellas le amaban, le querían."

"Ese es el Espíritu Howashi," dije yo. "No te conviene tampoco. Ese espíritu mono es lo peor. Por favor, créeme. No te conviene."

"Pero, es tan asombroso. Puede conseguir que cualquier mujer se enamore de él con sólo mirarla a los ojos," argumentó Calzapié.

"Tienes mucho que aprender," dije. "Escucha. No todos los espíritus son lo que parecen. Howashi es un mentiroso. Has visto a los howashis. Estos monos creen que todos los animales de la selva quieren tener relaciones sexuales con ellos. Pero, ¿es así? Por eso estos monos tienen pinta de estúpidos, por eso siempre andan cubiertos de su propio semen. Pues bien, exactamente así es el espíritu. Esa es, justo, la clase de espíritu que no te conviene. Te posee. Tú no le posees a él. Una vez que lo admitas, nunca te librarás de él. No es más que un problema."

"¿Has conocido a alguien que se haya enredado con él?" preguntó Calzapié.

"Ambos conocemos a alguien. Piensa y veamos si puedes decirme quién es."

Calzapié pensó un poco. "Te refieres a mi tío, ¿no?"

Yo asentí. "Efectivamente. ¿No se cree que todas las mujeres del pueblo quieran tener relaciones sexuales con él? Está absolutamente engañado por el Espíritu Howashi." Calzapié estaba muy al tanto de su tío. Era la mayor fuente de peleas del pueblo porque no podía quitar sus manos de las mujeres.

Al día siguiente, Calzapié tomó más ebena y trató de evitar a Howashi y encontrar nuevos espíritus. Los espíritus le guiaron fuera del shabono, por el camino. Yo le perseguí. En el camino le atacaron y le golpearon la cabeza con una gran rama. Cayó al suelo. Yo estaba seguro de que estaba muerto.

Yo me metí en el mundo de los espíritus y luché contra estos nuevos espíritus, que rondaban y golpeaban a Calzapié. Mis espíritus se unieron a mí en la lucha. Fue dura. Ni siquiera podía decir si estaba ocurriendo en el mundo real o en el espiritual. Muchas veces ocurre en ambos mundos a la vez.

Juntos conseguimos ahuyentarlos y dejaron a Calzapié en paz. Algunos de sus parientes vieron lo que pasaba y nos siguieron fuera del shabono, al camino. Me vieron luchar por él pero, por supuesto, no vieron a los espíritus. Todos lo miramos yacer inmóvil por largo rato. Finalmente se despertó.

"¿Qué ha pasado?" le pregunté.

"No lo sé," dijo. "Dímelo tú."

"Otra vez tenías malos espíritus. Han intentado matarte. No sé por qué."

Después de eso, tuve mucho más cuidado en el entrenamiento de Calzapié. Estaba claro que era especial. Todos los espíritus estaban mostrando mucho interés en él. No me sorprendió que se dejara liar un poco por Howashi, pero me confundía completamente que hubiera encontrado algunos que intentaran matarle. Al final de su vida le matarían, como hacen muchos espíritus con sus chamanes cuando se hacen viejos e inútiles. Eso no me pasaría a mí, por supuesto; yo tengo buenos espíritus. Pero, de todas formas, tampoco debería estar ocurriéndole a Calzapié porque sólo estaba empezando.

Me preguntaba si podría ser alguna de aquellas mujeres celosas porque yo las había rechazado. Quizá intentaban vengarse matando a mi principiante favorito. Hay muchos espíritus que parecen buenos y que no son más que engañadores. Los chamanes tenemos que ser muy sabios y selectivos.

Calzapié estaba teniendo un buen comienzo. Tenía los espíritus correctos, los que construyen el shabono en tu pecho. Ahora muchos otros, mejores, vendrían a vivir en él. Sin embargo, en vez de eso, Calzapié seguía consiguiendo espíritus con los que no se llevaba bien.

Una vez estaba echado en su hamaca, enfermo con malaria, y dos espíritus se acercaron con una deliciosa bebida de fruta de palma. Eran hermosos, como mi Cautivadora. Calzapié estaba encantado. Querían llevarle fuera, pero él les tenía miedo.

Al día siguiente vinieron a llevárselo. Eran demasiado hermosos para que él pudiera resistirse. Le llevaron a la selva, donde no había maleza, y corrieron con él a gran velocidad. Le llevaron lejos del pueblo. Pero Murciélago y el padre de Nocrece persiguieron a Calzapié hacia el interior de la selva y lo encontraron. Cuando intentaron traerle de vuelta a casa, no les conocía y estaba aterrorizado de verles. Les llevó mucho tiempo, pero finalmente le devolvieron a casa.

Pronto necesitamos más bienes para comerciar, así que hicimos el largo viaje hasta el pueblo de los nabas y trabajamos para Noweda de nuevo. Esta vez trabajamos muy duro con nuestros espíritus para auto protegernos. Noweda me trataba como un amigo. Viajamos a un lugar en el que vivía el hermano de Noweda. Su hermano debía tener algún espíritu poderoso, porque era aún más cruel que Noweda y la gente no hacía nada en contra suya.

Una vez bajamos por el río Casiquiare hasta la frontera con Brasil. Una gran multitud de nabas estaba bebiendo una bebida que te hace actuar raro. Entré en una casa grande donde había mucha gente; todos ellos estaban desnudos. Nosotros los Yanomami vamos desnudos, claro, pero eso es sólo porque no tenemos ropa. No puedo imaginar por qué gente que tiene ropa querría ir desnuda. Estaban todos enredados, todos teniendo sexo con todos, sin importarles quién pudiera estar mirando. Noweda se les unió.

Yo chasqué la lengua y sacudí la cabeza. Nunca olvidaré lo que pensé. Pensé: *Estos nabas pueden tener muchos bienes para comerciar y pueden saber muchas cosas, pero son mucho más estúpidos que nosotros los Yanomamis. Sólo a los animales les da igual quién está presente cuando se aparean.*

4

NUESTRO SUFRIMIENTO NO ES CULPA DE NUESTROS ESPÍRITUS

Deemeoma y las mujeres que capturamos, finalmente, se están acostumbrando a nosotros. Tyomi consiguió el hombre que quería, pero casi muere a machetazos del hombre que la quería a ella. Deemeoma hizo tanto alboroto por esto que casi la mato. Pero, se están acostumbrando a nosotros. Fredi aún no es feliz. Yo sigo entrenando a Calzapié. Su padre me ha dado a su bonita hermana, Melena. Me ha dado un hijo. Lanza sigue luchando con sus recuerdos del asalto y de su padre. Nuestro pueblo al completo vive en un temor constante. Especialmente yo.

Estaba yo echado en mi hamaca, pasando un buen rato con mis espíritus, cuando vi al Espíritu Caimán buscar pelea con otro espíritu. Era el espíritu de alguien del pueblo, pero no podía decir de quién. "¿Por qué peleas con ella?" pregunté a Caimán. Después pregunté a otro de mis espíritus: "¿Por qué está pelando con ella?"

"Porque quiere," me dijeron mis espíritus. "No está bailando contigo. No tienes tiempo para él. No tiene nada más que hacer." Caimán dio un gran mordisco en el medio del otro espíritu. Yo no pensé en ello porque estaba bailando con mi espíritu favorito en el centro del shabono.

Aquella tarde, un poco después, una niña pequeña de nuestro pueblo se puso enferma con un fuerte dolor en la cintura. Sus padres me la trajeron. Inmediatamente me di cuenta de que ese era un dolor del mundo de los espíritus y que no había nada que yo pudiera hacer por ella.

Yo era el único en el pueblo que sabía la razón por la que la niña murió. Y también sabía que ella no era la primera en morir de esa manera. En muchas ocasiones había visto al Espíritu Caimán o al Espíritu Jaguar morder despiadadamente a los espíritus de los niños de mi pueblo. Ese día o el siguiente, el niño enfermaba de repente y moría antes de que yo pudiera hacer nada por ayudar.

Le conté esto al anciano del pueblo, el padre de Ojoscruzados. Él era el que había salvado a Deemeoma, a Fredi y a las mujeres, aquel día en Patata. Es chamán, así que sabía que no le diría al pueblo que uno de mis espíritus había matado a uno de nuestra propia gente.

"Tú tienes espíritus poderosos," me dijo él. "Conozco bien esos espíritus. Déjame enseñarte cómo hacer que hagan esto a nuestros enemigos. Es lo que en realidad les gustaría hacer."

Pregunté a mis espíritus si podían matar a otros niños. "Yo no hago eso," me dijo Cautivadora, "pero puedo conseguirte espíritus que sí lo pueden hacer." Me presentó a Hombreserpiente. En mi shabono no había sitio para ningún espíritu más. Pero se amontonaron y encontró un lugar de todos modos.

"Primero encuentra la huella de la persona que quieres matar," me dijo Hombreserpiente. "Luego, con mucho cuidado, saca la huella del dedo gordo y del siguiente, envuélvelas en hojas y enredaderas. Después viene lo más difícil: busca una serpiente venenosa y haz que muerda el atado de hojas. Eso hará que una serpiente muerda en el pie a la persona que dejó la huella y muera. Ya verás. Si necesitas ayuda con las serpientes, soy el espíritu que necesitas."

Al día siguiente seguí las instrucciones que Hombreserpiente me dio. Fue muy difícil y peligroso conseguir la serpiente. Pero los resultados merecieron todo el trabajo. Más tarde tuvimos un mensaje del pueblo de que uno de sus niños había muerto por la mordedura de una serpiente. Así que Hombreserpiente se convirtió en uno de mis íntimos amigos del mundo de los espíritus.

El padre de Ojoscruzados estaba en lo cierto acerca del Espíritu Caimán también. Muy pronto tuve muchos espíritus que podían atacar a nuestros enemigos. Rápidamente nos enterábamos de que la persona había muerto.

Un día, estaba yo echado en mi hamaca contemplado a un grupo de niños jugar al sol, en el centro del shabono. Uno de ellos gritó: "Eh, tú, para, Cabezadecorteza."

"¡Oye, tú!" gritó la madre del niño. "No le llames por su nombre. Los chamanes de nuestros enemigos te oirán y lo usarán para hacerle un maleficio." Y estaba en lo cierto. Ese era uno de los trabajos de las madres, impedir que los niños dijeran nombres que nuestros enemigos chamanes pudieran oír. Cabezadecorteza era el nombre del niño, pero sólo lo usaría hasta se hiciera adulto.

"¿Qué me hará?" preguntó el niño.

Los niños se agruparon alrededor de ella, mientras la mujer trabajaba en el fuego. Ella bajó la voz hasta el susurro. "¿No recordáis a todos vuestros amigos que han muerto?" les explicó. "Nuestros enemigos oyeron sus nombres. Una vez que conocen el nombre de una persona, pueden usarlo para hacerle un maleficio."

"¿Hombreselva es el mejor chamán que existe, mamá?" preguntó el niño.

"Sí," susurró ella. "Por eso otro de sus nombres es Come-Niños, por los muchos niños de los pueblos enemigos que ha matado. Puedes estar seguro de que ellos nunca permiten que sus hijos digan sus nombres por miedo a que Hombreselva los oiga. De todas formas, él conoce todos sus nombres porque los espíritus le han llevado a todos sus pueblos."

Ella se acuclilló, colocando un pedazo de madera en las brasas y tres trozos de yuca en la madera. Sopló fuerte las brasas y las llamas saltaron alrededor de la madera. Los niños esperaban que esa noche hubiera suficiente yuca para ellos.

"Sí," siguió la madre contándoles acerca de mí, "ciertamente es el chamán más poderoso que conocemos. ¿No veis cuanta carne trae cuando viene de cazar? A veces vuelve con más carne él solo, que todos los demás cazadores de pueblo juntos."

Un día un niño enfermó y yo no pude sanarle. Murió muy deprisa. "Casi atrapo al halcón que robó su alma, pero se levantó atravesando el fondo del lago hacia la tierra de Yai Wana Naba Laywa justo antes de que pudiera atraparlo," dije a sus padres. "Esto es obra del chamán de otro pueblo." Era la misma herida que el Espíritu Caimán hizo a aquella niña a la que mató justo aquí en nuestro pueblo.

"¿Quién es el que ha matado a ese niño?" pregunté al Espíritu Caimán. Me llevó a donde había grandes espacios abiertos, sin selva, sólo hierba. Nunca había visto un lugar así. Un chamán llamado Tucán estaba enviando sus espíritus desde allí para matar las almas de los niños de otros pueblos.

¿Qué deberíamos hacer? pensé. *Este pueblo está demasiado lejos como para ir allá y vengar esta muerte.*

"No te preocupes," me dijo Caimán. "Será un placer para mí encargarme del problema por ti." Vi a Caimán ir y dar un gran mordisco a uno de sus jóvenes. Esa noche el chaval murió.

Aquella noche, echado en mi hamaca y con la ayuda de mis espíritus, escuché a los parientes, en aquella lejana aldea, llorar por su niño. Los niños eran los más fáciles de matar y Caimán siempre estaba deseando ayudar. Pronto me hice respetado y temido como asesino de niños.

El pueblo de la selva al lado de la gran tierra con hierba era responsable de la muerte de muchos niños de nuestro pueblo. Tucán, su chamán, era un valiente guerrero que había matado a muchos hombres. Él siguió matando niños en nuestro pueblo y, cada vez que lo hacía, yo también mataba un niño en el suyo.

Un día, nuestro hijo cayó muy enfermo. Al principio Melena no se preocupó porque sabía que yo podría sanarlo. Pero, a pesar de haber invocado a todos los espíritus que tenía, no mejoraba. Lanza lo intentó. Sin embargo, soy el mejor, así que lo intenté con todas mis fuerzas. Tomé ebena durante días y trabajé duro en su cuerpecito con el Espíritu Succionador, e incluso tuve otros espíritus ayudándome. Hasta Cautivadora me ayudó y ella nunca ayuda con los enfermos. Finalmente, empezó a mejorar.

Al día siguiente murió.

Lloramos mucho por nuestro hijo. "¿Por qué has permitido que me pase esto?" grité a Cautivadora. "Es tan horrible. He sufrido mucho."

"Esto es culpa de la gente que vive en algunos de los pueblos cercanos al pueblo de Tucán. Es un hechizo que requiere de otros espíritus especiales para poder defenderse de él," dijo Jaguar. Cautivadora vino de nuevo, pero no me apetecía verla. Otro espíritu femenino pasó algún tiempo conmigo y, al final, conseguí sentirme mejor.

"Puedes vengarte," me dijo Hombreserpiente. "Consigue una serpiente venenosa mañana y sácale los dientes. Soplaremos el polvo en dirección al pueblo de Tucán y yo haré mi trabajo."

Al día siguiente, seguí las instrucciones de Hombreserpiente y pronto obtuve mi venganza. Era mucho más fácil que hacer todo el viaje hasta la zona del pueblo de Tucán e intentar matar a alguien. Sin embargo, el efecto era el mismo. Un niño de su pueblo murió.

Me eché en mi hamaca pensando en lo buena que había sido mi venganza, pero seguía echando mucho de menos a mi hijo. Toda la venganza de la selva no conseguiría traerle de vuelta.

El pueblo en el que mis espíritus mataron al niño se llamaba Pueblo Tiroteo. Se llama así porque siempre andan en guerra y disparos con alguien. Tucán no vivía allí, pero le queda cerca, como a un día de camino. Visitaba a menudo el lugar porque es el pueblo natal de su esposa.

Yo nunca he estado en Pueblo Tiroteo, pero conozco mucho de lo que pasa allí porque sí que lo he visitado muchas veces en el mundo espiritual, cuando mato a sus niños. Es parte del trabajo de un chamán.

Los suegros de Tucán estaban tan contentos con él como yerno, que quisieron darle otra hija como segunda esposa. Él estaba feliz de tenerla y también su esposa de tener a su hermana pequeña viviendo con ella.

Tucán la amaba. Era tan bonita como su primera esposa y le ayudaría a tener más hijos. Era un gran cazador y sabía que podría proveer para todos ellos. Pronto se convertiría en la persona más poderosa de su mundo.

Pero la hermana no quería dejar su hogar y no le gustaba Tucán. No era bueno para ella que no le gustase Tucán y su hermana se lo dijo. Pero, en cuanto Tucán se fue de caza, la hermana pequeña se escabulló fuera del shabono y emprendió el largo camino de vuelta a su hogar en Pueblo Tiroteo.

Cuando Tucán regresó dos días después, enfureció. Le llevaría dos días ir a buscarla y traerla de vuelta. ¡Qué desperdicio! Sin embargo, después que la trajo, ella continuó escapando a cada oportunidad que se le presentaba.

Un día Tucán regresó de la caza y su primera esposa le dijo que su hermana había escapado de nuevo, pero esa vez no hacía mucho que se había ido. Si se daba prisa, podría atraparla pronto y no tendría que hacer todo el viaje hasta el pueblo.

Tomó un camino diferente a través de la selva y apareció en el sendero de ella. No había huellas. Él estaba por delante de ella. Se escondió y esperó. Era fácil oírla venir, porque parte del camino estaba inundado.

Cuando la mujer llegó al lugar en el que él se encontraba agazapado, saltó al sendero y le hizo frente. "¿Por qué eres tan problemática? ¿Por qué me creas tantas dificultades?" Ella podía ver la furia en sus ojos y se heló de miedo. Estaba claro que su paciencia había acabado. Se encontraba al alcance de un asesino con un machete en su mano y furia en sus ojos.

Ella se volvió para echar a correr, él arremetió contra ella con un golpe que le alcanzó en la parte trasera de su cuello. Ella cayó en el camino. Tucán se sentó a esperar que despertara. Había visto muchas heridas similares en animales y en personas. Sangraba abundantemente, pero pronto se levantaría. Siempre lo hacían.

Se sentó en silencio, esperando y mirando cómo sangraba. Evidentemente no había sido su intención hacerle un corte tan profundo. No había movido un solo músculo desde que había caído.

Comenzó a llorar. *¿Por qué lo hice?* Se preguntaba. *¿Por qué le permití hacerme esto? Yo la amo. Será la hermosa madre de muchos de mis hijos.*

Ella seguía sangrando y él decidió que no volvería a golpearla cuando se despertara. Esa mujer ya había sufrido bastante. *Ahora volverá y será una buena esposa, vivirá felizmente conmigo y con su hermana,* pensó. *Pronto se dará la vuelta y me mirará para que la ayude. Y yo la ayudaré. La cuidaré y le devolveré la salud. Cuando vea cuánto la quiero, será feliz.* Él la observaba de cerca, buscando el más mínimo movimiento.

Pero nunca más se movió, ni un sólo dedo. El machete le había cortado el cuello demasiado profundamente. Mientras él pensaba en todo lo que preferiría no haber hecho y haber hecho diferente, y en todas las cosas que haría por ella cuando despertara; ella sangró hasta morir.

"¿Por qué me has hecho esto?" gritó angustiado. "¿Por qué?" Pero la selva guardaba silencio. Ni siquiera un pájaro había visto lo que había hecho. Después de mucho rato, se levantó. Con lágrimas en su rostro, dio un gran paso por encima del cuerpo. Tenía que ser un paso grande, para evitar tocar la sangre con sus pies. Con esto en mente, el regreso a casa sería largo.

"¿Por qué has hecho que te mate?" gritaba mientras caminaba arduamente de regreso. "¿Por qué sacaste tanta ira de mí?" Vertió grandes lágrimas durante todo el camino a casa. Continuó haciendo estas preguntas hasta que su voz ya no podía emitir sonidos. Pero nadie oía.

El pueblo de Tucán lloró por su esposa. Pueblo Tiroteo debería haber declarado la guerra por esta muerte. Aunque Tucán era mi enemigo, hubiera usado mis espíritus para ayudarle en esa guerra porque yo también odiaba a la gente de Pueblo Tiroteo. Y luego mis espíritus hubieran ayudado a los de Pueblo Tiroteo a luchar de vuelta contra Tucán.

En lugar de esperar el ataque, Tucán llevó los huesos a sus suegros. Les dijo que la muerte de su hija fue un accidente. Ninguna persona normal hubiera regresado de ese viaje con vida. Pero Tucán no era normal. Su fama llegaba a todos sitios. Sus espíritus le habían llevado por todos lados y podía contar a todos acerca de lugares en los que nunca había estado. Incluso había visto cosas en los enormes pueblos nabas. Vio gente entrar en una gran caja y una liana larga la había llevado por el aire sobre la cima de una montaña y los había bajado al otro lado.

Sus suegros lloraron con él la muerte de su hija y decidieron que no estaban interesados en intentar matarle. Aunque consiguió escapar de la muerte y de la guerra con sus parientes políticos, Tucán no podía olvidar a su bonita esposa. Hizo de todo para tratar de olvidarla. Cazó. Pescó. Trabajó el huerto. Pero, cada noche, cuando se echaba en su hamaca, veía su cara.

Suplicó a sus espíritus que le ayudaran a olvidarla, pero fue inútil. Sabía que no lo harían. Ellos le metieron en este lío. Fueron ellos los que estimularon su rabia hacia ella. Ellos le animaron a golpearla con el machete. Ellos eran la fuente de su furia, la razón por la que era tan famoso en el mundo Yanomami e incluso más allá. Todos los chamanes sabemos que los espíritus disfrutan al máximo cuando matamos gente. Y a nosotros nos encanta mostrar nuestro valor asesinando a nuestros enemigos. Pero, en este caso no era un enemigo, era la mujer que él amaba.

Tucán estaba enfadado con sus espíritus. No podía dormir y ellos no iban a ayudarle a hacerlo. Decidió no echarse en su hamaca hasta que estuviera tan cansado que casi no pudiera mantenerse despierto. Pero cada vez que se acostaba, no importaba lo cansado que estuviera, veía su cara, ese terror en sus ojos en el momento en que trató de correr. Había sido como un animal acorralado sin oportunidad alguna frente a él.

Lo sabía todo acerca del terror. Había aprendido a vivir con él porque sabía que todos nuestros pueblos querían matarlo debido a las muchas personas que él había asesinado. Había provocado todo ese mismo miedo en esa hermosa chica que no había hecho más que sentir nostalgia. *¿Por qué tuve que hacerlo?* se preguntaba a sí mismo una y otra vez.

Cada vez que aparecía su cara, oía su propia voz airada: "¿Por qué eres tan problemática?" Conocía cada palabra. Se tapaba los oídos, pero nunca funcionaba. Oía las siguientes palabras de todas formas: "¿Por qué me creas tantas dificultades?" Y volvía a ver su cara llena de terror de nuevo. La echaba mucho de menos y se esforzaba en recordar los buenos tiempos que habían pasado cuando ella vivió con ellos. Recordaba lo agradable que era estar con ella en su hamaca. Entonces la imagen de ella deteniéndose sorprendida en el sendero irrumpía entre todos los demás recuerdos haciéndolos añicos. Así que, para evitar que esos pensamientos vinieran, tenía que parar de recordarla. Y sus espíritus no le ayudarían a olvidar. A ellos les gustaban los recuerdos.

Una mañana Tucán fue a cazar. Cuando su machete se hundió en el cuello de un cocodrilo, vio la sangre fluir. Y, ahí estaba. La parte posterior del hermoso cuello de su esposa con su machete dentro y su sangre fluyendo. Incluso sujetar el machete con su mano, le trasladaba a ese día. Así que iba sin machete. Pero, no podía internarse en la selva sin machete.

Debe ser que no he destruido todas sus cosas, pensó. Él y su esposa revisaron todas las cosas del pueblo para asegurarse de que no había quedado nada de ella. Encontraron algo que podía haberle pertenecido y lo quemaron. Aún así, los recuerdos no se fueron, a pesar de que nadie pronunciaba su nombre.

Tucán se preguntaba si pudiera ser que otros hombres valientes tuvieran este problema. *Nadie me temerá si supiesen que tengo remordimientos por un asesinato,* se dijo, *especialmente si supieran que se trata de una mujer.*

*   *   *

Mi gente aún seguía teniendo un gran problema: todos los amigos y parientes de los habitantes de Pueblo Patata. Seguíamos viviendo con el miedo constante a ser atacados en cualquier momento como venganza.

Nuestros únicos amigos en toda la selva eran los parientes que vivían cerca del río Ocamo, los que vinieron con nosotros al asalto. Ahora, incluso teníamos miedo de ellos. Jamás olvidaron que nos habíamos negado a darle ni una de las mujeres que conseguimos en nuestra gran victoria.

Muchas lunas después, nos invitaron a un banquete. Nosotros desconfiábamos. Nuestras mujeres lloraron porque sabían que estábamos yendo a que nos mataran. También sabían que no nos disuadirían de ir. "Todos sabemos que es una trampa," nos dijo Lanza a todos los líderes.

"Pero, si no vamos," respondió Calzapié, "todos los indios de la selva nos llamarán cobardes desde ahora hasta el día de nuestra muerte." Ya os dije que Calzapié era un guerrero joven e impulsivo, el líder perfecto para ser entrenado por mí. Cada día tenía más espíritus. Todos sabíamos que tenía razón. Nada de lo que las mujeres pudieran decirnos nos convencería de no ir a esa fiesta.

Entramos en el pueblo del Ocamo con nuestras pinturas de guerra y nuestras flechas preparadas. Era toda una muestra de poder, en caso de que estuvieran planeando algo. Pero las cosas se calmaron cuando nos ofrecieron comida y bebida. Todos celebramos juntos. Comimos buena carne de tapir todo el día y lo pasamos maravillosamente.

Al día siguiente, tomamos ebena juntos. Tenían bastante para todos nosotros. Normalmente, sólo los chamanes tomamos ebena, pero en las fiestas todos pueden participar. Uno sopla la ebena por el tubo hasta la nariz de otro. Luego la primera persona busca a otro para soplar la ebena en su nariz y seguimos así hasta que todo el mundo se siente genial. No nos dimos cuenta de que, cuando les tocaba el turno de tomar la ebena, ellos buscaban siempre a alguien de su pueblo para soplar. No nos dimos cuenta que estaban haciendo como que tomaban ebena y haciendo como que entraban en trance.

Nuestros pueblos soplaron ebena y bailaron en trance hasta que nos sentíamos realmente bien.

Entonces, sin aviso, ocurrió. Todos tenían sus arcos y nos disparaban. Había sangre y polvo por todos lados. Corrimos a por nuestras armas, pero no podíamos usarlas. Muchos de nosotros escapamos a la selva. Pero muchos otros no. Pusieron los cuerpos de nuestros muertos fuera del shabono, para que pudiéramos cogerlos y llevarlos de vuelta a casa para quemarlos.

Nos dimos cuenta de por qué nos habían engañado. Uno de los suyos había muerto y su chamán había visto, por sus espíritus, que alguien de nuestro pueblo era el responsable de esa muerte. Por eso nos invitaron, para vengarse.

Cuando nos acercábamos a nuestro shabono, empezamos a lamentarnos al pensar en las terribles noticias que llevábamos. Las mujeres nos oyeron y empezaron a lamentar con nosotros. Sabían lo que podían esperar. Lloramos toda aquella noche y días después. Trituramos muchos huesos en aquel tiempo.

Ahora sabíamos que no teníamos ningún amigo en el mundo.

Cada noche iba a la entrada del shabono y me aseguraba de que los senderos estaban bloqueados y de que la alana estaba fuerte. Ahora teníamos las paredes tan largas que rodeaban todo el shabono. Los atacantes tendrían que escurrirse rodeando todo el exterior del shabono sólo para llegar a la entrada. Hicimos estas paredes de madera resistente de palmera. Resultaría imposible de atravesar para cualquier atacante. Aún así, yo estaba asustado. Lanza se encontró conmigo allí más adelante una tarde.

"Somos demasiado grandes y fáciles de encontrar," le dije mirando la entrada y el sendero. "No podemos seguir viviendo con tanto miedo."

"Lo sé," me dijo Lanza. "No me gustaría que nos oyeran decirlo, pero no podemos continuar así."

Desde el sendero, el atardecer dibujaba suaves haces algodonosos de luz que aterrizaban en brillantes puntos de luz alrededor de nosotros. Pero, yo no podía disfrutar de la belleza de mi selva sabiendo que podría estar escondiendo esos enemigos que buscaban mi muerte.

Calzapié se nos unió. "¿Por qué no pedimos a los espíritus una respuesta para nuestros problemas?" preguntó.

"¿Tan simple es nuestro temor?" le respondió Lanza.

"Todo el mundo lo sabe," dijo Calzapié. "No somos libres para ir a cazar, a no ser que vayamos muchos de nosotros y, entonces, no podemos proteger a las mujeres y a los niños. No podemos trabajar los huertos. No podemos hacer nada. No podemos sobrevivir."

Lanza y el padre de Labiodetigre y yo jamás hubiéramos querido que nadie supiera que estábamos cansados de soportar la presión de un ataque continuo. Hubieran estado bien algunas batallas pequeñas, pero, después de lo que hicimos a la gente de Pueblo Patata, ninguno de nuestros enemigos estaba interesado en una batalla pequeña. Siempre sería disparar a matar.

"Nadie espera que seas capaz de mantener a todo este pueblo junto," continuó Calzapié. Fue bueno oír a mi joven chamán hablar sabiamente. *Seguro que algún día será un gran líder para esta gente,* pensé.

Mientras nos planteábamos dividir al pueblo, una horrible pelea estalló entre el tío de Calzapié y muchos de los demás hombres. "¡Estamos hartos de que te metas con nuestras mujeres!" le gritó uno de ellos. "Tienes a tus mujeres y a las mujeres de tus hermanos. Son suficientes mujeres para cualquier hombre. ¡Quita tus asquerosas manos de mi esposa!" Había otros gritando cosas similares. El Espíritu Howashi siempre provoca peleas. Incluso pueden acabar con un pueblo, causando la división o haciendo que alguien sea asesinado. Nosotros nos dividimos.

Siempre es triste cuando un pueblo tiene que dividirse, especialmente si no es por culpa del odio. Nos volveríamos a unir, pero nadie sabía cuándo.

La familia de Labiodetigre se dirigió hacia el río Ocamo, por donde sale el sol, pero no cerca de nuestros enemigos. Fueron conocidos como los Ocamo. El resto de nosotros nos desplazamos hacia el río Metaconi, por donde se pone el sol. Melena y yo y un grupo de familias más cruzamos el Metaconi y fuimos hacia el río Padamo. Yo quería que Calzapié se quedara con nosotros, porque estaba aprendiendo el camino de los espíritus conmigo, pero su familia no lo permitiría. El resto se dividió en dos pueblos más y se aseguraron de separarse tanto que ningún enemigo pudiera atacar a ambos.

Deemeoma, Fredi y su madre se quedaron en el mismo grupo que la familia de Calzapié y Lanza. Tyomi y las otras mujeres de Pueblo Patata estaban casadas con hombres que se fueron con Labiodetigre al Ocamo. Así que Deemeoma y su hermana fueron finalmente separadas.

Nos volveríamos a ver. Calzapié solía hacer a menudo el largo camino hacia mi pueblo para aprender de mí las costumbres de los espíritus. Melena, como es lógico, se sentía feliz de recibir la visita de su hermano.

"Parece que ahora vienen a mí toda clase de espíritus, cuñado," me dijo Calzapié una vez.

"Bueno, asegúrate de no aliarte con el espíritu del venado," le dije.

"¿Por qué no?"

"Es el espíritu de la confusión. Es tímido. Ya sabes cómo es un venado, huye de cualquier cosa. Pues bien, eso es exactamente lo que hace el Espíritu Venado. Una vez conocí a un hombre que tenía este espíritu. Tenía tanto miedo de todo y de todos que, al final, casi no le veíamos. A la mínima corría hacia la selva y no le volvíamos a ver durante días. Si tenía cualquier presentimiento, se asustaba de estar en la selva solo. Pero es estúpido. Sólo tiene miedo de la gente."

Calzapié pensaba que aquello era muy extraño. "¿Por qué le gustaría a nadie eso? Lo que nosotros buscamos es valentía, no miedo."

"Por supuesto," le dije. "Y tú ya tienes el Espíritu Tigre. Es el más importante. No debes haber visto aún al Espíritu Venado. Pero aparecerá, ya lo verá."

"Pero, ¿cómo le reconoceré? ¿Cómo debería tratarle?"

"Aún no le has visto por lo tímido que es," dije yo. "De todas formas, vendrá tan pronto como hayas entablado amistad con todos los demás espíritus. ¿Sabes cómo es que vienen más espíritus continuamente? Cuanto más tiempo que pasas con los espíritus que conoces y amas, más bienvenidos se sentirán otros para acercarse." Calzapié asintió. Estaba progresando mucho en su aprendizaje de los caminos de los espíritus. Pero aún no podía dar al pueblo lo que necesitaban.

El padre de Calzapié, un chamán poderoso también, veía que su pueblo tenía problemas. Aunque eran el grupo más numeroso de todos los que salieron de nosotros, sufrían tantas enfermedades y muertes que sabían que necesitaban ayuda. "Mis espíritus me dicen continuamente que nuestro sufrimiento no es culpa suya, que necesitamos otros espíritus para que nos ayuden con nuestros problemas," le dijo a Calzapié una mañana. "Creo que deberíamos buscar ayuda del mundo de los nabas. Tendrás que tomar a varios guerreros y emprender el largo viaje hasta allá. Trabajad para conseguir algunas de las cosas nabas que necesitamos e intentad traer a alguno para que viva con nosotros."

Temprano al amanecer, Calzapié dejó el shabono con un pequeño grupo de guerreros y comenzaron a bajar el sendero en dirección al gran río. Anduvieron muchos días, tantos como los dedos de una mano, antes de encontrarlo.

"Preparad las cuerdas," dijo Calzapié a algunos de los guerreros, "y yo me encargaré de la corteza." Subió a un árbol de flores amarillas e hizo un corte en la corteza alrededor de todo el tronco. Luego hizo otro corte a lo largo, hasta la base y otro más alrededor del tronco en la parte de abajo. Empezando por arriba, quitó toda la corteza del tronco en una sola pieza larga. Luego cortaron cada extremo para poder doblarlos hacia arriba, de manera que no entrara el agua. Con las cuerdas los ataron y el gran trozo de corteza de árbol se convirtió en una canoa.

El agua se movía lenta y pacíficamente. La espesa selva colgante se reflejaba en la lisa superficie del agua en movimiento. "¿Cómo crees que serán esos nabas, Calzapié?" le preguntaron.

"Hombreselva siempre se ha llevado bien con ellos," respondió. "Deben tener muchas cosas que nosotros necesitamos. Espero que podamos intentar ganarlas." Había mucho tiempo para compartir cualquier pensamiento mientras estaban sentados, dejándose llevar lentamente por el gran río.

Llegaron a una zona ancha en la que no podían ver hacia dónde iba el río. Parecía como si desapareciera. Así que tiraron de la canoa hacia un lado y observaron cuidadosamente el borde. Había una gran catarata. Bajaron el precipicio y construyeron otra canoa.

Al día siguiente se encontraron con otro río, y los dos se unieron para hacer otro dos veces más grande. Pasaron tanta selva que, a menudo, se preguntaban si alguna vez volverían. Nunca sospecharon que la selva fuera tan grande. Cada noche paraban y colgaban sus hamacas a la orilla del agua.

Días después llegaron a una zona de rápidos tan grandes y peligrosos que tuvieron que abandonar su canoa de nuevo, andar por la selva hasta pasar los rápidos y construir una nueva canoa.

Después de muchos más días flotando en el río, llegaron a una curva y vieron algo que dio miedo a todos. "¡Qué es eso!" preguntaron, mirando más adelante a un lugar en el que había agua hasta donde alcanzaba la vista. En realidad, estaban preguntando a Calzapié. Cortaba la respiración sólo de mirarlo. Ninguno de estos hombres había vista tanta agua antes.

Uno de los atónitos guerreros dijo, "¡Ni siquiera podríamos disparar una flecha que consiguiera atravesar tanta agua!"

"Debe ser el río de un espíritu muy grande," dijo Calzapié, pero estaba tan asustado que casi no podía hablar. Se preguntaba qué pasaría cuando la canoa se introdujera en ese lugar tan grande. ¿Serían capaces de salir de allí?

Muchos días después vieron gente de extraño aspecto en el margen del río y las mismas casas grandes que me sorprendieron a mí cuando fui por primera vez a la tierra de los nabas. Acercaron la canoa a la orilla, pero a todos les daba miedo bajar. Calzapié sentía como si alguien estuviese retorciendo con fuerza su estómago. Era el mismo pueblo naba en el que conocí a Noweda; los nabas lo llamaban Tama Tama. Pero, ahora Noweda ya había muerto y otra gente vivía en el lugar. Los nabas blancos se les acercaron, pero sin armas en sus manos. Calzapié pensó, *Deben ser amistosos.* Así que los indios bajaron de la canoa.

Habían estado viajando durante casi una luna entera. Calzapié empujó la canoa hacia el agua. Sabía que tendría que volver andando a través de la selva. Mientras veía a la canoa ir a la deriva río abajo hasta desaparecer, se preguntaba cuánto tiempo pasaría antes de que volviera a ver su shabono de nuevo.

No sabía qué hacer y, entonces, una señora naba a la que no pudo entender, le dio un vaso de agua muy fría. Calzapié pensó que aquello era raro, pero le hizo muy feliz.

Calzapié y sus amigos trabajaron para los nabas, igual que yo había hecho. Ganaron muchas cosas que les hicieron ricos. Como era chamán, Calzapié estaba fascinado por lo que los nabas decían de un gran espíritu. Pero, al igual que yo cuando fui por primera vez, Calzapié tenía problemas para entender el habla naba. Hay un tipo de lenguaje que toda la gente usa cuando estamos comerciando, pero no es muy útil para hablar de espíritus y otras cosas importantes. Así que Calzapié pensaba que estaban diciendo que este espíritu quemaría el mundo.

"Cualquiera que sea el espíritu que tienen estos nabas," les dijo a sus amigos, "debe ser uno muy rico."

"Sí," respondió uno. "Evidentemente, nosotros necesitamos algunas de las cosas que ellos tienen."

Permanecieron allí una luna, aproximadamente. Luego, les llevó casi otra luna caminar a través de una selva que nunca antes habían visto. Finalmente llegaron a casa. Entonces, Calzapié preguntó a su padre acerca del espíritu que los nabas decían que destruiría el mundo con fuego.

"Bueno, ya lo ha intentado una vez," respondió el padre de Calzapié. Era viejo. Recordaba un gran fuego que casi destruyó nuestra selva. "Pero no sé de qué espíritu podría estar hablando. Podría ser el Espíritu Trueno, o podría ser algún otro que no conocemos. Supongo que podría ser Yai Wana Naba Laywa, el espíritu hostil que se come las almas de nuestros niños. *Él* podría intentar quemar el mundo."

"Pero, es hostil," objetó Calzapié. "Los nabas no podrían conocerlo."

El pueblo de Calzapié ahora era rico por las hachas, los machetes, las cacerolas y las demás cosas que pudieron conseguir de los nabas. Pero, pronto necesitaron más, así que Calzapié volvió al pueblo naba Tama Tama. "Dijeron que enviarían a alguien a vivir con nosotros, pídeles que lo hagan," le dijo el padre de Calzapié cuando salían del shabono. "Queremos saber acerca de ese espíritu del que hablan y cómo vivir mejor. Diles que no podemos aprender esas cosas, si alguien no viene y nos las cuenta."

De nuevo, Calzapié y su equipo hicieron una canoa de corteza de árbol, rodearon andando las cataratas, hicieron otra canoa, rodearon andando los rápidos, hicieron otra canoa y, finalmente, llegaron. Esta vez los nabas habían empezado a hablar mucho mejor. Calzapié les preguntó si alguien podría ir a vivir con ellos y enseñarles acerca de su espíritu y sus caminos.

"Necesitamos mucha ayuda," dijo. "Cada luna muchas personas mueren a causa de enfermedades que mis espíritus no pueden curar." Sin embargo, nadie quiso ir, así que Calzapié volvió a casa con una historia triste.

"Sigo sin comprender lo de este espíritu de fuego," se preguntó el padre de Calzapié en voz alta cuando Calzapié regresó a casa. "Parece que debería ser el espíritu enemigo, Yai Wana Naba Laywa. Pero, ¿cómo es que los nabas conocen a este espíritu? ¡Nadie puede acercarse a él sin salir ardiendo!"

"Sin embargo, su tierra es tan hermosa," dijo Calzapié.

"Sí, pero nosotros no podemos llegar allí y él nunca saldrá," respondió su padre.

"Tienes razón," asintió Calzapié, "es tan hostil, todos nuestros espíritus le odian."

Pero, verdaderamente, su padre quería saber acerca de este nuevo espíritu y envió a Calzapié de nuevo al territorio de los nabas para pedir que alguno de ellos le acompañara. Nunca vino ninguno.

"Estamos demasiado lejos," dijo el padre de Calzapié. "Por eso no vendrán hasta nosotros. Ha llegado el momento de que nos mudemos cerca del río."

El pueblo estaba asustado ante la idea de mudarse tan lejos. Pero el padre de Calzapié era un líder poderoso. Después del largo y duro viaje, Calzapié volvió a pedir a algún naba que viniera. Sin embargo, ninguno lo hizo.

Después de muchas estaciones, el padre de Calzapié dijo: "Seguimos estando demasiado lejos como para que los nabas vengan. Tendremos que mudarnos más allá de la catarata y los rápidos. Es la única manera de que consigamos que alguno venga y nos enseñe algo." Así que se mudaron de nuevo río abajo hasta el final del Metaconi, donde se une al Padamo.

Cuando llegaron allí, encontraron muchas colmenas por todos lados. Todos lo celebraron, había tanto que incluso los niños pudieron comer un poco. Desde entonces les hemos llamado Pueblo Miel.

Un día una canoa de madera llegó hasta su orilla. Se trataba de un naba vestido con una larga bata oscura. "Mirad todo el pelo gris de la cabeza de ese hombre," dijo el padre de Calzapié, mientras todo el pueblo observaba cómo el hombre ataba su canoa. "Debe ser muy sabio. Seguro que será capaz de contarnos acerca de ese extraño espíritu de los nabas, ese espíritu de fuego. Seguro que nos enseñará a salir de tanta miseria."

Pero el hombre del pelo gris bajó del barco, les dio a todos algo dulce para comer, volvió a su barco y se fue. El pueblo quedó triste.

5

TE QUEREMOS TANTO

Cada vez vemos más a estos nabas y seguimos teniendo preguntas acerca de sus espíritus. Yo continúo con mi guerra contra la gente de la zona de Tucán. Calzapié sube el río Padamo para visitarme y encontrar más espíritus, de vez en cuando. Ahora tengo a otra de sus hermanas como segunda esposa. Se lleva bien con Melena. Fredi no se siente bien en Miel. Deemeoma está a punto de hacerse una mujer. Su hermana, Tyomi, sigue viviendo en el pueblo de Labiodetigre, con el joven que luchó por ella.

De alguna manera, el pueblo de Labiodetigre, cerca del Ocamo, consiguió que un naba viniera a vivir con ellos; una mujer vieja con una pierna mala. Era de madera.

Todos en el pueblo de Labiodetigre llegaron a querer a Abuelita Troxel, aunque ella no hablaba nuestra lengua. Todos los días andaba cojeando por el pueblo haciendo cualquier cosa que veía que podía hacer para ayudar a la gente. Amaba a los niños y solía cogerlos en brazos. Les daba cosas de colores para comer cuando estaban enfermos y eso les ayudaba a mejorar.

Cuando iba al río a bañarse, se quitaba la pierna y la dejaba en la orilla. Entonces Labiodetigre sólo era un chaval, a punto de hacerse adulto. Un día él y sus amigos siguieron a Abuelita hasta el río cuando fue a bañarse. Mientras estaba en el agua, le robaron la pierna y la escondieron. Luego se escondieron en los arbustos y la observaron saltando sobre una sola pierna. Ella avisó a las mujeres del pueblo. Persiguieron a Labiodetigre y a sus amigos, les regañaron y devolvieron la pierna a Abuelita. Nadie se molestó, así que esto pasaba casi cada vez que iba a bañarse.

Finalmente, Abuelita se puso enferma y todo el pueblo se entristeció cuando ella tuvo que dejarles. Después de aquello, otros nabas perdieron el miedo a venir a vivir al interior del territorio Yanomami y muchos empezaron a llegar. Labiodetigre se preparó para ser chamán y se convirtió en el líder del pueblo. Le llamaban Labiodetigre porque nació con una cicatriz que dividía su labio desde la base de su nariz hasta sus dientes. Parecía exactamente el labio de un gato.

Después de que Abuelita se fuera otro naba vino al pueblo de Labiodetigre, en el Ocamo. Le llamaban Padre Coco. Vivía justo en medio del pueblo y ayudaba a la gente. Trajo vacas al pueblo e intentó conseguir que la gente de Labiodetigre le ayudara a cuidarlas. Les dijo que las vacas podían darles mucha carne. Pero, ¿quién podía sentarse a esperar a que una vaca creciese? Y, de todas formas, nosotros nunca comemos animales domésticos. A menudo hablaba con la gente y les pedía que cambiaran sus costumbres.

"Vosotros los yanomamis necesitáis abandonar vuestras contiendas," dijo. "Tenéis que trabajar para conseguir una vida mejor. Tenéis que trabajar para tener más comida para vuestros hijos. Debéis limpiar este pueblo y podar esa selva de detrás de vuestras casas para proteger a vuestros niños de las enfermedades que proceden de toda esa suciedad. Estáis desapareciendo demasiado rápido por culpa de las enfermedades. No sobreviviréis si no paráis la guerra." El Padre Coco siempre decía estas cosas a Labiodetigre. Pero Labiodetigre era un poderoso chamán y, aunque las guerras no le hacían feliz, no iba a cambiar.

Todos querían al Padre Coco y estaban contentos de tenerle en el pueblo. Enseñaba a los niños en una escuela y les enseñaba a conseguir nuevos cultivos. Las cosas iban bien mientras él estuviera allí.

Aún hubieran ido mejor si no hubieran usado el ganado del Padre Coco como blanco para practicar.

Coco fue a su huerto un día, después de haber estado fuera un corto periodo de tiempo, y se encontró una enorme vaca hinchada que llevaba dos días muerta. Casi no podía mantener a ninguno de sus animales domésticos con vida.

Labiodetigre viajó con Coco en el pájaro de metal hasta el gran pueblo de los nabas. Luego se metieron en un pájaro de metal verdaderamente grande e hicieron un largo viaje cruzando las grandes aguas. Labiodetigre vio muchas cosas allí que eran tan diferentes que, cuando volvió, no era capaz de contar a sus amigos cómo eran.

Mientras estaba en la lejana tierra de Coco, conoció a su jefe. Coco le llamaba "El Papa." El Papa trató a Labiodetigre amablemente y puso su mano en la cabeza de Labiodetigre.

"Ese toque será muy bueno para ti," le dijo después el Padre Coco.

"¿Por qué?"

"Él tiene poder del Espíritu Creador," dijo Coco.

Coco tenía razón. El poder del Papa ayudó a Labiodetigre. El Papa le dio un motor fueraborda de 40 caballos, lo que le dio más poder al regresar al pueblo.

Coco también le avisó de que vendrían nabas que les darían cosas como intercambio para enredarse con las mujeres. "Esto es algo que jamás deberíais hacer," dijo. Pero Labiodetigre no sabía por qué le decía esto.

Después de muchas estaciones, el Padre Coco enfermó y se fue del pueblo. Labiodetigre y toda su gente lloraron al ver a Coco entrar en su barca, porque sabían que no le volverían a ver.

Después de Coco, muchos nabas empezaron a llegar al pueblo. Justamente como le había dicho Coco, intercambiaban cosas, sedal, anzuelos y muchas cosas bonitas, por sexo con las mujeres. A Labiodetigre no le importaba, con tal que dejaran a sus mujeres y a sus hijas en paz. Muchos de ellos trajeron cámaras y mucho papel para escribir.

Un día, un indio vino a Labiodetigre con mucho dolor en el pene. No quería que el pueblo se enterara de qué parte del cuerpo tenía enferma, así que no le dijo nada a Labiodetigre hasta que el dolor fue muy fuerte. Le salía algo verde del pene. Labiodetigre jamás había visto algo así antes. Habló con sus espíritus. "Es una enfermedad naba," le dijeron. "Tendrás que conseguir espíritus nabas para poder ocuparte de esto."

Más tarde, otro hombre vino y pronto casi todos tenían la misma enfermedad. Incluso las mujeres la contrajeron en sus partes íntimas.

Los nuevos nabas no se parecían en nada al Padre Coco. Jamás les dieron los consejos que él les daba. Así que el pueblo de Labiodetigre pronto se volvió tan sucio como antes. Tampoco les importaba cuando Labiodetigre salía a la guerra. A algunos incluso les gustaba y les animaban a luchar. Tomaban fotos. También las tomaban de las mujeres.

Un día, alguien llegó al pueblo y dijo que el Padre Coco había muerto. Todo el pueblo lamentó e hizo duelo. Labiodetigre empezó a recordar todo lo que Coco le había enseñado, especialmente aquellas extrañas palabras sobre los nabas que comerciarían por sexo. ¿Será, se preguntaba, que Coco sabía que los nabas vendrían y contagiarían a mi gente esa enfermedad que mis espíritus no pueden curar?

Labiodetigre estaba muy triste por la muerte de Coco. Pero aún estaba más triste por no haber aprendido de él. Una vez, pensó que todos los nabas serían como Coco, Abuelita y otras familias nabas. Ahora sabía que había sido engañado. Estos nabas no eran buenos.

Uno de los nuevos nabas que vino al Ocamo era médico y daba medicinas a los enfermos, y estos se recuperaban. Un día, después de que Labiodetigre y sus espíritus hubieran pasado mucho tiempo tratando de curar a una mujer, se dio cuenta de que no podía ayudarla, así que la envió a este médico-naba. Volvió al poco tiempo.

"Me dijo que fuera primero al chamán," dijo la mujer.

"¡¿Qué?!" gritó Labiodetigre. "¿Es que cree que te enviaría a él si yo pudiera ayudarte?" Labiodetigre no se lo dijo, pero sabía que el naba simplemente no quería que la mujer le molestara. Entonces Labiodetigre recordó que el Padre Coco le había dicho que no todos los nabas eran iguales.

Labiodetigre y algunos de su familia también hicieron el largo viaje bajando todo el río hasta Tama Tama, dónde trabajaban para los nabas.

Había una familia completa. El hombre se llamaba Pepe. Yo le conocí muchas estaciones antes. Él había venido a visitar nuestra selva y me dijo: "Jamás he visto a un Yanomami. ¿Dónde puedo encontrarlos?"

Así que le dije: "Aquí estamos." Fue el primer hombre blanco que vi en nuestra selva. Nos había dicho que volvería con su familia. El hermano de Labiodetigre tenía un chico que se llamaba Pequeñorizo que era demasiado pequeño para tener miedo de los nabas; se hizo muy amigo de uno de los chavales blancos. El chico blanco era hijo de Pepe. Cada día estaban juntos en la selva y a la orilla del gran río. Cazaban y pescaban y charlaban y jugaban. Pequeñorizo le llamaba Keleewa.

Durante aquel tiempo Pepe intentó aprender a hablar bien. Él y Labiodetigre se hicieron buenos amigos. Pepe trataba de enseñar a Labiodetigre y a su familia de un espíritu diferente, el creador de los espíritus. El naba dijo que a este espíritu le gustaban los Yanomamis. Labiodetigre escuchaba porque él mismo tenía muchos espíritus y sabía mucho del tema. Además el Padre Coco siempre le había hablado de un gran espíritu. Labiodetigre sabía de un gran espíritu. Todos lo sabíamos. A veces le llamábamos Yai Wana Naba Laywa, el hostil espíritu enemigo. Y otras veces le llamábamos Yai Pada, el espíritu más poderoso creador de todo, incluso de los espíritus. A Labiodetigre no le gustaba la sensación que tenía cuando el naba le hablaba del gran espíritu. Aquello molestaba a los espíritus de su interior.

Cuando el padre de Pequeñorizo salió de Tama Tama, acordó que el chico se quedara para que pasara más tiempo con su nuevo amigo naba. "Volveré a casa cuando vuelva el tío Labiodetigre," dijo Pequeñorizo a su padre. Así que el chaval se quedó. Cuando Labiodetigre estaba listo para regresar, Pequeñorizo le engañó y le dijo: "Mi padre va a volver a recogerme."

Así que Labiodetigre dejó a Pequeñorizo en Tama Tama sin nadie de su familia. La gente del pueblo pensaba que su amigo naba, Keleewa, estaba al tanto del engaño y que los chicos habían hecho esto para poder estar juntos.

Pequeñorizo parecía abandonado, así que los nabas le llevaron dentro. Esto era raro, porque los nabas blancos casi nunca dejan a los indios entrar en sus casas. Se suponía que, probablemente, no lo harían. Pero estos nabas eran diferentes.

Pequeñorizo vivió con los nabas muchas lunas. Él y Keleewa se convirtieron casi en hermanos y Pequeñorizo era feliz. La madre de Keleewa estaba contenta porque le gustaba cocinar el pescado que el chico cogía. La familia blanca le trataba como a un hijo. Pequeñorizo se sentía tan feliz con ellos que pensaba que se quedaría allí y sería feliz para siempre.

Después de mucho tiempo la familia naba tenía que regresar a su tierra naba. Buscaron un indio que llevara a Pequeñorizo de vuelta al pueblo de Labiodetigre en el Río Ocamo. Fue el día más triste de la vida del muchacho. Nunca supo por qué los nabas se marcharon.

Un día, estaba yo hablando con el Espíritu Jaguar, y me dijo que había llegado el momento de vengarnos de nuestros parientes del poblado Ocamo. Ahora eran nuestros enemigos porque nos engañaron y nos masacraron. Así que envié un mensajero al padre de Calzapié y al padre de Labiodetigre y a los otros que fueron atacados el día del banquete. Les dije que debíamos unirnos e invitar a nuestros enemigos a una gran fiesta e intentar engañarles. Como Labiodetigre y su padre era ambos chamanes, conocían al Espíritu Jaguar. Ya estaban al tanto de mis planes. Pensar que volveríamos a estar todos juntos para vengarnos me hacía feliz.

Encontramos a un hombre que vivía en un pueblo que tenía buenas relaciones con nosotros y también con nuestros enemigos. Le pedimos que fuera y dijera a los de Ocamo que queríamos restablecer la amistad e invitarle a una gran celebración para poder hacer las paces con ellos.

Cuando se lo dijo, se tranquilizaron por sus palabras y dijeron que les gustaría unirse a nosotros para beber los huesos de nuestros parientes.

"No creo que me creyeran, pero dijeron que vendrían," nos dijo cuando regresó. "Sus mujeres saben que es una trampa. No quieren que los hombres vengan. Así que, aunque vengan los hombres, las mujeres puede que no."

"Por supuesto que los hombres vendrán," dije. "Os digo que vendrán. No querrán que les digamos a todos que son unos cobardes. Pero, como las mujeres saben que es una trampa, tendremos que inventar algún truco para cogerles desprevenidos."

Nos encontramos en un lugar secreto de la selva para prepararnos para la gran fiesta con nuestros enemigos. Cazamos durante días, ahumamos la carne para reservarla para el banquete.

Cuando, por fin, vinieron nuestros enemigos, no trajeron ni a sus mujeres ni a sus niños, entraron en nuestro shabono con el mismo miedo que nosotros cuando entramos al suyo. En el momento en que atravesaron la entrada del shabono, Orejadetigre, un joven guerrero, les atacó con un hacha. Su padre y otros parientes habían muerto a manos de estos hombres cuando nos engañaron.

A medio camino del centro del shabono nuestros hombres atraparon a Orejadetigre, le retuvieron y le quitaron el hacha. Las hachas se habían convertido en nuestras nuevas armas. Estábamos empezando a conseguirlas de los nabas en nuestros largos viajes por el río. Un hacha mata, pero no es ni de lejos tan buena como ese palo mágico de fuego que Noweda usaba para matar gente.

Cuando nuestros enemigos vieron el deseo de vengarse con el hacha en los ojos de Orejadetigre y a nuestra gente sujetándole, estuvieron seguros de que de verdad queríamos la paz. Festejamos todos juntos como amigos y bebimos los huesos de nuestros muertos. Estaban cansados del largo viaje, pero les prometimos que al día siguiente compartiríamos ebena.

Seríamos generosos incluso con nuestros enemigos porque sabemos que los tacaños van al foso de fuego. Mis espíritus me lo han enseñado todo acerca del foso de fuego. Es el lugar al que van los tacaños cuando mueren. Y allí se quedan para siempre. Esa es la razón por la que los yanomami compartimos todo lo que tenemos con los demás.

"Que durmáis bien," dijo el padre de Calzapié, para que se sintieran cómodos. "Lo pasaremos bien mañana tomando ebena." El que habláramos continuamente de "mañana" empezaba a ponerles nerviosos. Sabían que la ebena les ayudó a matar a los nuestros la última vez. Veía el miedo en sus ojos cada vez que hablábamos de mañana. Sabíamos que estarían en guardia.

"Hemos disfrutado de una gran fiesta y hemos compartido los huesos de nuestros parientes," dije a nuestros nuevos amigos. "¿Por qué no os quedáis con nosotros, aquí en el shabono en lugar de volver a la selva? Mañana terminaremos nuestra celebración con ebena." Decidieron que sería más seguro quedarse con nosotros porque sabían que, de cualquiera forma, sólo harían como que tomaban ebena. No iban a caer en la misma trampa en que caímos nosotros.

Así que colgaron sus hamacas entre las nuestras, alrededor del shabono, y charlamos juntos en grupos pequeños hasta bien entrada la noche. Empezamos a sentirnos de nuevo como amigos.

Me desperté antes del amanecer. Estaba tan oscuro que no servía de nada abrir los ojos. Tanteé el suelo de debajo de mi hamaca y me levanté despacio. No se oía nada. Nuestros fuegos se habían apagado. Yo sabía exactamente dónde estaban todas nuestras hamacas, así que pude evitar despertar a ninguno de nuestros visitantes mientras me movía por el shabono despertando a nuestros hombres. Todos dormíamos con un arma entre las manos. Teníamos machetes, hachas, porras y lanzas. Puse la mano sobre la boca de cada hombre y moví sus cabezas un poco.

Me movía despacio. Me llevó mucho tiempo recorrer todo el shabono y llegar de nuevo a mi hamaca. Luego hice el silbido chillón de un tapir y cada uno de nosotros atacó al nuevo amigo que estaba en la hamaca de al lado. Estaba tan oscuro que teníamos que palpar a nuestros enemigos con una mano. En la otra llevábamos el arma asesina. El Espíritu Jaguar estaba con nosotros aquella mañana y un grito subió desde nuestro shabono que transmitió la carga de un relámpago a través de cada uno de nuestros cuerpos. Fue una matanza que disfrutaremos mientras vivamos.

Algunos de ellos escaparon en la oscuridad porque no podíamos ver, nos escondimos y esperamos hasta que hubo luz para ver cuántos habíamos matado. Con las primeras luces del alba vimos que la mayoría de ellos estaban muertos en sus hamacas cubiertos de sangre.

Aquella noche colgué mi hamaca en la selva y disfruté de mis espíritus de nuevo. "¡Tk! ¡Les hemos masacrado!" le dije al Espíritu Jaguar.

"¡Estuviste fantástico, Padre! ¡Tan fantástico!" me respondió. Todos mis espíritus se arremolinaban a mi alrededor y bailamos y celebramos. Fue genial.

"¡Eres tan valiente!" dijo seductoramente Cautivadora, y yo me eché en mi hamaca para disfrutar de ella. Era muy hermosa. Los guerreros más valientes la querían. Sin embargo, ella siempre se alejaba de sus insinuaciones y venía a mí. Nadie podía resistirse. En todo el mundo, jamás he visto a otra mujer parar a un hombre tanto como ella lo hacía.

Con sus suaves ojos me miró fijamente. "Y eres tan guapo, mi amor. Tienes todo lo que nosotras las mujeres queremos. Todas te queremos tanto." Me hacía sentir débil tenerla conmigo en mi hamaca.

Aunque mis espíritus se amontonaban alrededor, todos sabían que Cautivadora captaba mi atención cuando quería. El shabono de mi pecho se iba oscureciendo como siempre, por todos los espíritus que llegaban a mí. Yo les amaba a todos. Pero, Cautivadora... no lo puedo explicar. Qué excitante tener espíritus tan maravillosos.

Tras celebrar nuestra victoria, nos fuimos cada uno a nuestros pueblos. No había nada de comida cuando llegamos a casa, así que nos pusimos en wyumi y empezamos a buscar comida.

Apenas habíamos comenzado nuestro primer día cuando mi hijo empezó a llorar y, poco después, todos los niños estaban llorando. Yo sabía que sólo tenían hambre.

"¿A dónde iremos a por comida?" pregunté a mis espíritus. Me condujeron hasta unas tierras altas desde el río. Habíamos estado allí antes, pero nunca volvimos porque encontramos muy poca comida.

EL ESPÍRITU DE LA SELVA

Hicimos la mayor parte del camino el primer día y decidimos parar a pasar la noche. Los niños ya estaban demasiado débiles incluso para seguir llorando. Mi hijo ardía de fiebre. Trabajé en él para tratar de sacarle la fiebre. El Espíritu Hombreserpiente me ayudó y mejoró de su fiebre.

Al día siguiente encontramos algunos anacardos, pero no eran suficientes para los niños. Teníamos que alimentarnos nosotros antes para estar fuertes. Todo lo que los niños sabían hacer era llorar.

*   *   *

Finalmente, Calzapié y Lanza y sus familias, consiguieron lo que siempre habían querido, que algunos nabas fueran a vivir con ellos. Yo solía ir a menudo a Pueblo Miel para visitar a mis parientes, entonces Calzapié y yo tomábamos ebena y yo le enseñaba más sobre los espíritus. "¿Crees que ahora estoy preparado para los espíritus que me trasladen para ver a nuestros enemigos?" me preguntó.

"Sí," dije. "Te conseguiremos algunos de esos espíritus. Incluso podrías tomar algunos de los míos."

Los nabas de Miel apenas hablaban para que pudiéramos entenderles. Hablaban de otro espíritu, pero no sabíamos qué querían decir. Calzapié necesitaba más espíritus, yo no. Mi shabono estaba tan abarrotado de espíritus que no podía entrar más luz, así que yo no estaba interesado en los nabas y a mis espíritus no les gustaban.

Tras mi partida, cuando Calzapié y Lanza no estaban bailando con sus propios espíritus, hablaban con los nabas de su espíritu y se preguntaban quién podría ser.

"Podría ser el Espíritu Trueno," dijo Lanza.

"O el Espíritu Fuego," respondió Calzapié. "No sabemos mucho de estos dos espíritus."

"¿Y el espíritu hostil?" preguntó Lanza a Calzapié. "Ellos siempre hablan de cómo su espíritu está en lucha con nuestros espíritus."

"Te refieres a Yai Wana Naba Laywa? Pero, ¿cómo podría ser eso? Nosotros sabemos que el espíritu enemigo no es amistoso. Nadie le conoce. Si nos acercamos a su territorio, nos abrasamos. ¿Cómo podría nadie conocerle?"

Al día siguiente hablaron de nuevo con los nabas sobre su espíritu y, esa noche, tendidos en sus hamacas trataron de comprender. "Creo que tienes razón, Lanza," dijo Calzapié. "Creo que el espíritu de ellos es el espíritu enemigo. Te preguntaré algo, intenta responderme. ¿Tus espíritus se te acercan por la noche cuando estás sólo y te suplican que nos les eches?"

Lanza se incorporó lentamente en su hamaca y miró a Calzapié. "Ahora sí que estás consiguiendo buenos espíritus," le dijo. "Puedes, incluso decir lo que mis espíritus me están diciendo."

"Así que es verdad. Tus espíritus se te están acercando y suplicándote que no les expulses," dijo Calzapié. "Mis espíritus hacen lo mismo cada noche. ¿Por qué pensarán que les vamos a echar? Son todo lo que tengo. Todos sabemos que nos matarán si les expulsamos."

Lanza se tumbó de nuevo y movió la cabeza. "Así que, quizá este espíritu de estos nabas es en realidad el gran espíritu, Yai Wana Naba Laywa, el enemigo al que nuestros espíritus le tienen tanto miedo." Todos los chamanes saben de Yai Wana Naba Laywa. Al día siguiente, Calzapié explicó a los nabas acerca de Yai Wana Naba Laywa y, pronto, empezaron a pensar que Calzapié tenía razón. Su espíritu era, en realidad, el que nosotros llamábamos el espíritu no amistoso, porque nunca mostró ningún interés en nosotros.

"Pero, eso no es cierto," dijeron los nabas. "Él es el espíritu que se preocupa verdaderamente por vosotros. Quiere que vuestras vidas mejoren. Pero nunca será vuestro espíritu hasta que os deshagáis de vuestros otros espíritus. Por eso a vuestros espíritus nos les gusta."

Calzapié asintió. Entendía. *Es verdad*, pensó. *Por eso mis espíritus están tan asustados. Creen que estoy a punto de echarlos. Y lo haría si pudiera encontrar al espíritu correcto.*

Cada noche, durante muchas lunas, Lanza y Calzapié mantenían la misma conversación. Los dos querían el nuevo espíritu. "Todo lo que dicen que es tan maravilloso," dijo Calzapié. "¿De verdad crees que un espíritu puede ser tan bueno?"

"No."

"Yo tampoco. Hablan de amor, de ser amable y de tantas cosas que parecen tan agradables."

"Si al espíritu de los nabas le importamos tanto," preguntó Lanza mirando fijamente el techo, "¿por qué los nabas no se preocupan por nosotros? Si este espíritu quiere que nuestras vidas mejoren, ¿por qué ellos no? ¿Te has preguntado eso?"

"Eso es lo que siempre me he estado preguntando," respondió Calzapié.

"Nunca comparten nada con nosotros. Mi hijo les pidió un anzuelo y tanza y no la han compartido con él."

"Y nunca comparten la carne que consiguen con sus pistolas, ni siquiera cuando les ayudamos a conseguirla."

Quedaron en silencio por un momento. Calzapié siguió hablando. "Sabemos que lo peor que puede hacer una persona es ser tacaño, pero estos nabas son más tacaños que ningún yanomami que conozcamos. Al principio pensé que era porque eran diferentes y que teníamos que darles tiempo. Pero, ya han estado con nosotros mucho tiempo y aún no comparten nada con nosotros. Tienen que haber visto los miserables que somos y cuánto necesitamos cosas."

"Pero si ese espíritu del que hablan es Yai Wana Naba Laywa, entonces tienen al espíritu más poderoso: Yai Pada. Incluso nuestros espíritus lo saben."

"Sí, lo saben," dijo Calzapié. "Sería maravilloso tener un espíritu como ese, ¿no? Si tuviera un espíritu así, estaría encantado de deshacerme de todos mis otros espíritus. Pero, si tuviéramos ese espíritu, quizá nos volveríamos egoístas como ellos. Entonces iríamos al pozo de fuego, seguro."

Lanza asentía a todo lo que Calzapié decía. Entonces resolvió: "Algo está equivocado. Cuando vivimos con nuestros espíritus, nos vamos pareciendo a ellos. Ellos bailan, nosotros bailamos. Ellos roban y violan mujeres, nosotros robamos y violamos mujeres. Ellos luchan y matan, nosotros luchamos y matamos. Pero esos nabas no hacen lo que dicen que su espíritu hace. Dicen que es generoso, pero ellos no lo son. Dicen que es amable, pero ellos no."

Así que Calzapié y Lanza se quedaron con sus espíritus y cada vez que yo les visitaba soplábamos ebena en nuestras narices y bailábamos juntos.

LA MITAD:
1960 APROXIMADAMENTE

NOAGARRAMUJERES

6

EL PADRE ÁGUILA NUNCA ENCONTRÓ A SU AGUILUCHO

Sigo luchando contra el pueblo de Tucán. Fredi, por fin, se ha acostumbrado a Miel. A veces me pregunto si Fredi podría ser un buen chamán. Deemeoma es ya casi una mujer y ha sido raptada por un pueblo vecino. Así que, al final, ha sido separada de Fredi y de todos los demás que nosotros raptamos de Pueblo Patata. Los nabas se han ido de Miel disgustados porque la gente no les presta ninguna atención. Cuando se fueron dijeron que ningún naba volvería. Sin embargo, otra familia blanca ha llegado. Se trata de Pepe con sus muchos hijos y su mujer. Ella está muy embarazada. Uno de sus hijos es Keleewa, el niño que jugaba con Pequeñorizo en Tama Tama. Pepe ha construido una casa y dice que planea quedarse. Así que los indios están empezando a construir sus propias casas ahora.

Los nuevos nabas intentaron al principio aprender los nombres de los indios de Miel. Pero, recuerda, nuestra gente no usa los nombres de la manera que lo hacen los nabas. A menudo los nombres son insultos y usar el nombre de alguien puede ser el comienzo de una pelea. Sin embargo, los nabas no sabían eso, así que no dejaban de preguntar. Estaban intentando aprender el nombre de Calzapié, cuando un hombre se cansó de sus preguntas. Señaló a Calzapié y dijo: "Él tiene boca, preguntadle a él." Como muchos indios, Calzapié sólo tenía su nombre de la infancia, y nadie sería tan cruel para, siquiera, mencionar un nombre de la infancia. Pero obtuvo su primer nombre de adulto ese día. Desde ese día en adelante le conocimos como Tieneunaboca. Ese fue su nombre hasta que le dio algo a los nabas a cambio de unos zapatos viejos. Después de aquello fue conocido como Calzapié. Le he llamado Calzapié desde el principio de esta historia para que sea más fácil de entender para un naba como tú.

Fredi se casó y se fue al pueblo del río Padamo, entre mi pueblo y Miel, el pueblo que había raptado a Deemeoma. Este pueblo se conoció como Pueblo Olvidadizo. Hay una buena razón para ese nombre, pero nadie del pueblo lo recordaba. Tampoco recordaban por qué los habitantes de Miel creían que Deemeoma era de Miel.

Deemeoma tenía un valor especial desde que sus pechos empezaron a crecer, porque no tenía padres que la cuidaran. Sería como tener una esposa sin el problema de tener parientes políticos. Ahora que se había convertido en una mujer, habría lucha por ella.

Los de Miel fueron a Pueblo Olvidadizo para luchar para recuperarla. Finalmente lo consiguieron. Así que los de Pueblo Olvidadizo fueron a Miel para recuperarla también. En cada forcejeo, ambas partes tiraban de ella hasta el punto que creía que le arrancarían alguna extremidad.

Calzapié tenía un primo hermano que vivía en Miel y a Deemeoma le gustaba. Así que a ella le alegraba ver a los Miel venir a por ella, les ponía fácil llevársela y se lo dificultaba a los de Pueblo Olvidadizo. Al final se escapó con el chico Miel que le gustaba. Estuvieron escondidos en la selva durante días, hasta que las cosas se calmaron en ambos pueblos. Entonces volvieron a Miel y comenzaron a construir una casa. Los nabas les enseñaron cómo hacerlo para mantener a los bichos fuera. Tenían razón. Las cosas se habían calmado; pero Calzapié tenía muchos primos hermanos que pensaban que tenían más derecho a Deemeoma. Uno de ellos consiguió separarla a la fuerza del chico que ella amaba.

El padre del joven que le gustaba a Deemeoma era el tío paterno de Calzapié. Él la quería para su hijo. Pero los otros parientes también la querían y no iban a permitir que se la llevara. El padre se enfureció tanto que cogió al chaval y al resto de su familia y se fue de Miel en un arranque de ira. Se fueron hacia el Ocamo y se unieron al pueblo de Labiodetigre.

Nunca volvió buscando venganza; nunca volvió para nada. La separación entre Calzapié y los otros hermanos jamás se solucionó.

Deemeoma no era feliz viviendo con este nuevo hombre. Una mañana, guerreros de Olvidadizo vinieron y la cogieron en su hamaca. La arrastraron gritando fuera de la casa hacia el río. Inmediatamente un número de guerreros Miel la agarraron y la lucha comenzó. Había tantos hombres encima de ella que no podía respirar y casi muere. Ella sentía que muchos hombres la toqueteaban en sus partes íntimas en medio de la lucha, pero no podía impedirlo.

Al final, uno de los de Pueblo Olvidadizo cogió su machete y lo clavó con fuerza en cada rodilla de Deemeoma. Cortó los tendones y llegó al hueso. "¡Mirad!" gritó. "¡Hemos acabado con ella! Ahora es inútil. Podéis quedárosla si la queréis."

Pepe, el nuevo naba, consiguió parar la hemorragia de sus piernas y cerró las heridas. Sólo unas lunas antes, Calzapié la hubiera ayudado invocando a sus espíritus. Pero el nuevo naba había dicho al pueblo que si tomaban ebena e invocaban a sus espíritus, se iría, y ellos no querían que el extranjero se fuera todavía. Por eso Calzapié había dejado de tomar ebena cuando el naba andaba cerca.

Pepe puso medicina y grandes trapos blancos en las rodillas de Deemeoma. Cada día ponía más medicina y trapos. Sin embargo, pasaron muchas lunas antes de que ella pudiera andar derecha de nuevo. Calzapié observaba todo esto. Hizo falta mucho tiempo, pero Calzapié sabía que sus espíritus jamás hubieran arreglado las rodillas de Deemeoma. Aún así, hablaba con ellos cada noche.

Así que Deemeoma se quedó en Miel y vivió con el hombre que no quería. Después de mucho tiempo, se acostumbró a él.

Para vengarse de cuando matamos a muchos de sus hombres, los pueblos que viven cerca del río Ocamo empezaron a atacar cada uno de nuestros pueblos por separado. Y cada uno de nuestros pueblos devolvía los ataques, intentaba secuestrar sus mujeres o matar a alguien, si era posible. Atacaban especialmente el pueblo de Labiodetigre porque les quedaba cerca, pero también atacaban Miel cuando podían.

Mi pueblo era el más alejado y eso nos gustaba. Aún teniendo la ayuda de mis espíritus, nos estaba costando mucho que el pueblo creciera. Nuestros niños seguían muriendo y me fue difícil conseguir el Espíritu Succionador para que succionara la enfermedad de ellos. Algunos sobrevivieron, pero era una lucha horrible. La guerra hacía que el esfuerzo fuera inútil. Cuando estábamos en guerra no podíamos ni trabajar nuestros huertos.

Así que hicimos lo único seguro: Ponernos en wyumi. Vagamos por la selva buscando comida y lugares para vivir en los que no fuéramos encontrados. Pero, siempre había poca comida. Y, de nuevo, lo niños sufrían terriblemente. Una vez, un niño lloraba tanto que le maté.

Por fin nuestros parientes enemigos se mudaron lejos, hacia el gran río. Construyeron un shabono en la desembocadura del río Padamo, donde se une al gran Orinoco. Se les empezó a llamar Pueblo Desembocadura. Los Miel ya estaban viviendo en la desembocadura del Metaconi con sus nabas. Eran guerrero fieros, siempre devolvían un ataque.

Más nabas se mudaron a nuestra selva y muchas cosas nuevas empezaron a ocurrir. Como uno de los chamanes más poderosos y experimentados de toda la tierra yanomami, era mi obligación entender estas cosas para mi gente.

Un día, unos visitantes que vinieron de Miel me dijeron que Calzapié había expulsado a sus espíritus. No les creía. "¡Eso no puede haber ocurrido!" dije.

"Es cierto, todos se han ido," dijo uno.

Pero yo no lo podía creer. "Estaría muerto si expulsara a sus espíritus. Ellos le matarían."

Pero el visitante de Miel movió la cabeza y chascó la lengua. Estaba tan confundido como yo. "No toma ebena," dijo. "No baila, no canta. No hace nada..."

"Pero, yo le enseñé," dije. "Compartí con él mis espíritus. Le enseñe todo lo necesario sobre ellos. Es un chamán fantástico, poderoso. No puede hacer eso. ¡Los espíritus no se van sin más!" Yo estaba mucho más preocupado de lo que parecía. ¿Cómo es posible que un chamán tan fiero como Calzapié expulse a sus espíritus?

"Empezó a enredarse con Yai Pada y a sus espíritus no les gustó," dijeron los visitantes.

Inmediatamente fui a ver a Calzapié para descubrir qué era eso tan horrible que le había ocurrido que le había hecho perder sus espíritus.

Mientras empujaba mi canoa hacia la orilla, en la desembocadura del Metaconi, sentía la extraña excitación del reencuentro con viejos amigos. Pero algo era muy diferente. *¿Qué era?*, me preguntaba.

"No entres aquí," me dijo el Espíritu Jaguar. "Es demasiado peligroso. Estamos asustados." Era la primera vez que yo había oído que el Espíritu Jaguar tenía miedo, eso me hizo sentir internamente poca cosa. Me empezaron a temblar las manos, agarré fuertemente mi arco para que pararan.

No puede haber ningún peligro aquí, pensé. *Estas personas son amigas mías. Siempre lo han sido.* Pero no era sólo Jaguar. Todos mis espíritus se arremolinaban en el shabono de mi pecho haciendo un ruido terrible por lo asustados que estaban.

Cuando vi a Calzapié, quedé estupefacto. "¿Qué ha pasado con tus espíritus?" le pregunté, mirando a su pecho. Podía ver que se habían ido.

"Los expulsé, cuñado."

"¡Qué!" murmuré tan fuerte como pude. "¿Cómo has podido hacer eso? ¿Por qué lo has hecho?"

"Encontré el nuevo espíritu que estaba buscando," dijo Calzapié. "Yai Wana Naba Laywa: el no amistoso. Ya sabes, nuestro espíritu enemigo."

"¡No puede ser!" Murmuré emocionado. "¡Hace demasiado calor allí y él nunca sale!"

Fue una visita horrible para mí. Había un espíritu en el pueblo de Calzapié al que yo no podía entender. Pero era poderoso. Por eso mis espíritus estaban tan molestos cuando fui. Colgué mi hamaca al lado de Calzapié y, tan pronto como me acosté, todos estaban allí, cada uno de los espíritus que tengo, aglomerándose en mi shabono.

"¡Por favor, Padre!" rogaban todos a la vez. "Por favor, sal de aquí. Esto no es seguro. Estamos aterrorizados." Y lo estaban. El nuevo espíritu que estaba en el pecho de Calzapié les tenía asustados a todos como jamás les había visto.

Es mi amigo, pensé.

"¡No es amigo nuestro! ¡Le odiamos!" Todos mis espíritus hablaban a la vez. "¡Por favor, Padre! Por favor, no nos expulses."

Expulsar a mis espíritus era algo que ni siquiera se me había pasado por la cabeza. ¿Por qué me dirían eso?

"Él va a querer que nos expulses," dijeron. "Ya verás. ¡Por favor, no le escuches, Padre!"

Mis espíritus tenían razón sobre esto. Calzapié y sus nuevos amigos nabas querían que yo expulsara a mis espíritus. El nuevo espíritu de Calzapié y yo nunca haríamos buenas migas.

Teníamos parientes que vivían en un pueblo vecino del nuestro. Allí había dos hermanas. La más joven es conocida como Floramarilla, creo que porque era muy hermosa, y su hermana mayor es conocida como Sara. No sé por qué la llamábamos así. Sara se convirtió en la esposa de un gran guerrero y cazador de otro pueblo. Le llamábamos Velludo porque le habían crecido pelos en las piernas y en el pecho. Velludo era el guerrero que permaneció sobre la hierba de Miel aquella mañana, observando.

La esposa de Velludo, Sara, murió. Esto le produjo mucha tristeza. Velludo quemó su cuerpo y lloró. Después fue al pueblo de la familia de ella, el pueblo en el que vivían mis parientes, y preguntó a sus hermanos si la hermosa hermana menor, Floramarilla, podría ser su nueva esposa. A pesar de lo famoso que era por las personas que había asesinado, Floramarilla no lo quería. Ella discutió con vehemencia con sus hermanos y con sus padres. Pero ellos estaban muy emocionados con la idea de conservarlo como pariente político. "No te preocupes," le dijo su madre. "Te acostumbrarás a él. Él será capaz de proveerte de mucha carne."

"Ya tiene tres hijos," suplicó ella. "No sé cómo cuidarlos, y no quiero abandonar nuestro pueblo. Este es mi hogar."

Pero sus padres sabían que él también les mantendría a ellos cuando fueran viejos. "Es un gran hombre," dijo su madre. "Ya verás. Pronto te acostumbrarás a Velludo y olvidarás tus pequeñas preocupaciones." Un hombre tan fiero como Velludo podía tener casi cualquier mujer que quisiera. Nadie le igualaba. Nadie había matado a tanta gente como él. Nadie podría protegerla como Velludo. Era el yerno perfecto.

Floramarilla sabía que estaba acorralada, no había nada que pudiera hacer para cambiar las cosas. ¡Si su familia sólo cambiara de opinión! Ella esperaba. Rogaba. Insistía. Protestaba. Lloraba. Tendida en su hamaca, se preguntaba cómo sería abandonar a todos los que amaba. ¿Cómo podían hacerle esto? Ella había visto cómo habían enviado fuera a sus hermanas mayores, pero por alguna razón, nunca pensó que esto le pasaría a ella. Ahora estaba ocurriendo. Y el dolor la cogió por sorpresa.

Cuando llegó la mañana en que tenían que salir, ella seguía esperando que, sólo, de alguna forma, ellos cambiaran de opinión: Si sólo...

El llanto de Floramarilla se convirtió en gritos cuando ella, Velludo y su gente abandonaron el shabono y emprendieron el camino hacia su pueblo. Pero no tenía sentido negarse a ir. *Me obligarán, de todos modos,* pensó, *igual que a las demás.*

El camino fue largo, húmedo y agotador. Ella tenía que llevar muchas cosas y también al hijo más pequeño de su hermana. Las húmedas hojas de la selva rozaban su cara y la del niño mientras caminaban en la tarde. A medida que pasaba el día, ella se fue calmando y Velludo empezó a sentirse cómodo porque ella pronto se acostumbraría a él y a su gente. Pero su hogar jamás se le iría de la mente.

Cuando llegaron al pueblo de Velludo, Floramarilla colgó su hamaca al lado de la de él y se echó silenciosamente. Velludo la llevó al huerto y le enseñó lo que era estar casada con el más fiero yanomami. La tiró en el suelo. *Va a ser una buena esposa*, pensó Velludo. *Casi no ha llorado.*

A la mañana siguiente Velludo recogió su hamaca, su arco y sus flechas y se fue a una gran cacería para traer comida para la gente que vendría a llorar la muerte de la hermana y a beber sus huesos.

Las cosas habían ido muy mal para Velludo. Había perdido a su esposa, Sara, y sabía que los Halcón y los Shetaris estaban planeando un ataque. Sin embargo, a Floramarilla no le importaban los problemas de Velludo. Ella sufría, pero silenciosamente.

Tras la salida de Velludo, ella mantuvo el fuego encendido, cocinó la comida de la tarde para los tres niños y se acostó en su hamaca temprano. El fuego estaba flojo antes del amanecer. Ella se despertó para avivarlo, sigilosamente desató las cuerdas de su hamaca y, despacio, fue hasta el centro del shabono hacia la entrada. Estaba oscuro y no debía hacer ni el más pequeño ruido.

Fuera del shabono, todo estaba negro. Se movió paso a paso hasta que estuvo suficientemente lejos como para esperar el amanecer. Entonces corrió por el sendero el largo y solitario viaje a casa.

La cara de Velludo su puso roja de furia cuando volvió dos días después y encontró a sus hijos solos. "¡Por qué no la detuviste!" gritó a su hermano. Pero Velludo no tenía interés en oír la respuesta. Sus parientes casi no habían empezado a explicarle cuando salió del shabono con el arco y las flechas en una mano y su hamaca en su otro hombro.

Cuando Velludo llegó al pueblo de Floramarilla y la encontró, quería golpearla allí mismo delante de sus hermanos. Él sabía que ellos lo aprobarían. Después de todo, él era un gran cuñado. Sin embargo, decidió esperar y pegarle después.

Ya he tenido bastante con esta horrenda mujer, pensaba Velludo mientras la seguía camino a casa. *¿Qué se cree? Le traigo carne. Voy a darle hijos. La cuido. La protejo de nuestros enemigos.*

A Floramarilla no le importaba. Se escapó de nuevo. "¡Es viejo!" se quejaba a sus hermanos. "¡Es demasiado viejo!"

Velludo volvió a por ella de nuevo. Sin embargo, ella siguió escapándose y volviendo al pueblo de su familia. "La próxima vez que vuelvas aquí, te pegaremos," le dijo su hermano. "A Velludo se le va a agotar la paciencia contigo pronto."

Pero, Velludo era paciente. Siguió volviendo a por ella. A la siguiente vez que ella huyó a casa, sus hermanos la golpearon. Ella se echó en su hamaca sangrando. A partir de ahí, cuando escapaba nunca más volvió con su familia. Estaba triste, pero se quedaba sola en la selva. Nadie pudo averiguar cómo se alimentaba.

Un día, unos chicos estaban jugando en la selva y Tropezón señaló una hamaca arriba en la copa de un árbol. Estaba escondida entre las ramas. "Es ella," susurró a sus amigos. "Es Floramarilla. Volved a por Velludo."

Tropezón se quedó vigilando la hamaca mientras los otros iban a por Velludo. De nuevo estaba siendo humillado.

Velludo ató las cuerdas de la hamaca tan fuerte, que ella no podría soltarlas. Pero ella escapó sin su hamaca. En la selva, ató ramas e hizo una hamaca con ellas. Se quedó allí hasta que Velludo la encontró. Todos sabían que algún día un jaguar la encontraría antes que Velludo. Pero a Floramarilla no le importaba.

Una vez en que ella estaba en la selva, colgando en lo alto de un árbol, un pueblo llegó en wyumi. Ella se unió a ellos. Estaban a punto de violarla cuando descubrieron que algunos de ellos debían ser sus tíos y tías, así que esos parientes las defendieron de los otros.

Cuando llegó a oídos de Velludo dónde estaba ella, sus hermanos le dijeron: "Simplemente ve a por ella y mátala. No tenemos tiempo para que sigas yéndote a perseguir a esa infame mujer." Velludo se preparó para salir. Algunas mujeres se ofrecieron para acompañarle y cocinarle en el camino.

"No podéis venir conmigo," dijo él. "Me siento tan humillado que, cuando la mate a ella, puede que os mate a vosotras también."

Así que Velludo se fue solo. Su hermano le acompañó una parte del camino. "No la mates," le dijo antes de dejarle. "Tenemos demasiadas guerras en estos momentos. No podemos entrar en guerra con su pueblo. Si su pueblo se une a otros, nos matarán a todos."

"Lo sé," dijo Velludo. "Por supuesto que me gustaría matarla y todos piensan que lo haré, pero sé que jamás podremos defendernos si lo hago."

Su hermano miró cómo Velludo siguió caminado y adentrándose en la selva hasta que las ramas del camino lo ocultaron de la vista. Volvió al shabono. Era bueno que Velludo no fuera iracundo. *Si pierde la cabeza y la mata, estamos todos muertos,* pensó.

Cuando, por fin, Velludo encontró a la gente a la que su esposa se había unido, vio que sus hermanos se habían unido a ellos también. "Hemos oído que estás harto de que se escape y que planeas matarla," dijeron a Velludo. Ellos comprendían. Ningún hombre hubiera soportado tanto de una mujer. "No nos importa que la golpees. Nosotros ya la golpeamos una vez por ti y lo haremos de nuevo, si quieres. Pero no podemos permitir que la mates."

"Quiero matarla," admitió Velludo. "Verdaderamente quiero matarla, todos lo saben. Pero no voy a hacerlo. La necesito como mi esposa. No habrá lugar en el que yo pueda encontrar esposa si la mato, así que estoy atado a ella." Él caminó y se paró junto a la hamaca de ella. Ella se levantó, la desató y siguió a Velludo hacia su pueblo. No podía hacer otra cosa.

Velludo seguía a Floramarilla todo el camino, hasta que llegaron cerca del pueblo. La observaba caminar delante de él y se iba enfadando con cada paso de ella. Al final no pudo aguantarlo. La agarró por detrás por el pelo y la golpeó con el puño hasta que ella cayó al suelo. El enfado seguía creciendo cuando cogió un palo robusto.

La colocó de espaldas, atravesó el palo sobre su garganta y puso un pie en cada extremo. Ella luchó contra el palo. Sabía lo que él estaba haciendo; estaba matándola. Si ella no era capaz de escapar del palo, nunca podría pertenecer al hombre que en realidad amaba. Sólo los niños con los que jugaba sabían que ella se había fijado en un chico.

Las fuerzas de Floramarilla se debilitaban. Cada músculo de su cuerpo se esforzaba para quitar el palo, pero no se movía. Lanzaba patadas, pero no había nada que patear. Jadeaba, pero no entraba nada de aire. Su cara gritaba, pero ningún sonido salía. Velludo estaba quieto, concentrado en colocar todo su peso sobre el palo. *Si no puedo tenerte,* se dijo mientras miraba la retorcida cara de ella, *ningún otro te tendrá.* Sólo se oía el sonido de sus pies y su trasero golpeando el camino.

Velludo saltó un poco para cambiar el peso y algo del estómago de ella subió a su boca. Tomó el aire justo para oler el tabaco del Velludo en su cara.

Velludo apretó el palo un poco más y todo acabó. Ahogó su último suspiro. Permaneció sobre ella sin moverse, mirando su cuerpo. Lanzó el palo a la selva tan fuerte como pudo. Voló y lo oyó caer entre las ramas mientras recogía su hamaca, su arco y sus flechas. Después emprendió el camino de regreso a casa. En la primera curva, se volvió un poco para mirarla por última vez. Ni un músculo se había movido. Yacía flácida y quieta en el húmedo camino. En la distancia, oyó el sonido de un pavo. Aparte del pavo, Velludo estaba solo. Se detuvo sólo por un momento y luego siguió.

Cabizbajo sacudía su cabeza con remordimiento mientras caminaba. *Ahora no es hermosa*, pensaba. *He aguantado todas las tonterías de mujeres que podía aguantar. Este mundo está hecho para nosotros los hombres. ¿Cuándo aprenderán? Las mujeres están aquí para nosotros, no nosotros para ellas.*

Velludo sentía como si su mente se fuera a quebrar de la cantidad de pensamientos que le asaltaban, mientras tropezaba camino a casa. Un día cualquiera hubiera ido a por el pavo, pero había tenido bastante de muerte ese día. *¿Qué será de mí ahora?* Se preguntaba. *¿Qué tiene de bueno ser el guerrero más fiero y el mejor cazador, si no tienes una esposa que cuide de tus hijos? Y, para colmo, ahora su pueblo será nuestro enemigo. Con toda seguridad nos harán la guerra.*

Cerca del pueblo, Velludo se encontró con Tropezón y otros niños que estaban jugando. "He matado a un perezoso ahí atrás en el camino," dijo. "Id y traedlo." Tropezón y los otros niños no recordaban la última vez que habían comido.

"Vamos," dijo Tropezón. "Lo asaremos y nos lo comeremos ahí mismo en el camino." Los niños corrieron a la selva en busca de un animal Velludo y una comida.

Lo que Tropezón vio le llenó de miedo. Todos se pararon detrás de él.

"Yo no me acerco más," dijo Tropezón. Y todos se volvieron y corrieron de vuelta al shabono.

Cuando Velludo entró en su shabono, las mujeres se le acercaron. Querían saber dónde estaba Floramarilla. Él vio el miedo llenar sus miradas cuando dijo: "No lloréis por ella. Está en el camino." Hizo un gesto. "Y no la traigáis aquí. No quiero el olor de su humo en nuestro pueblo."

Las mujeres sacudieron sus cabezas. Sabían que el pueblo de Floramarilla era el único pueblo con el que tenían buenas relaciones. Aún siendo Velludo un gran guerrero, sabían que no podría protegerles de todos los pueblos enemigos que les rodeaban si perdían su último aliado.

Los hermanos de Velludo movieron sus cabezas. "¿Para qué has hecho esto?" decían continuamente. "¿Por qué le has hecho esto a nuestro pueblo? ¿Qué excusa tienes?"

Las mujeres corrieron al camino, en dirección al pueblo de Floramarilla, esperando encontrar el cuerpo antes de que lo hiciera nadie más. Lo quemaron allí mismo en el camino, así Velludo nunca tendría que ver su humo. Permanecieron allí mucho rato, hasta que el fuego se enfrió.

"¿Qué les diremos a sus hermanos?" se preguntaban mientras removían las cenizas buscando sus huesos.

"Digamos que nuestros enemigos soplaron sobre ella el polvo mágico cuando volvía a casa con Velludo. Diremos que el hechizo funcionó y murió" Todas estuvieron de acuerdo en que eso era lo debían hacer.

"Si se unen al resto de nuestros enemigos, todas tendremos esposos muertos," dijo una; y estaba en lo cierto.

Enviaron la historia a los hermanos de Floramarilla. Los hermanos vinieron a oírla directamente de Velludo. Entraron al shabono y rodearon la hamaca de Velludo. Pero Velludo no dijo ni una palabra. Escuchó todas sus preguntas, pero no respondió.

Finalmente Velludo se levantó, cogió la calabaza roja oscura que contenía los huesos de Floramarilla, y se la dio a sus hermanos. Pero, luego se volvió a echar en silencio. Ellos permanecieron mucho rato alrededor de su hamaca preguntando qué había pasado a su hermana. Pero Velludo no habló.

Cuando los hermanos de Floramarilla se fueron, el pueblo de Velludo sabía que les volverían a ver, con pinturas de guerra.

Un día Velludo volvió de cazar con un pequeño mono y un pavo. Era suficiente para sus hijos, aunque su hermana tendría que cocinar para ellos. Se sentó en su hamaca, cansado, triste y lleno de temor. Alrededor de él había un pueblo entero, sus parientes, que dependían de su protección. Pero no quedaban muchos. La enfermedad o los espíritus ya se habían llevado a muchos de sus niños. Y, ahora, ni siquiera estaban a salvo del pueblo de Floramarilla. Velludo no tenía suficientes guerreros jóvenes para ayudarle. Y los que tenía, no tenían mucha experiencia matando. Tenía que conseguir una esposa para tener más hijos. Pero, ¿dónde? Sus enemigos jamás le darían una. Y, de todas formas, el no podría protegerla; ni siquiera podía proteger lo poco que tenía.

Velludo se echó en la hamaca e imaginó cómo sería saltar y disparar sus flechas a una banda de guerreros que fluyeran por la entrada del shabono. Miró aquella entrada. ¿Cuántos podrían entrar por ahí a la vez? Miró su gran arco y sus largas flechas y se vio a sí mismo brincando de su hamaca y usando sus armas. Imaginó a cuántos hombres podría golpear mientras pasaban por la entrada, les vio golpear el suelo con sus flechas atravesando sus cuerpos. Por supuesto, él tendría que sacar muchas flechas de su propio cuerpo e imaginó a sus hijas recogiendo más flechas para que él las disparara. Su cuerpo estaba derrotado por culpa de esos pensamientos que venían con un frenesí asesino; ira, tanta ira, y temor, y odio que no podía pararlos.

Su hermana preparó algo de pavo para él, pero ya no tenía hambre. Su hermano mayor era casi tan buen asesino como él, y su hermano pequeño mejoraba cada día. Todavía, Velludo vio un poco de esperanza para su pueblo. Y ahora, perderían a sus últimos amigos, a no ser que creyeran las mentiras de las mujeres.

Durante muchas lunas, Velludo estuvo continuamente preocupado pensando dónde encontrar una esposa. Un día un grupo de visitantes vino de un pueblo lejano. Velludo sabía de ellos, a pesar de que ninguno de sus parientes vivía entre el pueblo de Velludo. Su jefe era muy conocido como chamán, porque había sido entrenado por mí,

Hombreselva. Se llamaba a sí mismo Calzapié y el naba, Pepe, estaba con él. Era gente de Miel.

Después del ceremonial intercambio de saludos y de comida, Calzapié le dijo a Velludo que querían dejar las batallas. Velludo quedó tan impactado, que el tabaco casi se le cayó de la boca. Los Miel eran conocidos por ser guerreros violentos. Dejar las batallas no era típico de los yanomami.

Velludo estaba tan confundido con la amistosa visita que, por mucho tiempo, no supo qué hacer. Cuando su hija mayor creció, decidió llevarla a ese nuevo pueblo amigo e intentar comerciar para conseguir esposa. Después de pasar algún tiempo allí, Velludo escogió a una chica que le gustó y entregó a su hija a uno de los jóvenes del pueblo, a cambio. A la chica que escogió le gustaba Velludo y felizmente se fue a casa con él. Tal y como había planeado, partió con una hija y regresó con una esposa. Fue el comienzo de una larga y pacífica relación entre los Miel y el pueblo de Velludo.

A Velludo le encantaba su nueva esposa y su pueblo. Nunca había visto un pueblo igual. Tenían tantos niños sanos. Velludo y su esposa iban a menudo de visita. En ocasiones, el pueblo entero iba de visita con él y empezaron a casarse entre ellos. Disfrutaba de ver a sus nietos y llevando a sus hijos a ver a sus abuelos. El naba, Pepe, tenía chicos que sonaban exactamente como un yanomami.

A pesar de que no se metía en batallas, este pueblo era muy importante para supervivencia del de Velludo. Es muy importante que tus enemigos sepan que tienes amigos y parientes en algún lugar que se molestarían si alguien te mata.

Cuando su nieto mayor estaba a punto de convertirse en un hombre joven, el pueblo de Velludo se preparó de nuevo para el largo viaje de visita a los Miel. El hermano menor de Velludo decidió no acompañarles. Ya era un guerrero experimentado pero, como estaba enfermo, se quedó con sus dos esposas. Por seguridad se quedaron fuera del shabono y se escondieron en la selva.

Mientras el pueblo estaba fuera, los parientes de la esposa muerta de Velludo vinieron y encontraron el shabono vacío. La muerte de su primera esposa no era el problema. Pero cuando su hermana, Floramarilla, también murió y Velludo no contestó sus preguntas, ellos necesitaban aclarar el problema. Buscaron por la selva y encontraron al hermano de Velludo. Por muchas razones habían estado buscando la oportunidad de vengar la misteriosa muerte de Floramarilla.

Aquel día golpearon al hermano de Velludo con sus garrotes. Si no hubiera estado tan enfermo, los habría ahuyentado, a pesar de que eran muchos. Sus esposas le cuidaron para que recobrase la salud pero para cuando el resto del pueblo regresó, había muerto como consecuencia de la paliza.

Ahora el pueblo de Velludo sabía que no tenía más amigos. Los demás guerreros y las mujeres se unieron a Velludo y su hermano mayor en el lamento por su pérdida. Invocaron a sus espíritus, molieron los huesos de su hermano, los mezclaron con jugo de banana, los bebieron, se pusieron sus pinturas de guerra y emprendieron el conocido camino de vuelta al pueblo de las primeras esposas de Velludo. Él conocía bien a sus hermanos, especialmente a uno, el que una vez golpeó a Floramarilla cuando se escapó. Velludo recordaba su mirada recelosa aquel día cuando le preguntaban acerca de la muerte de la mujer. *Ese es el que tengo que matar*, pensó mientras caminaba hacia el pueblo de Floramarilla. Cuando llegaron, mató a aquel hermano y su dolor quedó satisfecho.

El hermano muerto de Velludo tenía dos esposas. Colocaron sus hamacas cerca de la de Velludo y se convirtieron en sus esposas. Ahora tres hamacas de tres esposas colgaban a su alcance. *Estas mujeres deben estar felices de tenerme*, pensaba. *Las cosas han ido muy bien para el pueblo. Ahora, si podemos conseguir más visitas de los nabas de Miel, quizá las cosas sigan mejorando.*

Velludo se levantó de su hamaca y vio que todo el pueblo dormitaba. Caminó hacia la entrada del shabono y se internó en la selva para estar a solas. Guiar a su pueblo siempre había sido un gran peso para él. Velludo no sabía por qué salió del shabono sólo, pero al alejarse, de repente, se encontró en una lucha a muerte con un jaguar. Agarró un palo y lo cruzó sobre el cuello del jaguar y lo puso contra el suelo. Colocó un pie en cada extremo del palo y lo mantuvo abajo.

Si suelto el palo, seguro que me mata, pensó Velludo. Los ojos del jaguar se salían. Su lengua colgaba. Mientras Velludo apretaba todo fuerte que podía para salvar su vida, la cara del felino se convirtió en la cara de una mujer. Y Velludo oyó su propia voz diciendo: *Si yo no puedo tenerte, ningún otro te tendrá.* Ella sonrió y él pensó que le decía: "Nunca olvidarás lo que has hecho."

Velludo saltó de la hamaca con un grito. Miró a su alrededor para ver si su pesadilla había despertado a alguien. *Mi gente me perderá todo el respeto si creen que tengo pesadillas por haber matado a una mujer.* Se volvió a echar en la hamaca. Estaba húmeda de su sudor. ¿Cuánto tiempo más tengo que sufrir estas horribles pesadillas? Se preguntaba Velludo. *Pensaba que esto acabaría después de que mataran a mi hermano. Desde luego, después de haber vengado su muerte todo quedaría atrás, pero sigo sin poder dormir en paz.*

Intentó volver a dormir, pero no quería hacerlo por miedo a que el sueño volviera. Así que se acostó y pensó en Floramarilla. *¿Por qué tuve que matarla?* Veía el horror en los ojos de ella mientras la estrangulaba. Sabía, por orden, todo lo que ocurría. Nunca cambiaba, cada vez que lo recordaba. Después, su lengua colgando. Luego su cuerpo rígido y dando sacudidas. Velludo intentaba quitar su peso del palo para cambiar los recuerdos, pero no podía. *Jamás volveré a dormir,* pensó. *Su espíritu ha venido para robarme el sueño.*

Un día una joven fugitiva tropezó con el pueblo de Velludo. Él y los demás hombres se miraron. Pero Velludo movió su cabeza: "Miradla," dijo. "Está casi muerta. Si la violamos, morirá con toda seguridad. Y justo ahora necesitamos más mujeres para nuestro pueblo."

Así que los hombres no la violaron. En vez de eso, le dieron una hamaca al lado de la de Velludo y sus mujeres. Durante los días siguientes, un sobrino de Velludo, el que necesitaba una esposa, empezó a traerle comida. Salía del shabono temprano por las mañanas con la esperanza de que cazaría lo suficiente como para traerle algo de carne que comer a mediodía. A veces ella le veía salir y se sentía muy bien al saber que alguien hacía eso por ella.

Cuando se recuperó, la chica trasladó su hamaca cerca de la de él y se convirtió en su esposa. Él la llamó Shecoima. Todos se daban cuenta de que ella estaba muy triste por haber perdido a su familia. Sin embargo, nadie iba a ayudarla a regresar porque sabían lo mucho que el sobrino de Velludo necesitaba una esposa. Cuando engordó por un bebé, Shecoima fue feliz.

Cuando el niño fue lo bastante mayor como para intentar andar, se puso muy enfermo. Los chamanes invocaron al Espíritu Succionador para que le librase de la enfermedad. Era el mejor con las enfermedades. Pero, en esta ocasión, estaban equivocados y no lo sabían. El Espíritu Succionador no siempre podía reconocer cuando tenía un problema que no podía resolver. Así que siempre lo intentaba.

"Le sacará la enfermedad," le dijo a Shecoima su marido. "Es un chamán muy poderoso. Le he visto curar a muchos bebés enfermos." Pero estaba equivocado, su bebé no mejoraba.

Cada día el chamán tomaba más ebena y trabajaba con sus espíritus para sacar la enfermedad del niño. "El Espíritu Succionador dice que se trata de una enfermedad verdaderamente difícil," les dijo el chamán al regreso de uno de sus episodios con la ebena. "De todas formas, lo seguiremos intentando y lo conseguiremos." Pero el niño no mejoraba.

Tendrían que haberse dado cuenta de que esto era el resultado de un espíritu perdido, pero no pudieron verlo. Finalmente, cuando el bebé empeoró mucho, otro espíritu le dijo al chamán que el águila melliza del niño se había perdido. Todo varón yanomami tiene un águila melliza y toda hembra un pajarillo mellizo. La melliza de su bebé, un aguilucho, se había separado de su madre y estaba muriendo lentamente. Esa era la razón por la que su hijito estaba enfermo. Pronto moriría si Shecoima y el chamán no conseguían ayudar a los padres águila a encontrar su aguilucho perdido.

Esa era, por fin, la respuesta correcta a la enfermedad. Aunque el Espíritu Succionador es bueno curando, a menudo no era capaz de decir la causa de las enfermedades. Por eso los chamanes necesitábamos tantos espíritus diferentes.

Ahora que conocía la verdadera causa, el chamán podría conseguir fácilmente la cura adecuada. Construyeron en la selva una gran plataforma en alto. La plataforma tenía forma de nido de águila. Shecoima puso a su bebé en el suelo y lo cubrió con hojas. Parecía exactamente un bebé águila perdido.

El sobrino de Velludo se ató una gran rama de palmera en cada mano y corrió alrededor de la selva batiendo sus alas y haciendo el sonido de un águila buscando a su cría. Después de aletear un rato, abanicó sobre las hojas y destapó a su bebé verdadero. Luego bajó en picado, cogió al bebé y lo colocó en la plataforma, de vuelta a su nido adonde pertenecía.

Por fin el chamán hacía lo que había que hacer por el bebé de Shecoima. Una familia de águilas en el mundo de los espíritus había perdido un aguilucho. La imitación del sobrino de Velludo buscando a su bebé, permitiría al padre águila en el mundo de los espíritus encontrar su aguilucho perdido. "Cuando lo encuentre, tu bebé sanará," dijo el chamán a Shecoima.

Pero el padre águila del mundo de los espíritus jamás debió encontrar a su aguilucho, porque el bebé de Shecoima murió. El chamán dijo: "Esta vez no pude atrapar al halcón antes de que se llevara al niño a la tierra del enemigo."

En las siguientes estaciones, Shecoima tuvo muchos más hijos varones. Pero todos ellos murieron justo antes de que pudieran andar. Finalmente tuvo una hija. "Tengo tanto miedo de que le ocurra a ella lo mismo que a nuestros hijos," le dijo a su marido. "Nuestros chamanes nunca han podido ayudarnos."

"¿Qué estamos haciendo mal?" le preguntó él, sentado en la hamaca con ella y el nuevo bebé. "Mi gente anda diciendo que tú has hecho algo que está causando esto. Sé de tu dura vida, pero cuéntame más acerca de por qué tuviste que escapar del pueblo de tu familia. Quizá podamos descubrir por qué está pasando esto y salvar a nuestra hijita."

"Contártelo me hará llorar," dijo ella convirtiendo su voz en un susurro. "Me recordará a mi madre y a mi padre. Tendré mucha pena, pero te lo diré." Se sentaron juntos en la hamaca y miraron las volutas de humo que ascendían de su fuego.

"Cuando era una niña pequeña," comenzó Shecoima en voz baja, "mis padres me prometieron al hombre más viejo de la tribu. Yo tenía mucho miedo de él. Cada vez que él traía comida a mis padres, yo lloraba porque sabía que estaba haciendo lo que tenía que hacer para convertirse en su yerno. Me obligaron a ir a su hamaca y él intentó entrar en mí, pero yo era tan pequeña que no podía. Yo siempre andaba llorando del sufrimiento.

"A diario me observaba para ver si había crecido. Estaba muy pendiente de que ninguno de los otros hombres del pueblo fuera el primero en tenerme. Me vigilaba constantemente y, si alguna vez hablaba con algún muchacho o con algún hombre, me golpeaba.

"Cuando me hice un poco mayor, vino y me llevó a la selva. Era lo que había temido toda mi vida. Yo todavía estaba verde. Mis pechos ni siquiera habían empezado a crecer.

"Cuando estábamos bastante lejos del pueblo, me agarró y me tiró al suelo. Yo estaba aterrorizada. Grité tan fuerte que, probablemente se asustó. Me golpeó muy fuerte aquí en el estómago para cortar mi respiración. Luego forzó su cosa dentro de mí. Había sangre por todos lados. Durante todo el camino de regreso al pueblo, no me ayudó a pesar de que yo sangraba abundantemente. Pensé que moriría.

"Ese día decidí que prefería morir a permitir que me tuviera por esposa. La muerte no podía ser peor que lo que me hizo.

"Tan pronto como terminó mi rito de mujer joven, busqué cualquier oportunidad para escapar del pueblo. Nos estábamos preparando para una gran fiesta de beber-huesos, así que todos los hombres salieron de caza. Sabíamos que tardarían días en volver. Era mi única oportunidad, así que escapé. Pasé muchos días y noches sola en la selva hasta que, finalmente, llegué al pueblo de Wabu. Sabía que nada de lo que esta gente pudiera hacerme sería peor que el viejo, pero estaba equivocada.

"Estaba muerta de hambre cuando entré en el pueblo. Hubo mucho escándalo cuando me vieron y muchos guerreros salieron a recorrer mi camino para asegurarse de que en verdad yo era una fugitiva. Luego me alimentaron y me dieron una hamaca. Me dormí con los más maravillosos pensamientos de mi vida. Me quedaría allí y sería feliz para siempre.

"Más tarde, aquella noche, mi hermoso sueño fue repentinamente interrumpido. Dos hombres me tiraron tan fuerte del brazo que volé desde la hamaca hasta el suelo. Todo lo que veía eran las caras sonrientes y los ojos como platos de hombres desconocidos. Era un pueblo grande. Eran muchos. Me arrastraron fuera del shabono y me violaron. Uno tras otro me violaron, alguno de ellos dos veces. Grité hasta que no tuve más fuerzas para seguir gritando. Luego me dejaron allí para que muriese, pero no lo hice.

"Me quedé en aquel pueblo mucho tiempo después de aquello y me iba poniendo más fuerte cada día. Los hombres venían a mi hamaca para ver lo pronto que estaría lo bastante saludable para intentarlo de nuevo. Por eso, antes de estar bien del todo, escapé. Esa es la razón por la que me encontraba tan débil cuando, por fin, llegué aquí."

El marido estaba lleno de tristeza al escuchar la historia. Sentía la misma pena que cuando tenía duelo por un muerto. Miró fijamente al fuego y sus ojos se llenaron de lágrimas. Quizá era el humo del fuego lo que lo provocó. Jamás había pensado en lo que una violación de todo un pueblo significaba para una chica. Nunca le había parecido algo triste cuando él y su pueblo lo habían hecho.

Entonces, cuando el chamán se enteró, supo inmediatamente por qué habían perdido a todos sus hijos. "Los espíritus del viejo del que escapaste, los están matando," le dijo a Shecoima. "Nos deberías haber hablado de él antes." El chamán estaba en lo cierto. El hombre estaba matando a los niños como venganza.

Shecoima estaba muy triste. "¿Qué sentido tiene tener hijos," preguntó a su marido, "si todos van a morir al final?"

Cuando su hijita estaba a punto de empezar a andar, se puso muy enferma y le subió la temperatura. De nuevo le tocaba a Shecoima sufrir.

Cuando el bebé estaba a punto de morir, vinieron visitantes de Miel. Venía un naba con ellos que tocó a la niña y dijo que estaba demasiado caliente. Le clavó en brazo un palo de metal y esa noche ya no estuvo tan caliente. Al día siguiente trituró unas piedrecitas blancas y se las dio a beber. Dejó más de esas piedrecitas blancas y le dijo a Shecoima cómo dárselas al bebé.

Cuando los visitantes se fueron, Shecoima preguntó a su marido: "¿Cómo se llama ese naba blanco que habla como nosotros?"

"Keleewa," dijo él. Los ojos de ella se llenaron de lágrimas de felicidad. Quizá, por fin, el maleficio de su primer marido se había roto. Velludo se fue a su hamaca aquella noche preguntándose si, finalmente, un hijo de su sobrino sobreviviría. A la mañana siguiente Shecoima, trituró aquellas cositas blancas y se las dio a su hija. Pronto mejoró, de nuevo. Shecoima tuvo más hijos. Cuando alguna persona del pueblo enfermaba y el chamán no podía ayudarla, Velludo enviaba a alguien a Miel y los nabas venían y les daban cosas que les hacían mejorar.

Un día, al esposo de Shecoima empezó a gustarle una mujer de otro pueblo. La quería tomar como esposa. Shecoima estaba enfadada y fastidiaba a su marido constantemente con el tema. "No te preocupes," le decía él cada día. "Tú siempre serás mi favorita." Pero ella se preocupaba y su comecome finalmente consiguió enfadarlo. Se fue al pueblo de su nueva esposa para cumplir con sus deberes de yerno: cazar y llevar comida a los padres de la mujer y otros favores. Shecoima y sus hijos se iban enfadando mientras esperaban su regreso.

Con cada luna el enfado iba creciendo. Ella no tenía parientes que la cuidaran mientras su esposo estaba consiguiendo su nueva esposa. Velludo le dio algo de comida, pero él ya tenía demasiadas esposas. Finalmente, uno de los muchachos mayores del pueblo empezó a llevar algo de comida de su cacería a Shecoima. Después de muchas lunas, todos decían que su marido no volvería, a ella le gustaba el joven, así que cambió su hamaca y la colocó al lado de la de él.

Pero el hermano de su marido, otro sobrino de Velludo, estaba muy enfadado: "Si mi hermano no te quiere, serás mía," le dijo a Shecoima al día siguiente.

"Tú ya tienes esposa," dijo ella. "Y todo el pueblo sabe lo celosa que es."

Pero él estaba aún más celoso de Shecoima. A la mañana siguiente, antes del amanecer, se escurrió de su hamaca, cogió su machete y, silenciosamente y despacio, fue hasta el shabono en el que dormía

Shecoima. Con un golpe en la cuerda de su hamaca la tiró al suelo. Mientras se levantaba, todavía medio dormida, usó el machete contra ella.

"Si no me quieres a mí, no tendrás a nadie," le dijo.

Ella sintió el machete cortar su cuero cabelludo y golpear el hueso. La golpeó una y otra vez, intentando desfigurarla. Ella corrió hacia la selva gritando.

El chico que le gustaba, siguió el rastro de sangre y la encontró escondida en la selva. "¿Me ayudarás a llegar a Miel?" le suplicó.

Anduvieron durante tres días por la selva. Cuando encontró la orilla de Miel, la oreja de Shecoima estaba colgando, la cabeza estaba hinchada y sus heridas olían mal. Keleewa y su esposa y sus hermanas la metieron dentro y clavaron el palito de metal en todas sus heridas. Eso hizo que notara como si sus heridas no fueran parte de ella. Después cortó todas las partes que olían mal de sus heridas y cosió los cortes. Y ni siquiera le dolió. Incluso fue capaz de coserle la oreja en su sitio.

7

CEGADO POR LAS MENTIRAS

Lanza también ha expulsado a sus espíritus. El pueblo de Velludo y Miel ahora son buenos amigos. Deemeoma se ha establecido en Miel y por fin es feliz. Su hermana aún está en el Ocamo. Yo sigo en lucha con la gente de áán. He perdido a otro hijo esta estación.

Cuando Tucán visitó el pueblo de sus parientes políticos, supo que una familia de nabas blancos había ido a vivir allí también. Le confundieron y a sus espíritus no les gustaban, igual que a mis espíritus no les gustaban los nabas que vinieron a Miel.

A veces estos nabas hacían el largo viaje hasta el pueblo de Tucán. Tenían la habilidad de hacer que la gente mejorara, incluso cuando Tucán no podía curarles. Por eso pensó que valía la pena intentar llevarse bien con ellos, a pesar de que tenían el espíritu que nuestros espíritus odiaban y temían.

Un día un misterioso chamán llegó al pueblo de Tucán. Tan pronto como Tucán lo vio, supo que ese chamán había vuelto de entre los muertos.

Podía ver el camino de los espíritus en el hombre, los caminos que conducían al shabono de su pecho. Pero tanto los caminos como el shabono estaban vacíos, como lo estarían si el hombre estuviera muerto.

Tucán estaba entusiasmado por hablar con él. Quería oír acerca de la vida en el mundo de los espíritus al otro lado de la muerte. Sin embargo, el misterioso chamán le dijo: "No estoy muerto. Estoy muy vivo."

"Pero puedo ver tu pecho." Dijo Tucán confundido. "Puedo ver los caminos de todos tus espíritus que conducen a tu shabono y todos te han abandonado. Tienes que estar muerto."

"Pero, no estoy muerto," respondió. Tucán nunca antes había visto un chamán como este.

"Entonces, ¿por qué te han abandonado tus espíritus?" Tucán sabía lo que todos nosotros sabemos: un espíritu jamás abandona a nadie a no ser que esté muerto. A veces matan a una persona para poder irse. "¿A dónde han ido?"

"Yo les expulsé," le dijo a Tucán. "Ahora sigo a su enemigo: Yai Pada, el que hizo a los espíritus que nosotros seguimos." Como es lógico, Tucán lo sabía todo sobre Yai Pada, Yai Wana Naba Laywa, el espíritu enemigo.

"A eso me refiero," respondió Tucán. "Por eso tienes que estar muerto. Si les has expulsado, ellos te han matado y ahora has vuelto como espíritu. Dinos cómo es el otro lado."

"No, no puedo deciros nada porque no he estado en el otro lado." El desconocido tomó bebida de banana y ellos miraron para ver si podía beber. La bebida desapareció en su boca. *Bueno, seguro que no es un espíritu*, pensaron y todavía se confundieron más.

"¿Eres un naba que ha muerto y ha regresado como un yanomami?" preguntó Tucán. Pero él sabía que eso no podía ser. Los nabas no pueden hablar claramente y este desconocido hablaba exactamente como un yanomami.

"No, no soy un naba. Soy un chamán que ha venido para contaros más acerca del gran espíritu que siempre hemos temido: Yai Pada."

"Pero, ese espíritu jamás viene a nosotros los yanomami," argumentó Tucán. "¿Es ese el espíritu del que hablan esos nabas?"

"Eso es."

"Pero, los nabas siguen al espíritu enemigo," objetó Tucán. "El espíritu lejano, el que se come las almas de nuestros niños."

"Así es," dijo el chamán desconocido, y se sentó en una hamaca como hacen todos los indios. "Pero no es hostil como nos dicen nuestros espíritus. Nosotros creemos que roba las almas de nuestros bebés, pero nunca le hemos visto comérselas, ¿no?"

Tucán estaba más confundido. Chascó la lengua con asombro. Tumbándose en su hamaca, pensó un momento. "Tú eres un muerto que ha vuelto a la vida. Lo sé. Puedo ver tu shabono vacío. Por eso sé que estás muerto. Sin embargo, ahora estás vivo."

"No. Yo soy un chamán yanomami, como tú. Yo solía hacer las mismas cosas que tú haces. Tomaba ebena, asaltaba y robaba mujeres."

"Sé todo eso," explicó Tucán de nuevo. "Por eso sé que has regresado de entre los muertos, porque nadie se puede librar de los espíritus. ¿No han vuelto a hacerte daño?"

"Algunos chamanes han intentado hacer que regresen a mí, pero no lo han hecho nunca."

"¿Qué se siente al tener tu shabono tan vacío de espíritus?" preguntó Tucán.

"Puedo decírtelo en dos palabras: En paz. ¡No te imaginas cuánta paz! No hemos vuelto a entrar en guerra y siempre hemos sido famosos por nuestras guerras. Ahora hemos entablado amistad incluso con nuestros enemigos. Podemos trabajar nuestros huertos sin miedo y cazar y pescar. Y lo que es mejor: nunca estamos asustados."

El desconocido se quedó en el pueblo de Tucán por unos días. Durante todo ese tiempo no causó un solo problema, no se peleó con nadie ni intentó tomar a sus mujeres. Pronto empezaron a llamarle Sinproblemas.

Cuando Sinproblemas y sus amigos se fueron, Tucán tenía sensaciones muy confusas, más que nunca antes. *Parecía yanomami*, pensó Tucán. *Hablaba como un yanomami, actuaba como un yanomami, pero nunca se metió con nuestras mujeres.*

Entonces Tucán se enteró de que su padre había comerciado con el padre de Sinproblemas. *Realmente es un yanomami*, pensó Tucán. *Entonces, ¿por qué no se ha metido con nuestras mujeres?* Con toda seguridad era el yanomami más raro que Tucán había conocido jamás.

Aquella noche, mientras Tucán estaba tumbado en su hamaca, sus espíritus vinieron muy molestos. "No nos abandones, Padre," decían. "Por favor, no nos arrojes fuera." A Tucán le llevó mucho tiempo calmarles.

Después de aquello, Tucán pensaba a menudo en Sinproblemas y las muchas cosas raras que había dicho. Pero cada vez que Tucán pensaba en ello, sus espíritus se enfadaban y él tenía que calmarlos.

Mis espíritus hacían lo mismo cada vez que yo iba a Miel. Una vez, me acerqué a la orilla de Miel y me encontré con Keleewa, el joven naba. Cuando le miré a los ojos, vi a su espíritu estremecerse. Mis espíritus temblaban de miedo. Se trataba de una guerra entre nuestros espíritus. Cualquier chamán lo habría visto. El pelo de nuestras nucas se erizó, como cuando dos jaguares se encuentran en la selva. No le hablé. Sin embargo, el aire a nuestro alrededor estaba espeso. Mis espíritus salieron huyendo. Más tarde hablé con él y hablaba como un yanomami. Yo no sabía que los nabas podían hacer eso.

La gente de Miel siempre se ha portado bien conmigo y esta visita no fue diferente. Cuando veía cualquier cosa que quería, decía: "Dame eso y diré a mis espíritus que te cuiden en el camino." Ellos sabían que yo podía sanar a la gente, pero más aún, que podía hacer enfermar a la gente e incluso matarla. Por eso siempre me daban lo que quería.

Ahora se estaban enriqueciendo porque los nabas vivían con ellos. Por eso yo quería visitarles a menudo. Y mis esposas también disfrutaban de visitar a su hermano, Calzapié, y a otros parientes.

Sin embargo, durante la siguiente visita, los habitantes de Miel no me dieron todo lo que les pedí. "¿Qué os ha vuelto tan tacaños?" les pregunté.

"Ya no tenemos miedo de tu poder," dijo Calzapié. Aquello era ofensivo. ¡Ofensivo! Yo enseñé a ese pequeño bocazas todo lo que sabía de los espíritus. ¿Cómo podía decirme aquello?

"¡Estás loco! *¡Estás loco!*" Me encaré con él. "¡Todos estáis locos! ¿No tenéis ningún respeto por las cosas que siempre hemos hecho? ¿No recordáis que los tacaños van al pozo de fuego? ¡Y vosotros no me habéis dado nada!"

"Eso no es cierto, cuñado," dijo Calzapié. "Te hemos dado casi todo lo que tenemos, todo por miedo a que usaras tu poder contra nosotros si no lo hacíamos. Y eres bienvenido en cualquier momento que quieras volver, pero ahora ya no tenemos miedo de tu poder, no vamos a darte todas nuestras cosas como hemos hecho otras veces. Estamos trabajando mucho para tener una vida mejor. No es justo que te lleves todo aquello por lo que hemos trabajado. Incluso ahora compartimos nuestra comida y nuestras casas contigo."

Yo estaba furioso. No podía creerlo. Reuní a mis mujeres y a mis hijos para marcharnos. Todo el pueblo estaba allí, en la orilla del río, para despedirse.

"¡Muy bien!" les dije. "Esto es lo que hay: Por haber sido tan tacaños conmigo, enviaré al Espíritu Jaguar para que llame a todos los jaguares de la selva. Se echarán a esperaros por los caminos. Cada vez que oigáis al canto de un pavo en un árbol y vayáis a por él, encontraréis a un jaguar allí sentado haciendo el sonido. Estará esperándoos. Y enviaré a Espíritu Armadillo para que reúna a todos los armadillos de la selva. Se meterán debajo de vuestras casas hasta que se caigan. Y ¿sabéis cuál será la primera en caer? ¡La de Pepe! Su familia será la primera con una casa derrumbada."

Yo sabía que él era el causante de todos los problemas. Todavía recuerdo mi primera visita al pueblo después de su llegada, cuando mis espíritus estaban asustados de él y me rogaban que no volviera nunca. "Ya veréis," les dije, y mis esposas e hijos subieron al barco y nos marchamos.

Pronto el pueblo se quedó sin comida. Yo sabía que ellos no podían ir a cazar. Mi Espíritu Jaguar colocaría a un jaguar esperando a cualquiera que lo intentara. Al Espíritu Jaguar le encanta hacer eso.

Tal y como yo sabía que ocurriría, todos los hombres de Miel me tenían miedo. Tenían más miedo de mis maleficios que de la guerra. En una guerra sabían que podían devolver los disparos, pero cuando mis espíritus les perseguían sólo podían luchar con sus espíritus y mis espíritus eran más poderosos que los suyos. Aún con lo bueno que Calzapié era con los espíritus, él sólo tenía los que yo le había dado, a excepción de ese nuevo espíritu de los nabas. Pero es sólo un espíritu y, de todas formas, no lucha.

Cuando uno de ellos muera, pensé, *se darán cuenta de que necesitan a sus espíritus para que les ayuden en la lucha. Entonces volverán a reconocer mi poder.*

Tenían miedo incluso de trabajar en los huertos. No pasó mucho tiempo cuando los niños empezaron a debilitarse.

Finalmente, Pepe fue a hablar con Hombre-Rápido. Le llamábamos así porque era tan rápido que nadie podía cazar con él. Podías encontrar la pista de un armadillo, seguirle hasta encontrar su madriguera y allí encontrarías las cenizas del fuego de Hombre-Rápido. Él ya había estado allí, había ahumado al armadillo, lo había matado y se había ido. Por eso, cuando cazábamos con Hombre-Rápido, le hacíamos que fuera por la otra orilla él sólo.

"¿Por qué expulsaste a tus espíritus?" preguntó Pepe a Hombre-Rápido. A estas alturas casi todos en Miel habían expulsado a sus espíritus como habían hecho Calzapié y Lanza.

"Porque nunca me aportaron nada bueno."

"Y, ¿sabes que Yai Pada es el creador de todos los demás espíritus?" continuó Pepe. Hombre-Rápido asintió. "Entonces, ¿de qué tienes miedo?"

"No tienes ni idea de los poderosos que son los espíritus de Hombreselva," respondió. Casi temblaba de miedo.

"Tú dices que tu nuevo espíritu es más fuerte que los suyos. Dices que, incluso sus espíritus, lo saben. Entonces, ¿por qué no sales de caza?

Tu nuevo espíritu te protegerá." Era fácil decirlo, pero Hombre-Rápido había visto mi poder. Sabía que nadie estaría a salvo en aquellos caminos.

"¿Por qué este nuevo espíritu no nos puede traer alguna presa hasta aquí, para que no tengamos que salir a los caminos?"

"¿Crees que Yai Pada hará que un tapir camine hasta este pueblo y se eche aquí delante de vosotros?" preguntó Pepe.

"No."

"¡Bien, pues entonces toma tu arco y tus flechas y sal ahí fuera y consigue algo de carne para los tuyos!"

Hombre-Rápido no estaba acostumbrado a que nadie cuestionara su valor y menos aún un naba. No se esperaba que nadie fuera tan valiente. Podría ir hacia una muerte segura, pero no le llamarían cobarde, así que fue.

La esposa de Hombre-Rápido, Sofía, lloró cuando le vio desaparecer en el camino que salía del pueblo. Era hermana de Calzapié, mi cuñada. Después de muchos días, fue la primera vez en que uno de los hombres se aventuró a salir de caza. ¿Por qué su marido tenía que ser el primero en salir? ¿Por qué había escuchado a Pepe? Al fin y al cabo, ¿quién era este naba, este hombre con un espíritu diferente? Ella rogó a Hombre-Rápido que no se fuera, pero no hubo manera. Ahora, ella permanecía mirando el sendero vacío por el que se fue y preguntándose qué sería de ella cuando perdiera a su marido, quién la tomaría por esposa y cazaría para ella y para sus hijos.

Sofía continuó llorando. Pensó en su hermano que había muerto. Lloró más aún al pensar en que su esposo correría la misma suerte. No estaba segura del tiempo que había estado sentada en su hamaca, dentro de su cabaña de hojas, mirando al fuego y llorando, cuando oyó un revuelo de emoción en el pueblo. *Seguro que tiene que ver con Hombre-Rápido,* pensó, y corrió esperando malas noticias.

Había vuelto. Había cazado un tapir. "¿Cómo has podido hacerlo tan rápido?" le preguntaban todos. Ella sintió como sus entrañas pasaban de la angustia a la sensación más placentera que jamás había experimentado. De repente, Hombre-Rápido se había convertido en la persona más importante del pueblo.

"Estaba justo ahí en el camino, esperándome," dijo, como si él no hubiera hecho nada.

Todos los hombres corrieron al camino y pronto todo el pueblo estaba compartiendo y cocinando carne fresca y celebrando como si de un banquete se tratara. Pero antes de empezar a comer, hicieron algo extraño. Hablaron con su gran espíritu. Calzapié les dijo que había sido Yai Pada quien había ayudado a Hombre-Rápido a permanecer a salvo en el camino y a encontrar al tapir.

"Los nabas dicen que cuando alguien hace algo muy bueno y que les hace muy felices," dijo Calzapié, "tienen una palabra que usan para decirla a esa persona. Esa palabra hace saber a la otra persona que les ha hecho felices. ¿Recordáis cuando pensábamos que los nabas siempre dormitaban un poco antes de comer su comida? Bien, no estaban durmiendo. Estaban diciendo esa palabra a su espíritu. Es una palabra que nosotros no tenemos, pero aunque no tengamos la palabra, también deberíamos decir a nuestro nuevo espíritu lo felices que estamos de tener esta carne fresca que estamos a punto de comer. Esto formará parte de nuestras nuevas costumbres."

Entonces Calzapié habló con su nuevo espíritu y todo el pueblo comió. Incluso alimentaron antes a los niños.

A Sofía, en realidad, no le importaba toda esa charla del nuevo espíritu, estaba muy feliz de tener de vuelta y a salvo a Hombre-Rápido y a sus niños alimentados.

Cuando escuché la historia, me volví loco. "¿Qué has hecho?" grité al Espíritu Jaguar, cuando descubrí lo que había pasado. "¡Me has traicionado!"

"Por favor, no te enfades conmigo, Padre," suplicaba. Pero yo estaba furioso, esto jamás había ocurrido antes.

"¡Soy el chamán más poderoso que conozco!" le grité. Grité a todos mis espíritus, pero Jaguar era mi espíritu más poderoso. Si *él* no podía matar a la gente de Miel, ninguno de ellos podría. "¿Qué fue mal?"

"Por favor, no nos expulses, Padre. No hay nada que podamos hacer contra este espíritu de Miel. Te dijimos cuando estabas allí que nosotros no podemos hacer nada contra este espíritu." En este momento todos suplicaban, como cuando estaba en Miel. "Por favor, no nos expulses, Padre," repetían todos. Casi era un coro. ¿Cómo podría hacerlo? Eran toda mi vida. ¡Especialmente Cautivadora! La empujaron hasta el frente del grupo, pero yo estaba tan enfadado que no quería ni verla.

Ella lo sabía. "Por favor, no me odies," me susurraba suavemente al oído. Su simple susurro me hacía sentir muy bien. Ella sabía lo que yo sentía por ella.

"Aunque expulsara a los demás, jamás podría expulsarte a ti," le dije. La abracé. El resto de los espíritus nos dejaron y ella me serenó por un rato. Nos quedamos en la hamaca, juntos el resto del día. Al final, los otros espíritus regresaron.

Al día siguiente yo seguía molesto con el tema de Miel. Mis espíritus no habían hecho nada al respecto y yo me preguntaba qué pensaría mi gente cuando se enteraran de esto.

A través de muchas lunas, los chamanes nos dimos cuenta de que Miel era un lugar del que era mejor alejarse. Era demasiado molesto para nuestros espíritus. Un chamán cuya esposa iba a menudo a visitar a sus familiares ni siquiera salía de su canoa. Su familia se acercaba para saludarle un momento, pero él permanecía en la canoa mirando a la otra orilla del río. Cuando los familiares se acercaban, él no volvía la cara hacia el pueblo, ni hablaba con ninguno de ellos. Hasta este punto habían llegado nuestros espíritus a odiar ese lugar.

A Tucán, mi enemigo chamán, sus espíritus también estaban incordiándole todo el tiempo. Sabían lo que estaba pensando. Sus espíritus venían mientras estaba en su hamaca por la noche y le rogaban que no los expulsase. Era lo mismo que me habían suplicado los míos. Pero Tucán no les echó cuenta. Siguió el consejo de Sinproblemas, el extraño visitante, y expulsó a sus espíritus.

Un día Tucán fue de visita a otro pueblo y se encontró con un desconcertado chamán que le miró el pecho y le dijo: "Puedo ver los caminos de todos tus espíritus que conducen a tu shabono, pero te han abandonado. ¿Por qué? ¿A dónde se han ido?" Tucán recordó que él había dicho las mismas palabras cuando vio por primera vez a

Sinproblemas. Aquello le hizo pensar que quizá se estaba pareciendo un poco a él. El pensamiento le agradó.

Pronto, Tucán se dio cuenta de que aquellos horribles recuerdos de cuando mató a su esposa se habían ido. Ahora estaba empezando a recordar cosas buenas de ella. Podía volver a usar su machete sin verlo hundirse en el cuello de ella. Y lo mejor de todo es que podía volver a dormir de nuevo. Empezó a ser conocido como Hombre-Risa.

Tucán no mató a nadie de mi pueblo por muchas estaciones. Por eso yo dejé de matar gente del suyo. Y dejó de viajar por el mundo de los espíritus porque ya no tenía los espíritus que le llevaban a esos lugares.

Un día Labiodetigre ató su canoa en la orilla de Miel para hacerles una visita. Necesitaba la ayuda de sus viejos amigos contra unos nuevos enemigos que tenía en el Ocamo.

"Los ataques ya no nos interesan," le dijo Calzapié.

"¡Qué!" dijo Labiodetigre sorprendido. "Mis espíritus me han dicho que me vengue y debo hacerlo."

"Nosotros ya no tenemos esos espíritus," le respondió Calzapié.

"¡Qué!" murmuró Labiodetigre. "¡Os habéis convertido en unos cobardes!"

Cuando Labiodetigre se fue de Miel, volvió al Ocamo y, de camino, paró en Pueblo Desembocadura. No podía esperar a oír las risas cuando contara las historias de Miel. Los Desembocadura habían sido enemigos del pueblo de Labiodetigre durante mucho tiempo, pero Labiodetigre estaba seguro de que, ya que los Miel se negaban a atacar, los Desembocadura se aliarían con ellos contra los Miel; y estaba en lo cierto.

"No les importa si les coges una pisada," dijo Labiodetigre a Nuboso y a los demás de Desembocadura. Nuboso había participado en el primer ataque a Patata. "No creen que puedas echarles una maldición cogiéndoles una pisada." Todos rieron al oír a Labiodetigre.

"Bien, pues cojamos una y démosles una lección."

"Ni siquiera les importa que les soples polvo alowali," dijo Labiodetigre. Rieron más fuerte.

"¡Están locos!"

"Y, lo más divertido es que dicen que no volverán a luchar y a matar más," dijo Labiodetigre. Esta vez rugieron al reír.

"¡Vamos a por sus mujeres!" gritaron todos, y comenzaron a planearlo.

Cuando el grupo de Labiodetigre se fue, Nuboso tomó a algunos guerreros y fue contra Miel para robar mujeres. ¡Pero fueron molidos a palos por el misterioso pueblo que no luchaba! Cuando los guerreros Desembocadura huían de Miel, tomaron posiciones y esperaron para emboscar a los de Miel. Sin embargo, nadie les persiguió. Volvieron a su pueblo, bloquearon los caminos y se prepararon para la venganza. Aquella noche todos los guerreros estaban preparados con sus flechas y sus palos. Ninguno durmió, pero no pasó nada.

"Son listos," dijo Nuboso. "Nos están dando tiempo para que nos relajemos, pero no lo haremos." Y no lo hicieron. Cada noche bloqueaban los caminos con cuidado. Construyeron una alana alta en la entrada del shabono y alrededor hasta atrás. Les llevó varios días, pero sabían que tenía que ser bien fuerte. Siempre salían juntos a cazar y cuando iban a trabajar los huertos, las mujeres les rodeaban vigilando por si veían algo sospechoso en la selva. Cada noche un guerrero hacía guardia. Aún con el guerrero de guardia, el pueblo no dormía mucho. Pero los Miel nunca vinieron.

Tienen que atacarnos, pensó Nuboso. Ningún pueblo con algo de orgullo permitiría que les atacaran sin devolver el ataque.

Al final, los Desembocadura no pudieron soportar el temor. "Ataquémosles de nuevo," dijo Nuboso. "Eso es mejor que estar esperando que nos ataquen ellos."

De nuevo los guerreros de Miel les expulsaron con sus garrotes y de nuevo los Desembocadura vivían en continuo temor a la venganza. Pero nadie vino.

Nuboso comenzó a trabajar cada día con sus espíritus para echar maleficios sobre el pueblo que les había vencido, pero nada funcionaba.

En Miel, la gente estaba siempre asustada y hablaba con Yai Pada, su nuevo espíritu. Querían que les ayudara a defenderse de sus atacantes. Un día, Lanza se levantó de su hamaca con la primera luz. No podía dormir. Había estado toda la noche hablando con Yai Pada, porque tenía miedo de los Desembocadura. Al caminar desde su casa hacia la hierba húmeda, vio que el pueblo estaba rodeado de gente, quizá guerreros; no estaba seguro. Pero había muchos de ellos, gente grande y hermosa, que vestían camisas blancas brillantes que les llegaban a los pies. Lanza hubiera dicho que Yai Pada les había enviado para proteger a Miel de sus enemigos. Sin embargo, cuando salió el sol, se habían ido; y nadie del pueblo les había visto. Preguntó a Pepe si Yai Pada tenía gente así. Pepe le dijo: "Yo nunca los he visto, pero este libro dice que los tiene y que pueden protegeros."

Un día Labiodetigre vino con todos sus guerreros del Ocamo al shabono de Desembocadura. Sus cabezas estaban cubiertas de sangre seca. Nuboso sabía que habían estado en Miel. "¿Habéis conseguido algo?" preguntó a Labiodetigre.

Labiodetigre chascó su lengua y movió la cabeza. "Nada. Nos persiguieron hasta el río. Y ahora tenemos que volver a nuestro pueblo y prepararnos para su venganza."

"Nosotros les hemos atacado a menudo," dijo Nuboso, "pero nunca han venido a vengarse. Son unos cobardes. Pero siempre nos vencen. No consigo que ninguno de mis maleficios funcione con ellos."

"Es ese naba que vive con ellos," dijo Labiodetigre a Nuboso. "Es chamán. Sólo tiene un espíritu: El gran espíritu, el espíritu enemigo. Por eso nuestros espíritus tiemblan de miedo cuando vamos a Miel. Nada funciona contra ellos gracias a su espíritu."

A lo largo de muchas estaciones todos los chamanes supieron que Pepe era un chamán con el poderoso espíritu enemigo. Todos probamos distintos hechizos contra su pueblo. Nada funcionó.

Una vez, un guerrero Desembocadura le dijo a la gente de Miel que iban a encontrar una de sus huellas y la iban a llevar a Nuboso. Una vez que la tuvieran, podían estar seguros de que los espíritus podrían matarles. En ese momento, uno de los de Miel colocó su pie en lodo blando y le dijo: "Ahí tienes la mía. Tómala." Sin embargo, los espíritus de Nuboso no pudieron herir a nadie con esto.

Nuboso decidió llevar a su mujer y a sus hijos a Miel para una visita pacífica. El pueblo les recibió bien y tuvieron una visita agradable, porque la esposa de Nuboso era hermana de Calzapié. Se quedó con su viejo amigo chamán Lanza. Era extraño ser tratado tan bien por un pueblo al que habían atacado. Volvió de visita muchas más veces. Y otras veces volvió para atacarles, pero siempre era derrotado.

Durante las visitas pacíficas, colocaba su hamaca en la casa de Lanza. "No comprendemos a tu pueblo," le decía. "¿Sois cobardes? ¿Habéis dejado de ser yanomamis?"

"No somos cobardes," dijo Lanza. "Seguimos siendo yanomamis y seguimos intentando ser valientes. No vamos a permitir que os llevéis nuestras mujeres. La única diferencia es que hemos elegido no seguir a nuestros antiguos espíritus. Hemos aprendido que esos maravillosos espíritus que solían enviarnos a todos esos asaltos, como en la matanza de Patata, esos espíritus nos engañaban. Tus espíritus tiemblan de miedo cuando vienes aquí, ¿no?"

"¡Tk! ¡Desde luego que sí!" dijo Nuboso, pero estaba asombrado. "¿Cómo lo sabías?"

"Porque hacían lo mismo con nosotros continuamente hasta que les expulsamos."

"Hacen eso porque nuestros espíritus odian a vuestro nuevo espíritu," dijo Nuboso, "y vuestro espíritu odia a nuestros espíritus... y a nosotros."

"Ahí es exactamente donde todos nos equivocamos," respondió Lanza antes de que Nuboso pudiera terminar. "Es verdad que él les odia y que ellos le odian a él. Pero esta es la gran verdad: Lo puedes saber por ser chamán de toda la vida y yo conozco a cada uno de tus espíritus, porque los he tenido a todos." Lanza se levantó de la hamaca para decir cada palabra con mucho cuidado. "*Nuestros espíritus nos odian, Yai Pada nos ama.*"

Nuboso no podía comprenderlo. "¿Estás seguro?"

Lanza rió. "Es confuso, ¿verdad? Nuestros espíritus nos han dicho siempre que Yai Pada es el no amistoso. ¿Qué podíamos hacer sino creerles? Nosotros los yanomamis estamos en el medio de estos dos poderes: Uno bueno y otro malo. Cada uno diciéndonos que el otro nos odia. Cada uno diciendo que el otro miente. Y la decisión se deja a la sabiduría yanomami."

"¿Toda la gente de este pueblo sigue al gran espíritu?" se preguntó Nuboso.

"No, pero sí lo hacen todos los chamanes. Estábamos cegados por las mentiras, pero ya no."

"¿Hay alguien que haya probado el gran espíritu y luego haya regresado al Espíritu Jaguar o al Espíritu Sanador?"

Lanza se detuvo. No estaba seguro de cómo decirlo sencillamente. "Mira nuestro pueblo. ¿Crees que alguien regresaría alguna vez?"

Lanza se echó en su hamaca y observó a una cucaracha que se movía por su techo de hoja de palma. Nuboso sabía que estaba recordando los viejos tiempos. Habían ido a Patata juntos para la gran matanza. Fue cuando Lanza no le dejó llevarse ninguna de las mujeres que trajeron del asalto, cuando comenzaron a ser enemigos. Él y Lanza eran conocidos por sus muchos asesinatos. Nadie era más violento que Lanza. Sin embargo, su voz se quebró en un sonido de pena y dolor al decir: "No volvería a aquello por nada del mundo."

Lanza chascó su lengua. "Nada."

8

UNA PALABRA
MUY AGRADABLE

Dejo de luchar con la gente de Tucán. No tengo viejos amigos
chamanes en Miel, pero siguen recibiéndome bien. Deemeoma es feliz allí.
Labio-de-tigre y los Desembocadura les atacan a menudo, pero no quieren
mi protección. Miel siempre les ahuyenta y nunca les persigue. Labio-de-
tigre y los Desembocadura están aprendiendo que sus maleficios no
funcionan con Yai Pada de los nabas. Y hay algo más nuevo en la selva.
Ni siquiera sé qué es. Quizá un naba. Empezó río arriba en el Ocamo, en
el pueblo de Shetary.

Algunos de los nuestros se mudaron y construyeron un nuevo
pueblo a muchos días de viaje por el río Ocamo arriba. Después de un
tiempo, todos los habitantes del pueblo enfermaron y muchos de ellos
murieron. Alrededor de todo su shabono había hogueras especiales que
quemaban los cuerpos de los muertos. Los pocos que no estaban

enfermos recogían los huesos de entre las cenizas e intentaban mantener al resto con vida. La gente, simplemente, estaba echada en sus hamacas y cada vez estaban más y más calientes hasta que sus cuerpos se sacudían y morían.

Por fin, el chamán supo por sus espíritus que era el humo de las hogueras de los muertos que estaba esparciendo la enfermedad. "Tendremos que empezar dejarlos en la selva," les dijo a todos.

Un chico que yacía enfermo en su hamaca, acababa de convertirse en un hombre joven. Ahora estaba preparado para comenzar su vida útil como cazador de carne para la familia; así que su padre y su madre hicieron todo lo que pudieron para que mejorara. Cada día, todo el día, se preocupaban por él, cazaban para él, le traían agua, buscaban a los espíritus para que le ayudaran. Era todo lo que les importaba. Por eso Shetary, el padre, se apenó mucho cuando el cuerpo del chico empezó a temblar y murió. El chamán dijo que esta enfermedad era tan mala que los espíritus no podían ayudar.

Debido a la enfermedad, Shetary no pudo quemar el cuerpo de su hijo. En lugar de eso, tomó tiras largas de madera y las entretejió con lianas para formar una esterilla de madera, una *heeheeka*. Shetary colocó el cuerpo de su hijo en el centro de la heeheeka, curvó los bordes sobre él y lo ató fuerte a su alrededor. Gemía de dolor. Sus lágrimas caían sobre las lianas mientras las ataba con nudos para asegurarse de que nada entrara en la heeheeka y perturbara a su chico. Su gemido aumentó cuando lo cogió en la heeheeka y atravesó la entrada del shabono para dejarlo en la selva. La heeheeka le protegería de los animales mientras el cuerpo de su hijo iba quedándose sólo en los huesos. Mientras andaba por el frío sendero hacia la selva, Shetary pensaba en la persona que tendría que venir después y hacer el horrible trabajo: Rascar los restos de carne de los huesos de su hijo para poder molerlos. El pensamiento le hizo gemir aún más fuerte.

A una distancia segura del shabono, los amigos de Shetary, entre gemidos, le ayudaron a clavar dos varas inclinadas en la tierra. Las ataron donde se cruzaban con ramas. Tres pasos más allá, ataron dos varas más. Encima, en el aire entre estas cuatro varas ataron otra más a lo largo.

Mientras Shetary lloraba por su hijo, ellos subieron la heeheeka y la amarraron a las varas cruzadas.

"Tendremos que hacer esto con el resto de nuestros muertos hasta que la enfermedad nos deje," dijo en chamán. Y hubo más.

Muchos días después, un indio entró corriendo en el shabono gritando: "¡Shetary! ¡Shetary! ¡Alguien ha destrozado tu heeheeka!" Todos estaban demasiado impactados para hablar. Shetary corrió por el sendero hacia el cuerpo de su hijo. Sólo unos días antes había visto la heeheeka allí, justo como la había dejado. Los demás le siguieron, hablando agitadamente, pero tratando de guardar silencio por respeto a su duelo.

Cuando llegó cerca, Shetary vio que habían tirado la heeheeka al suelo y estaba abierta. Lo que vio cambiaría su vida para siempre. Había gusanos por todos lados, cubriendo los hombros y el pecho de su hijo. Pero no había nada sobre los hombros. Las entrañas de Shetary se le hicieron un nudo apretado. Cayó al suelo llorando de dolor.

"¡Mi hijo! ¡Mi hijo!" gritó. "¿Quién ha podido hacernos esto?"

El hombre que venía detrás de él sintió el terror de sus gritos. Cuando llegaron lo bastante cerca, no podían creer lo que veían. "¿Quién podría hacer algo tan malo?" se preguntaban unos a otros.

"Ni nuestro peor enemigo haría jamás algo así," dijo un hombre.

Otro comentó: "Ningún yanomami en el mundo haría nunca algo así."

En los arbustos cercanos encontraron un trapo amarillo. Había unos nabas que vinieron de lejos a la selva y que rociaban neblina por todos lados para matar mosquitos. Los nabas de los mosquitos vestían de amarillo y tenían cosas amarillas. Así que decidieron que debían haber sido esos nabas de los mosquitos.

Más tarde encontraron dos cosas amarillas de goma que parecían como si encajaran con una mano. Estaban confusos. Todo el pueblo entró en pánico. Shetary volvió corriendo al shabono y agarró su arco. "¡Tienen que haber sido los nabas!" gritó. "Ningún indio haría algo así. ¡Les mataré!"

Con un pequeño grupo de guerreros, corrió a su canoa y remó río abajo. Pararon en el primer pueblo y preguntaron a la gente si habían visto algún naba. "Sí, vimos uno," respondieron. "Había algunos indios con él. Se acercaron en un barco a motor muy rápido. No se pararon a decir ni una palabra."

Shetary y sus amigos volvieron a la canoa de un salto. "¡Cuando le encontremos, le mataré!" gritó mientras se iba. Remaron hasta el final del río, pero no encontraron a ningún naba.

"Mataré a cualquier naba que me encuentre," dijo en el camino de vuelta a casa. De regreso fueron parando en cada pueblo y Shetary decía a todos que mataría al próximo naba que viera.

El gobierno de Venezuela se enteró de lo que Shetary andaba diciendo. Después de eso no permitieron a la gente de los mosquitos ir a esa parte de la selva.

Calzapié fue lejos río arriba por el Orinoco para visitar a algunos de nuestros parientes que nunca había visto. No sabía si seguirían vivos. Quería ver si podía encontrarles y hablarles del nuevo espíritu que había encontrado.

Pasó por muchos pueblos, pero no encontró a nadie que supiera algo de sus parientes. Finalmente, lejos por el Orinoco arriba donde se une el Mavaca, llegó a un pueblo en el que conoció a un hombre llamado Pavo. Después de charlar con él durante toda la mañana, Calzapié pensó que quizá tenían los mismos abuelos o que eran de la misma familia. Sin embargo, esto siempre es difícil de decir porque nosotros los yanomami jamás decimos los nombres de los muertos.

Después de mucho hablar, Calzapié dijo: "Estoy seguro de que somos parientes, pero necesito saberlo. ¿Puedo susurrarte al oído el nombre de mi abuelo?"

Pavo también quería saberlo. "Y yo susurraré en tu oído."

Con mucho cuidado, Calzapié colocó sus labios cerca del oído de Pavo y sus manos alrededor de la boca. Susurró tan bajito que ni siquiera se oía a sí mismo. Después Pavo hizo lo mismo.

Era verdad. Estaban muy contentos de saber que eran parientes. Calzapié pasó muchos días con ellos y volvió muchas veces. Les habló de los nabas y del nuevo espíritu del que había sabido a través de ellos. Pavo había visto muchos nabas, pero en realidad ninguno había vivido en su pueblo.

"Mantenemos una larga guerra con la gente del otro lado del Siapa," dijo Pavo a Calzapié. "Si pudiéramos conseguir algunas de las armas de los nabas, podríamos por fin acabar con ellos."

"Matarles, no servirá de nada," respondió Calzapié. "Sus hijos volverán a por vosotros, y los hijos de sus hijos. La única manera de acabar con las matanzas es dejar de matar. Necesitáis un espíritu de paz."

Pavo no había oído hablar de ningún espíritu de paz. "¿De qué sirve eso si ellos siguen matándonos?" preguntó.

"Si vosotros dejáis de matarles, ellos dejarán de mataros a vosotros."

Pavo reflexionó un poco. Nunca había oído nada así. Era demasiado simple. "Si vosotros continuáis matándoles," continuó Calzapié, "seguro que ellos seguirán matándoos."

"¿De verdad?" preguntó Pavo a Calzapié. "Suena demasiado bien."

"Es cierto. La gente de nuestro pueblo que está empezando ahora a tener hijos, no sabe qué es matar gente. Y nadie intenta matarnos a nosotros."

"Lo que nosotros necesitamos es que un naba venga a vivir con nosotros y nos enseñe, como a vosotros en Miel," dijo Pavo.

"¿Cuánto hace que estáis en guerra?"

"Desde que puedo recordar. Mi padre ya peleaba cuando yo era un bebé. Muchas de nuestras mujeres se las robamos a ellos; y ellos tienen algunas de las nuestras. Pero, estoy seguro de que nosotros hemos matado a más gente que ellos."

Los enemigos de los que hablaba Pavo vivían cerca del río Siapa. Yo les había visto muchas veces cuando viajaba en el mundo de los espíritus. Conocía a su gente y sabía que estaban cansados de las guerras con el pueblo de Pavo. Ellos también habían oído acerca de los nabas que estaban llegando a la selva, pero tendrían que pasar por el territorio de Pavo para poder encontrar a los nabas y eso sería demasiado peligroso.

Un día, estos enemigos del Siapa recibieron la visita del yanomami más raro que jamás habían visto. Llegó por el camino del Orinoco, así que tendría que ser enemigo. Sin embargo, no llevaba armas.

"*Parece* un naba," dijo Pezpantano cuando le vio.

"No. No es un naba," contestó el chamán. "Se ve que es chamán. Es yanomami."

Todo el pueblo discutía sobre quién sería. Debería ser un enemigo, pero no llevaba armas y no tenía ningún interés en golpear el pecho a nadie.

"Por eso tiene que ser un naba," dijo Pezpantano. Sin embargo, lo más misterioso del personaje era que nunca cogió una mujer. Nunca antes habían tenido un visitante que no intentara atrapar a una de sus mujeres.

"Es chamán," dijo el chamán de la tribu cuando el hombre se fue, "pero, evidentemente, no tiene el Espíritu Howashi." A todos les cayó bien porque no intentó nada con sus mujeres ni con sus hijas.

"¿Cómo puede una persona ser así?" preguntó un hombre. "Es imposible."

"Es el tipo de hombre que todos querríamos como yerno," dijo otro hombre. El pueblo le puso por nombre Noagarramujeres al extraño visitante.

El chamán dijo que el visitante tenía que ser un yanomami que había podido estar mucho tiempo con los nabas fuera de la selva y había conseguido otros espíritus de ellos. "Tenemos que mudarnos más cerca de los nabas," dijo.

Incluso los niños pequeños como Hombrecorto o Labiovelludo sabían del extraño visitante. Estaciones después todavía escuchaban a sus padres hablar de él. "Noagarramujeres fue un yanomami diferente a todos los que habíamos conocido," decían siempre. "Un día escaparemos al mundo de los nabas y descubriremos cómo lo hizo."

Tras muchas estaciones de guerra con nuestros parientes del pueblo de Pavo en el Mavaca, por fin la gente del Siapa decidió que tenían que cambiar de lugar su pueblo. "No podemos luchar esta guerra para siempre," dijo el chamán. "Tenemos que acercarnos a los nabas. Tenemos que descubrir qué hizo a ese visitante tan diferente a nosotros."

Aunque significara un largo viaje de muchas lunas y mucho sufrimiento, todo el pueblo estuvo de acuerdo en que tenían que hacerlo. Viajaron por el río Siapa durante muchas lunas, casi toda la estación. Fue la época más difícil de la vida de Hombrecorto. Todos los días él y su amigo Labiovelludo lloraban porque nunca tenían suficiente para comer. Al final, llegaron a un lugar grande en el que no había selva, sólo hierba alta. Siempre que los pueblos salen de viaje, mantienen a los niños cerca por miedo de sus enemigos, de los espíritus y de los fantasmas de los muertos. Pero, aunque estaban vigilando estrechamente, un día dos niños desaparecieron.

El pueblo entero buscó por todas partes, pero no dieron con los niños. Era fácil buscar en aquella zona porque no había selva espesa. Sin embargo, ellos sabían que los grandes felinos cazan allí y alguno de ellos podía haberse comido a sus niños.

Entonces los espíritus del chamán le dijeron los que había ocurrido: Espíritus enemigos los habían robado.

Cuando oyeron aquello, detuvieron el viaje y, durante días, estuvieron buscando. Cada día el chamán pasaba mucho tiempo con sus espíritus para que le dijeran lugares en los que buscar.

El primer día encontraron pistas frescas de dos niños. Las huellas deambulaban, como si los niños hubieran sido guiados por espíritus. El pueblo salió de la zona de hierba y se desplazó hacia la selva, para poder bloquear los caminos y estar más protegidos contra los espíritus. Buscaron durante muchos días y cada noche escuchaban los sollozos de las madres en sus hamacas.

Entonces, una tarde, justo antes de oscurecer, se encontraron huellas frescas. Todos los hombres se adelantaron corriendo en ese camino y se escondieron y esperaron a que los niños vinieran. El chamán les dijo que esa podría ser su última oportunidad. Los niños habían estado con los espíritus tanto tiempo ya, que podrían no volver jamás.

Mientras estaban escondidos en el camino, muchos estaban muy asustados. Por fin, escucharon un buen grupo de voces que charlaban mientras venían por el camino. Sin embargo, hablaban un lenguaje que los hombres no podían entender. Pero estaba ya tan oscuro que no podían ver nada. Cuando las voces llegaron hasta donde estaban los hombres escondidos, todos saltaron al camino y agarraron lo que pudieron en la oscuridad. Casi todos se atraparon unos a otros, pero en la confusión, también cogieron a los niños extraviados.

Todo el camino de vuelta al campamento, los niños pateaban y gritaban tratado de escapar. El chamán estaba en lo cierto. Ya se habían acostumbrado a vivir con los espíritus. Ya en el campamento, a la luz del fuego, vieron que los niños estaban pintados con pinturas que nunca antes habían visto en la selva. Tenía que ser la pintura que usaban los espíritus. Y estaban decorados con flores de la selva. Estaban muy delgados y acurrucados cerca del fuego. Sentados llorando para que sus padres vinieran a recogerlos. Sus padres estaban justo frente a ellos.

"Lloran por sus padres espíritu," dijo el chamán. "Los espíritus se los llevaron para convertirlos en sus propios hijos. Si no les hubiéramos encontrado cuando lo hicimos, nunca les hubiéramos vuelto a ver."

A la mañana siguiente, bien temprano, el pueblo recogió todo y se fue de aquel horrible lugar. Los hombres invirtieron mucho tiempo en esconder con cuidado su sendero. Colocaron algunas pistas especiales en el camino para que pareciera que habían tomado otro camino. Esto confundiría a los espíritus si intentaban seguirles para llevarse de nuevo a los niños.

Durante mucho tiempo los niños siguieron intentando escapar. El pueblo se turnaba para vigilarles día y noche. Se pasaban todo el tiempo llorando por sus padres. Sin embargo, después de días de buena comida, sus fuerzas volvieron y reconocieron a sus padres verdaderos. A partir de ahí, no podían recordar el tiempo que pasaron con los espíritus. Todo lo que recordaban es que su familia les llamaba desde la selva. Ellos habían seguido la llamada, pero cuando llegaron no encontraron a nadie. Habían sido atraídos por espíritus engañosos.

Después de esto los niños empezaron a comportarse. Sin embargo, este acontecimiento dividió al pueblo. La mudanza estaba siendo muy dura y muchos querían regresar. "Ya estamos bastante lejos de nuestros enemigos," decían. "Deberíamos parar y quedarnos a vivir aquí."

"Mis espíritus están enfadados conmigo porque estamos demasiado lejos," dijo unos de los chamanes. "Me dicen que debemos establecernos aquí."

"Es cierto. Mis espíritus también están enfadados," dijo otro chamán. "Pero, a mí no me importa. Tenemos que encontrar a los nabas y a ese extraño yanomami que nos visitó hace tiempo. Creo que mis espíritus están celosos de los espíritus que yo pueda encontrar allí."

"Bien, yo no voy a poner a mis espíritus más histéricos," dijo el primer chamán. "No van a ir más lejos."

Así que el pueblo se dividió. La mitad de ellos, guiados por un chamán, se estableció a la orilla del río Siapa. Los otros, liderados por otro chamán, continuaron hacia el río Casiquiare. Todos estaban enfadados porque el pueblo no había podido permanecer unido, pero los dos chamanes se habían negado a llegar a un acuerdo.

Dos estaciones habían pasado cuando llegaron al Casiquiare y mucha gente había muerto. Entonces sufrieron un duro golpe al darse cuenta de que aún estaban muy lejos de los nabas. Se instalaron en las orillas de Casiquiare y llamaron Orillas de Ningún Sitio a aquel lugar.

Finalmente, el chamán envió a algunos hombres río Casiquiare arriba, hacia el Orinoco, a ver si podían encontrar un lugar llamado Tama Tama. Algún tiempo después regresaron con canoas de ruidosos motores. Venía con ellos un hombre blanco llamado Dye. El naba metió a todo el pueblo en sus canoas y les mudó a Tama Tama. Encontró un pueblo abandonado cerca y lo compró a una tribu india. Se establecieron allí y comenzaron a plantar nuevos huertos.

Cuando Dye comenzó a enseñarles acerca del nuevo espíritu, el chamán se dio cuenta de que tenía razón sobre lo que pensaba sobre sus espíritus. No les gustaba el espíritu de Dye. "Por eso querían que nos volviéramos," dijo el chamán. "Este nuevo espíritu tiene que ser el espíritu del extraño que nos visitó hace tiempo."

Todo el pueblo estaba contento por haber encontrado lo que estaban buscando. Les gustaba vivir cerca de Dye en Tama Tama. Y se habían librado de la guerra. Empezaron a ser conocidos como Sahael.

Pero un día, Dye se marchó y nunca más volvió, y sus amigos de Tama Tama no les visitaron ni les enseñaron más. Entonces el pueblo empezó a estar atento a los otros nabas que viajaban arriba y abajo por el Orinoco. Conocieron a un comerciante que tenía el barco más grande que jamás habían visto. Acordaron que les daría un motor fueraborda si ellos despajaban la selva para él y plantaban un gran huerto. Jamás habían sido tan felices.

Despejaron una zona tan grande que se extendía a lo largo de dos meandros y medio del Orinoco. Plantaron sandía y otras plantas, y el hombre regresaba muchas, muchas veces para llenar su gran canoa de plátanos que vendía río abajo en el gran pueblo naba.

Cuando la temporada de la cosecha acabó, el comerciante les dio algunos de los plátanos y les prometió que volvería con el motor después de que plantaran la cosecha de la próxima temporada. Todo el pueblo trabajó otra temporada para él y, de nuevo, les dio algunos plátanos y les prometió que el motor llegaría después de la próxima cosecha. Así continuó durante cinco temporadas.

Acabó convirtiéndose en algo negativo para ese pueblo, pero los nabas que le siguieron fueron peores. Muchos nabas creían que las mujeres yanomami les deseaban. Llegaban al pueblo, sacaban sus penes y los movían delante de las mujeres. En un pueblo, un naba abordó a una mujer y le dio con su pene. El amigo de la mujer le dijo: "Oh, casi entra, ¿no?" Como él no hablaba yanomami, no sabía que se reían de él.

"¡Esos tontos cortan parte de sus penes y creen que les deseamos!" Ella reía mientras le miraba mover su cosa.

Un indio dijo: "Yo voy a tener preparado mi machete para el primer naba que saque el pene a mi mujer. ¡Le corto su cosa fea!"

Labiovelludo se convirtió en maestro en la escuela naba. Pero se enfadó cuando le dijeron que él tenía que llevar el viejo taparrabos y que los niños tenían que venir a la escuela desnudos. "Queremos tener mejores vidas," le dijo al padre en la escuela. Abandonó y empezó a practicar para ser chamán.

El amigo de la infancia de Labiovelludo, Hombrecorto, ahora no tenía padres, así que se marchó del pueblo y viajó a muchos otros pueblos del territorio yanomami. Después de muchas estaciones volvió a Sahael. Labiovelludo se alegró de volver a verlo. Juntos recordaron la dureza de su infancia y el largo viaje desde el Siapa.

"¿Dónde has estado tanto tiempo?" le preguntó Labiovelludo.

"He estado en muchos lugares," le contó Hombrecorto. "Pero, ahora vivo en Miel y tengo esposa allí. Es un lugar maravilloso. ¿Recuerdas a Noagarramujeres, el misterioso visitante?" Lógicamente, Labiovelludo lo recordaba. Él fue la razón que les llevó al gran traslado. "Noagarramujeres es el jefe de Miel. Le llamamos Calzapié, o a veces Tiene-Boca."

"¡Tk!" chascó Labiovelludo. "Noagarramujeres," recordó. "¿Puedo ir a hablar con él? ¿Sigue siendo tan misterioso como decían que era? ¿Nunca se lleva mujeres?"

"Ven conmigo a Miel y habla con él," dijo Hombrecorto. "Mucha de la gente de Miel no agarra mujeres. Y, sí, sigue siendo misterioso. En un lugar que Calzapié visitó, le llamaba Sinproblemas. Todo el pueblo es misterioso. Allí no hay guerras, y tenemos algunos nabas que viven precisamente con nosotros." Labiovelludo no creía que ningún naba viviera en un pueblo con los yanomami. "Sé que no lo crees, pero es verdad. Incluso vamos a sus casas y charlamos con ellos."

"Deben ser unos nabas muy estúpidos si no saben que deben mantenernos fuera de sus casas," dijo Labiovelludo sarcásticamente. "Cualquier naba lo sabe."

Labiovelludo fue con su viejo amigo de vuelta a Miel. A medida que anda por el pueblo, vio tantos cambios que no podía creer que fueran yanomamis. "Esto es lo que siempre hemos querido para nuestro pueblo," le dijo a Hombrecorto. "Pero nadie quiere que lo tengamos."

"Lo sé," respondió Hombrecorto. "Esos nabas que llegaron a Sahael sólo querían que permaneciéramos en la misma miseria en la que siempre hemos vivido. Han ganado mucho dinero haciendo fotos a nuestras mujeres desnudas y escribiendo historias sobre nosotros. ¿Conoces algún pueblo que quiera que esa clase de naba viva con ellos?"

"A nosotros nos gustaría que un naba como los que tenéis vosotros venga a vivir con nosotros," dijo Labiovelludo.

"Claro. A todos los pueblos les gustaría."

Mi cuñada estaba a punto de dar a luz, pero el bebé no se colocaba cabeza abajo. Hice todo lo que solía hacer para que el Espíritu sanador ayudara al bebé a salir, pero nada funcionó. Hice mucho más de lo que solía hacer, porque era la esposa de mi hermano. Y él era chamán y ella también. Casi ninguna mujer se convierte en chamán. Los tres nos esforzamos con todos nuestros espíritus, pero era difícil. Cuando rompió aguas, la llevamos a Miel para que la ayudaran.

Nuestros parientes vinieron corriendo cuando la vieron. Como siempre hacían, empezaron a lamentarse y a hablar de todas las otras mujeres a las que les había pasado lo mismo y de lo pronto que habían muerto, y de cómo era el duelo por ellas y lo triste que todos estarían si algo le pasaba.

Pepe, el naba al que yo temía, se había mudado a otro pueblo por aquel tiempo, pero otros nabas que estaban allí intentaron ayudarla a librarse de todos los visitantes. Al final la llevaron a su propia casa para que pudiera relajarse.

Pero todos nuestros parientes la siguieron y continuaron preocupándose por lo enferma que estaba y lo desagradable que era que estuvieran a punto de tener que llorarla y preguntándose si, al menos, podrían salvar al bebé. Los nabas les suplicaron que se marcharan. Creían que la calma mejoraba a las personas.

Juanita, mi sobrina, no se iba. Está tan unida a mi cuñada, que la llama madre. Juanita está casada con Hombrefruta, el hijo de Lanza. Cuando, por fin, los nabas consiguieron sacar a todos de la casa, Juanita se sentó bajo la ventana de su madre llorando fuerte. En sus brazos tenía a su bebé de pecho.

Esta muchacha sólo va a entender el castigo, pensó el naba. Cogió un palo pequeño y comenzó a golpear a Juanita en las piernas para que se fuera a casa. Cuando ella saltó para irse a casa, dejó caer al bebé.

El pueblo enloqueció. Todos estaban de pie a la orilla del río cuando Hombrefruta regresó a casa después de trabajar en el huerto. Todos intentaban hablarle a la vez: "El naba golpeó a tu mujer y ella ha dejado caer al bebé."

Hombrefruta no necesitó oír nada más. Tenía su hacha en la mano y eso era todo lo que necesitaría. Cuando llegó a la puerta del naba, no importaba que estuviera cerrada con el naba dentro. La golpeo con el hacha. Luego siguió dando hachazos una y otra vez. Con cada golpe su furia crecía.

Calzapié y Lanza corrieron a la casa del naba cuando oyeron todo el ruido. "Vale, vale," dijeron los dos. "Nadie está mal herido." Entonces la esposa del naba salió del pequeño refugio donde se habían tranquilizado. Vio cómo destrozaban su puerta.

"¡Hombrefruta, no! ¡Hombrefruta, no!" Ella no era consciente del peligro que corría. Todo el pueblo observaba para ver si él haría lo que todos esperaban y daba a la mujer del naba un golpe por lo que le había hecho a Juanita.

"¡Vale!" siguió diciendo Calzapié. "El bebé no está herido. Juanita no está herida. Ya has destrozado su puerta. No servirá de nada que golpees a su mujer con el hacha." Lanza trató de interponerse en el camino de su hijo para que no golpeara a la mujer.

Pero Hombrefruta sabía que *sí* serviría. Le sentaría muy bien. Todo su cuerpo le decía lo mucho que necesitaba arrearle un golpe en la cabeza con la parte roma del hacha. Podía verla en el suelo, sangre por toda la cabeza. Enseñaría a todos que, no importa quién seas o de dónde seas o lo clara que sea tu piel, tú no te metes con la mujer de Hombrefruta.

Por una razón que no puedo entender, Hombrefruta dejó caer el hacha y se volvió a su hamaca. *No soy un cobarde*, se dijo, mirando fijamente el techo de palma. *Seguro que no fue por falta de valor por lo que no la golpeé. Entonces, ¿por qué? Seguro que se lo merecía. En el pasado le hubiera aporreado la cabeza. Hubiera sido grande. ¿Por qué este diferente espíritu de los nabas quiere que cambiemos tanto?*

Más tarde, aquella noche, llegó el bebé. Unos días después el naba vino a hablar con Hombrefruta. Le dijo que lo que había hecho a Juanita había estado mal; no tenía derecho a golpearla y desearía no haberlo hecho nunca. Le dijo que jamás volvería a pasar algo parecido, que no culpaba a Hombrefruta por haber golpeado su puerta; merecía algo peor. Le dijo que se alegraba mucho de que Hombrefruta no hubiera golpeado a su esposa.

Hombrefruta jamás había oído hablar con tanta amabilidad. No sabía qué decir. Aquello le produjo una sensación rara que nunca había sentido antes, una sensación agradable. El deseo de golpear a la mujer del naba con su hacha, desapareció. Luego el naba reparó su puerta y nunca volvió a hablarle a Hombrefruta del daño.

Incluso el jefe de los nabas blancos vino en avión hasta Miel para hablar con Hombrefruta. Le dijo: "Este naba que vive con vosotros es nuevo aquí y aún no entiende vuestra forma de hablar ni vuestras costumbres. Por eso hizo algo tan estúpido tan fácilmente. Lo que hizo no estuvo bien y él lo sabe. Se siente muy triste y dice que jamás volverá a ocurrir." Aquello hizo que Hombrefruta se sintiera muy importante. El jefe naba dijo que su nombre era Dye.

Así que Hombrefruta dijo a Dye: "Yo no debería haberme enfurecido tan rápido, porque sabía que él no nos conoce." Cuando Dye se fue, Hombrefruta observó el avión recorrer la hierba y ascender en el aire. Volvió a su casa. Estaba sorprendido de la manera en que esta charla había conseguido que su ira se esfumara. Incluso hizo que tuviera mejores sentimientos hacia el naba que golpeó a su esposa.

Se echó en su hamaca, miró al techo de palma y siguió pensando en las palabras amables que los nabas habían dicho. Incluso le habían dicho que ellos tenían una palabra especial que significaba lo mismo que todas las cosas que le habían dicho a Hombrefruta. Dijeron que casi no la usan porque es una palabra difícil de decir.

Pero, Hombrefruta miró fijamente el techo de palma y pensó: *Tiene que ser una palabra muy agradable.*

9

ENSEÑANDO SU OJO

Los problemas con los nabas crecen a medida que van llegando más. Los de Miel siguen bien con su naba. Cerca del pueblo de Pavo al rio Mavaca hay nabas, pero Pavo quiere que alguno vaya a vivir con ellos. Shetary odia a todos los nabas. Espera el día en que tenga la oportunidad de matar a uno. Alguien ha empezado a hablar de la cabeza desaparecida, pero nadie sabe de dónde viene este rumor. Shetary no es el único de nuestros pueblos que ha sufrido mucho por culpa de los nabas. Yo pierdo una hija en esta estación.

Durante muchas lunas, nuestros parientes del pueblo de Pavo han deseado que un naba viniera a vivir con ellos. Eran como yo. Querían todo el comercio de ellos, pero tenían miedo del espíritu de Pepe, de su hijo Keleewa y de otros nabas.

Un naba vivía en un pueblo al otro lado del río. Le llamaban Pez, porque no tenía nada de pelo en la cabeza y eso hacía que se pareciera a un pez. Un día fue al pueblo de Pavo con un naba nuevo, un hombre enorme. Este hombre no podía hablar con nosotros porque acababa de llegar del país de los nabas. Al pueblo de Pavo le agradó que viniera a visitarles y a comerciar. Así que fueron amables con el nuevo naba.

Después de muchos días, Pez le había enseñado nuestro lenguaje, aunque todos los nabas hablan como si fueran niños. Un día el nuevo naba vino solo a visitar a Pavo. "¿Por qué prestas atención a lo que te dice Pez?" le preguntó a Pavo. Pez siempre estaba diciendo a la gente que deberían dejar de matar y de violar y de seguir a los espíritus, las mismas palabras que el Padre Coco le había dicho a Labiodetigre. "No tienes que echar cuenta a Pez," dijo el nuevo naba.

Estos nabas no son tan listos como yo pensaba, se dijo Pavo. *Pez ni siquiera distingue a sus amigos de sus enemigos.*

A la siguiente estación, el nuevo naba atracó su barco en el pueblo de Pavo. "Voy a vivir con vosotros para aprender más de vuestras costumbres," dijo. Una gran emoción recorrió todo el pueblo. Por fin Pavo conseguiría algunas de las cosas que su pueblo tanto necesitaba.

Pero Pavo se sintió un poco defraudado cuando el naba no trató de enseñarles nada. La mayoría de los nabas reunía al pueblo y les enseñaba cómo vivir mejor. Aún así, todos estaban contentos de poder comerciar con el naba y sus mercancías.

Una mañana, unos días después de haber llegado, se levantó y se quitó su ropa, sólo se puso un taparrabos, como nosotros, y empezó a tomar nuestra ebena. El pueblo se juntó alrededor de él y observó sorprendido.

"Mira a este sabio hombre blanco," susurró Pavo a su cuñado, "¿Está loco? ¿Se cree que nosotros vamos desnudos porque queremos? ¿No se da cuenta de lo mucho que deseamos tener ropas que nos protejan de estos terribles bichos?"

Era divertido ver a un blanco que sabía tanto, actuar tan estúpidamente. Pero nadie se rió. Durante muchas estaciones habían soñado tener un naba que les ayudara a mejorar sus vidas. Ahora observaban cómo su sueño inspiraba ebena desnudo y en cuclillas. "El hombre que pensábamos que nos enseñaría, está imitándonos," dijo un hombre a su cuñado, mientras se alejaban entristecidos.

Pavo se echó en su hamaca y miró a través del shabono al naba. *Ya tengo suficiente gente lamentable,* pensó. *Ahora tengo uno grande, con la piel blanca y que habla como un niño.*

Al día siguiente el naba empezó a preguntar a la gente del pueblo sobre sus muertos. Nadie le dijo nada, por supuesto. Mientras vivió con ellos, Pavo y su gente jamás supo por qué el naba era tan cruel. Sólo quería hablar de eso. Les trataba como animales, preguntándoles continuamente por sus muertos.

Al final un guerrero le dijo que, si volvía a preguntarle por sus parientes muertos, le mataría. Así que les preguntó a otros y les daba ollas y otras mercancías cada vez que les decían algo sobre los muertos. No les gustaba, lógicamente. Le llamaban Moscardón porque este nombre sonaba parecido a la palabra que se usa para la abeja que continuamente zumba alrededor de tu cabeza.

Mientras aún estaba con ellos Moscardón, llegó otro naba. Traía mercancías, eso alegró al pueblo. Pero no enseñó nada a la gente de Pavo. En vez de eso se quedaba allí observándoles y haciendo marcas en su papel.

Cuando aprendió nuestra lengua, este segundo naba comenzó a viajar a otros pueblos del río. Los chavales del pueblo iban con él para ayudarle y pudieron ganar muchas cosas valiosas a cambio de la ayuda. También jugaba al "howashi" con ellos, agarrándoles por sus partes íntimas y metiéndoles los dedos por el culo.

Una noche estaban en la selva en el Orinoco superior. Todos estaban fuera del refugio cazando, excepto el naba y un chico llamado Lagartija. El nuevo naba se acercó a la hamaca de Lagartija y se sentó en ella con él. Empezó a juguetear un poco. Cuando Lagartija se cansó, dijo: "¡Para! Me voy de aquí" Pero el naba lo retuvo en la hamaca. Lagartija se enfadó. Luchó con todas sus fuerzas para escapar de la hamaca y del naba. Pero no había crecido aún y, cuanto más peleaba él más parecía disfrutar el naba y más fuerte y salvaje se volvía.

Lagartija hubiera gritado, pero no había nadie que pudiera oírle. Sintió todo su cuerpo lleno de dolor y luego rabia, cuando el sabiondo hombre blanco le metió su sucio y viejo pene en el culo y lo sacudió como un animal salvaje.

"Tú y yo hemos acabado," sollozó Lagartija cuando el naba se levantó. Nunca antes había sentido tanta vergüenza. Le horrorizaba pensar en el nombre que toda seguridad le pondrían si alguien descubría lo que había pasado. "Jamás me des la espalda porque voy a tener mis flechas siempre preparadas y estarás muerto."

"No te enfades," dijo el naba. "Esa pequeña radio que conseguiste es un gran pago por usarte y lo sabes."

"Nunca volveré a viajar contigo," dijo Lagartija. Ahora entendía por qué él y sus amigos se habían enriquecido tan rápidamente.

A la mañana siguiente, Lagartija, habló en secreto con un amigo. Jamás le contaría a nadie lo que había pasado, a no ser a esa persona le hubiera ocurrido lo mismo con el naba. Pronto descubrió que la mayoría de los chavales guardaba el mismo secreto que él.

"A mí jamás conseguirá hacerme algo así," dijo uno de los chicos cuando oyó a los otros. Sin embargo, el naba lo hizo.

"Te dije que nos trata como si fuéramos mujeres," dijo Lagartija a este amigo después. "Te metió su asquerosa cosa, ¿a que sí?" Pero el chaval estaba demasiado avergonzado para responder.

Cuando la historia llegó al pueblo de los enemigos de Pavo, se rieron a gusto. "El pueblo de Pavo por fin ha conseguido un naba inteligente que les ayude, ¿y cree que se puede reproducir entrando por detrás a los chicos?" gritó el jefe, mientras de doblaba de la risa.

"La verdad es que tenemos mucho que aprender de ellos," dijo otro, y rieron aún más.

"¿Dónde aprenderá esta gente blanca tan lista estas cosas?"

"Eso se lo enseñan unos a otros," respondió otro. Y rieron a más no poder.

Sin embargo, no hubo risas en el pueblo de Pavo cuando los líderes oyeron la historia. El padre de Lagartija era el jefe del pueblo. Colocó una flecha en su arco, le apuntó con ella y le ordenó salir del pueblo. "Ningún hijo mío actuará como una mujer," gritó tras él mientras, marcha atrás, el chico atravesaba la entrada del shabono.

"Sí, pensábamos que éramos estúpidos," murmuraba cuando su hijo se marchó. "Este hombre era nuestra esperanza para salir de la miseria. Sin embargo, ahora soy más miserable porque he perdido un hijo." Los líderes volvieron a sus hamacas muy tristes.

Así fue como el naba empezó a ser conocido como T.C. por Tocaculos. Lagartija jamás volvió a viajar con él.

Corredor era un guerrero que viajaba con T.C. y se hizo buen amigo suyo. Ya era un hombre y también un buen cazador. T.C. nunca intentó tratarlo como una mujer.

Pero T.C. se enfurecía con facilidad y a menudo golpeaba a los chavales que viajaban con él. Una vez, Corredor le dijo que dejara en paz a los chicos.

"Tú no eres distinto a ellos," le dijo. "Están con nosotros para trabajar. También te pegaré a ti si haces lo mismo que ellos."

"Vamos, pégame," le dijo Corredor. "Estoy impaciente. Sólo que te prepares porque te lo devolveré."

Días después, encontraron una manada de capibaras. Es un animal que parece un conejo gigante, incluso más grande que un hombre. A nosotros nos encanta el sabor de su carne. T.C. disparó a un par de ellos y decidieron construir un refugio y disfrutar de la comida. Los chicos limpiaron las presas y empezaron a trabajar en el refugio que solemos hacer cuando vamos a pasar la noche en la selva.

Los chavales encontraron un grupo de árboles ideales para colgar hamacas. Escogieron cuatro, uno a cada esquina del área de hamacas. Serían las cuatro esquinas del refugio. Con la ayuda de sus amigos, cortaron cuatro varas que unieron los cuatro árboles entre sí. Sobre las cuatro varas ensartaron otras muchas varas que formaron el techo del refugio. Sobre las varas ataron una red de palmas, colocadas de manera que la parte de abajo estaba a salvo de la lluvia.

Mientras algunos de los chicos construían el refugio, otro limpiaba y troceaba el animal. Un chaval hizo una rejilla y encendió fuego debajo para ahumar la presa, pero había dejado la cabeza de uno de los capibaras en la canoa. Durante todo este tiempo T.C. estaba tumbado en su hamaca diciendo a todos qué tenían hacer. Le dijo al chico que había preparado la carne: "Ve al río, trae la cabeza de la canoa y ponla en la rejilla."

Pero el chico dijo a T.C., "No, estoy cansado. La traeré luego."

T.C. se enfureció y golpeó al chico. "¡No aguanto más esto!" gritó a todos ellos.

Corredor estaba río abajo bañándose, pero podía oír la pelea. A él también le quedaba poca paciencia. "Déjalos en paz," llamó la atención de T.C., algo que sólo consiguió enfadarlo más aún.

"¡Muy bien," le gritó de vuelta a Corredor, "trae tú la cabeza! ¡Y ahora mismo!" Los chicos estaban paralizados oyendo. Sabían que T.C. no había metido su cosa en el trasero de Corredor, y este no iba a aceptar muchas órdenes del naba.

"Quieres esa cabeza, naba," gritó Corredor desde el agua, "pues ven y cógela tú mismo."

T.C. gritó: "¡Trae acá esa cabeza o me voy a volver realmente loco!"

"¡Tú ya estás loco!" le respondió Corredor a gritos. "Ya he limpiado tu capibara y ya me he lavado. Si cargo con esa cabeza sangrienta hasta allí, me tendré que lavar de nuevo. Así que... no lo haré."

T.C. siguió chillando y amenazando. Finalmente Corredor llamó su atención y le dijo: "Escucha lo que te digo, o cierras la boca o cogeré esta cabeza y la tiraré al río."

"¡Si lo haces te machaco!" gritó T.C. y se hizo el silencio. Ahí acabó la parte hablada. Cuando los chavales oyeron el silencio, corrieron a la orilla para ver lo que Corredor iba a hacer. Salió del agua y caminó lentamente hacia la canoa. Sin mirar atrás, levantó la sangrienta cabeza del fondo de la canoa y la lanzó todo lo lejos que pudo en el río. Salpicó. El agua, poco a poco, se fue volviendo roja. La sangre atrajo a las pirañas y comenzaron su histérica comida. La parte más sabrosa del capibara se había perdido.

T.C. corrió a la orilla, tan enloquecido que parecía que se le salían los ojos. Le asestó un fuerte puñetazo a Corredor en la cara. Nadie se sorprendió tanto como T.C. cuando Corredor le devolvió el puñetazo dos veces más fuerte.

T.C. casi cayó de rodillas. "¡Estás muerto!" gritó corriendo desde la orilla. "¡Cogeré mi revolver y te mataré!"

"¡Corre, cógelo!" le gritó Corredor. Se agachó y cogió su arco y sus flechas. "¡Estoy deseando que cojas esa pistola, naba!"

Ese fue el fin de la pelea. T.C. y Corredor se llevaron bien después de aquello. El naba siempre le trataba de forma diferente a los demás.

En uno de los pueblos, T.C. pagó al jefe para poder tener a su hija como esposa. El pueblo estaba emocionado ante la posibilidad de que un naba se convirtiera en uno de ellos. Aprendió a masticar tabaco como nosotros lo hacíamos. Compartimos con él nuestra ebena, incluso intentó invocar a nuestros espíritus. Sin embargo, el pueblo se molestó cuando el naba empezó a enredarse con otra mujer que no era la suya. Así que fue a sus hermanos y les preguntó qué podía darles a cambio de usar a su hermana.

"Vale, vete con ella," dijeron. "Después tráenos un machete."

Cuando ocurrió lo mismo con otras chicas jóvenes, mucha de la gente se enfadó. Una vez que T.C. tenía relaciones sexuales con una chica, ya no se interesaba más por ella. Después de un tiempo se dieron cuenta de que sólo le interesaban las chicas que nunca antes habían tenido relaciones sexuales. Estas son chicas difíciles de encontrar y siempre son muy jóvenes.

Cuando Pepe se fue de Miel, se mudó con su familia a un pueblo del río Mavaca, el mismo pueblo en el que vivía T.C., justo al otro lado del río del pueblo de Pavo. Fueron muchos días remando en el río. Un día, los niños del pueblo entraron en la casa de T.C. mientras él estaba fuera y robaron todo lo que pudieron coger. Cuando un yanomami roba algo, normalmente lo devuelve, aunque sea muchas estaciones después y lo que devuelva no sea lo mismo que robó. Pero el jefe del pueblo sabía que T.C. se enfurecería. Sabía que T.C. no tenía idea de cómo nosotros robamos y habitualmente devolvemos. Por eso el jefe fue a los niños y les hizo devolver las cosas robadas y toda la comida que no se habían comido. Cuando T.C. volvió, el jefe le dio sus cosas.

Pero eso no fue suficiente para apaciguar su ira. T.C. entró en cólera y gritó a todos en el pueblo. Cuando T.C. se ponía así decía muchas palabras que nosotros no entendíamos. Gritaba a todos y decían que golpearía a los niños.

Uno de los hombres estaba tendido en su hamaca, los brazos cruzados, una mano sobre su boca, mirando a T.C. gritar a todo el mundo. Vio la pausa de T.C.

"Hazlo," dijo calmadamente.

"Sí, hazlo," dijo otro padre agarrando su garrote.

Otro dijo, "Mi hija realmente necesita una buena paliza." Su arco y sus flechas descansaban entre su pecho y sus brazos cruzados. "Probablemente tú seas el más indicado para dársela, naba." Nunca le llamaban T.C. cuando estaba lo bastante cerca para oírlo. Todos se acercaron para ver qué haría T.C.

Pensó por un momento. "Pajarojoven es el que empezó todo esto," gritó. "¡Pegaré a Pajarojoven!" Pajarojoven era una buena elección para T.C. Era de otro pueblo y no tenía parientes a los que importara lo que le pasara. Los padres que tenían las armas no entrarían en ninguna lucha por una persona que no era pariente de ellos. Y Pajarojoven no era guerrero todavía. Sólo era un jovencito.

"Que alguien traiga a Pajarojoven y le daré una buena paliza," gritó.

Pero Pajarojoven se había hecho buen amigo de Keleewa, el hijo de Pepe. "Tendrás que pegarme a mí también, entonces," dijo el chico blanco sin pensar. "Pajarojoven estaba fuera cazando conmigo cuando te robaron y lo sabes"

"Sí, eres su amigo. Protégelo tú," dijo uno de los indios a Keleewa.

"Si quieres pegarle a alguien, pégale a él," dijo Keleewa señalando al hijo del jefe. "todos saben que fue él quien te robó tus cosas."

"Sí," dijeron todos, imitando a Keleewa y retando a T.C. a levantarle la mano a un niño. "Todos saben que él te robó."

El pueblo entero estaba en vilo. ¿Un chico blanco y un chico indio se estaban encarando a un hombre naba? Todos miraban cómo la cara de T.C. se volvía roja de ira.

T.C. no consiguió darle una paliza a nadie aquel día, pero todos sabían que aquello no había terminado. Después de aquello, Pajarojoven y Keleewa permanecieron juntos muchos días. Finalmente, T.C. salió de viaje.

Una medianoche, tiempo después, T.C. regresó. Amarró su barco y entró en el pueblo tan silenciosamente que nadie se enteró. Sabía exactamente dónde dormía Pajarojoven, en una pequeña choza fuera del pueblo. T.C. se deslizó dentro de la choza y observó la hamaca de Pajarojoven. A excepción del crujir de algunos fuegos que se extinguían, el pueblo estaba en silencio.

El pacífico sueño de Pajarojoven terminó cuando le despertó el agudo dolor de un salvaje golpe en su cara. Gritó. La tranquilidad del adormilado pueblo se esfumó. Todos saltaron de sus hamacas y corrieron en la oscuridad en dirección al grito. Sin embargo, cuando les oyó venir, T.C. corrió a su casa y cerró la puerta.

"T.C. me golpeó mientras dormía," dijo Pajarojoven a todos. "Ha huido antes de que llegaseis."

Keleewa volvió a su casa y cogió su pistola. "Guarda esa cosa en su sitio," le ordenó Pepe. "Nos encargaremos de él por la mañana."

A la mañana siguiente, los ojos de Pajarojoven estaban tan hinchados que no veía. Un médico venezolano estaba en el pueblo por aquellos días. Había pasado mucho tiempo con los nabas. Él acompañó a Pepe hasta la casa de T.C. Keleewa también quería ir, pero Pepe no le dejó.

Empezaron a discutir y T.C. amenazó con lanzar al médico al río. El médico era uno de esos grandes indios Myc. Era verdaderamente grande, tanto como dos nabas juntos. Levantó su enorme dedo. "¡Tú!" dijo, clavándolo en el pecho de T.C., "¿me vas a tirar?" y lo clavó por segunda vez, "¿al río?" y una tercera vez. T.C. tropezó hacia atrás cada vez que el dedo se clavó en su pecho. Decidió no hacerlo. Abandonó el pueblo y no regresó hasta que Pepe y el médico se marcharon.

T.C. se fue más arriba, al nacimiento del Orinoco, donde los nabas casi nunca llegan. Pero incluso en esos lejanos pueblos, había un naba llamado Padre Gonzáles que estaba ayudando a nuestra gente a aprender mejores formas de hacer las cosas. Como el Padre Coco había hecho, siempre decía al pueblo que muchas de las cosas que hacían estaban mal y debían dejar de hacerlas. Sin embargo, él también decía que muchas de las cosas que hacían los nabas también eran malas.

Después de un tiempo de que T.C. estuviera en el pueblo, un indio fue al Padre Gonzáles y le dijo la razón por la que los chicos, de repente, tenían tantas cosas nuevas.

El Padre Gonzáles detuvo a T.C. en medio del shabono. "¿Qué es lo que estos chicos están haciendo por ti, para que tú les estés pagando?" le preguntó Gonzáles.

"¿A ti qué te importa?" respondió T.C.

"Este es mi pueblo," dijo Gonzáles. "Estoy intentando ayudar a esta gente y quiero saber qué está pasando aquí."

"Este no es tu pueblo. Yo tengo tanto derecho aquí como tú."

"He oído que estás pagando a los chicos para tener relaciones sexuales con ellos."

"¡Eso es mentira! ¿Dónde puedes haber oído algo así?"

"De este chico de aquí." Gonzáles señaló al indio que estaba a su lado.

"Está mintiendo," gritó T.C. todos vieron su cara llena de ira.

El Padre Gonzáles se volvió al indio: "Dice que estás mintiendo. ¿Tú qué dices?"

"Yo digo que él miente," respondió el indio. A estas alturas se había reunido mucha gente alrededor de los dos nabas. Todos respaldaban la historia del indio.

"¿Por qué no te largas de este pueblo y no regresas?" dijo Gonzáles.

"¡Quién eres tú para decirme eso!" gritó T.C. de vuelta, pegando su dedo a la cara del Padre Gonzáles.

"Aquí nadie necesita que le enseñes tus obscenas costumbres," respondió.

T.C. puso su cara muy cerca de la cara de Gonzáles y gritó: "¿Y quién dice que tú juzgas lo que es obsceno y lo que no lo es?"

"Incluso estos salvajes ignorantes saben más que tú sobre lo que está bien y lo que está mal," respondió Gonzáles con calma. "Sal de este pueblo y no vuelvas."

T.C. había oído más de lo que podía soportar. Preparó su puño y golpeó a Gonzáles en la cara.

Pero Gonzáles no se movió. "Te recomiendo que no lo vuelvas a hacer," dijo; y T.C. le golpeó de nuevo con todas sus fuerzas.

Nosotros nunca habíamos visto a unos nabas luchando. Nosotros siempre golpeamos en el pecho, nunca en la cara. Y nuestras luchas siempre son limpias, primero tú golpeas su pecho y luego él golpea el tuyo. También pensábamos que el Padre Gonzáles tenía un espíritu que no peleaba, porque siempre nos hablaba de acabar con nuestras guerras. Quizá el Padre Gonzáles lo olvidó, porque golpeó a T.C. tan fuerte que casi lo tiró al suelo. T.C. tropezó y, luego, golpeó a Gonzáles unas pocas veces más; pero él parecía no notar los golpes. Entonces Gonzáles golpeó a T.C. dos veces más en la cara. T.C., cayó sobre sus rodillas y luego a lo largo sobre el suelo. Fue la pelea más corta que un yanomami jamás ha visto.

T.C. yacía inmóvil con la cara en el suelo. El padre Gonzáles se volvió y salió del shabono. Todos permanecieron de pie, esperando que T.C. se moviera. No lo hizo.

"Está muerto," murmuró una mujer, como si no estuviera segura de que los blancos murieran.

"¿Qué vamos a hacer con este cuerpo?" preguntó otro. Pensaron que tenían un gran problema. Entonces se dieron cuenta de que respiraba y, un poco más tarde, se despertó. T.C. jamás volvió a aquel pueblo, mientras el Padre Gonzáles estuvo allí. Las mujeres estaban muy contentas.

En otro pueblo, T.C. dio al jefe unos machetes y otras cosas a cambio de usar a su hija. El acuerdo funcionó bien y la hija del jefe trataba a T.C. como su esposo. Sin embargo, cuando T.C. se fue al mundo de los nabas y no regresaba, la hija del jefe se quedó sin nadie que cuidara de ella. Finalmente el jefe se la dio a otro hombre.

Cuando por fin T.C. regresó, quería tener de nuevo a la chica. Sin embargo, el hombre que la tenía ahora, ya no tenía miedo del naba. Después de que se dijeran algunas palabras con irritación, T.C. alcanzó su pistola. En un abrir y cerrar de ojos, el garrote del indio le golpeó el brazo y en el lateral y le tiró al suelo. Los otros hombres del pueblo se acercaron para asegurarse de que no hubiera ningún muerto. T.C. se fue al mundo de los nabas para que le arreglaran el hueso de su brazo.

"¿Qué te ha pasado en el brazo, naba?" preguntó un indio cuando le vio con esas vendas blancas grandes, duras como una piedra.

"Me caí de ese puente," le dijo T.C.

"Sí, hemos oído de ella," dijo el indio, riéndose entre dientes con sus amigos.

Los líderes de los pueblos del área de Pavo se reunieron para decidir qué hacer con T.C. "¿Por qué no le matamos y ya está?" dijo uno. "Eso solucionaría el problema."

"Seguro que sí. Y entonces, los nabas vendrán y nos matarán como hicieron con aquel lejano pueblo yanomami."

"Va por todos los pueblos," dijo Corredor. "Si lo llevamos a la selva y lo dejamos allí, jamás sabrán quién lo hizo."

Uno de los jóvenes que había sido usado como una mujer, dijo: "Estoy de acuerdo. Matémosle y acabemos con esto."

"No podemos prosperar sin sus cosas," dijo uno. "No es como nosotros. Nosotros pagamos por una esposa una vez y nos la quedamos, casi siempre. Él tiene que pagarnos algo cada vez que quiere usar una mujer. Mientras su cosa siga funcionando, nosotros seguiremos siendo ricos."

Pero Corredor dijo: "Hay mejores formas de ganar dinero. No necesito ofrecer mi culo para su pene para ganar dinero. En Miel pagan a la gente por hacer cosas útiles, como construir casas. Vas a trabajar para él por la mañana y terminas toqueteando su cosa hasta que te chorrea por encima. Es asqueroso. Si haces eso un buen montón de veces, consigues una pequeña radio o un casete."

"Nuestro pueblo no puede estar sin todas esas cosas suyas a las que nos hemos acostumbrado," dijeron algunos otros.

Corredor movió la cabeza y chascó la lengua. Podía ver que no había acuerdo. "Jamás nos haría esto si no fuéramos tan pobres," dijo. "Estamos atrapados. Estamos en un callejón sin salida."

El jefe cuyo hijo había sido violado estaba más enfurecido que ninguno. Su cuello se hinchaba al gritar: "¿Hasta cuándo vamos a permitir que alguien convierta a nuestros chicos en mujeres? ¿Cómo nos vamos a reproducir si nos habituamos a eso? ¡Yo digo que le matemos!"

Los que querían matarle, se encontraron más tarde. "¿Cómo vamos a matarle ahora?" dijo uno. "Los demás dirán a los nabas quién lo hizo y nos meteremos en un buen lío." Tenían tanto miedo de actuar, como ganas tenían de matarle.

Corredor estaba triste. Deseaba más que nada dejar de viajar con T.C., pero estaba atrapado. Necesitaba imperiosamente las cosas que le daba. Al menos él no tenía que hacer de mujer, aunque a veces se preguntaba cuánto más conseguiría si lo hacía. *Los trabajadores de este blanco listo sólo consiguen agujeros más grandes en sus culos*, pensó.

Cuando Keleewa se convirtió en un hombre joven, fue al mundo de los nabas a conseguir una esposa. En cuanto se casó, regresó con ella a la selva para vivir en uno de nuestros pueblos. Estábamos deseando comprobar si le gustaríamos.

Antes de dejar a su esposa para ir a cazar, la sacó de casa y le dio una pistola. Después colgó una papaya en un tronco al otro lado del pueblo. Le dijo que disparara. Ella apuntó y disparó a la papaya tres veces en el centro. Una aclamación corrió por el pueblo. "La chica blanca puede disparar," gritaron todas las mujeres. "Ahora estaremos a salvo cuando los hombres no estén." Estaban tan sorprendidos que no se dieron cuenta de lo sorprendida que estaba ella. Keleewa y los demás hombres se fueron a una larga cacería.

Dos días después todas las mujeres del pueblo entraron corriendo y chillando en casa del naba, casi rompieron la puerta. Saltaron sobre las mesas y las sillas en su carrera por esconderse detrás de la esposa de Keleewa. Algunas incluso intentaban esconder la cabeza debajo de su falda. Como la esposa de Keleewa no entendía nuestra lengua, pensaba que se trataba de un ataque.

Entonces, T.C. apareció y metió su cabeza por la puerta. Vio a las mujeres escondidas detrás de los muebles y de la chica blanca. Las mujeres esperaban que T.C. no las molestara cuando había otra naba por allí que no le tenía miedo. Él se dio cuenta de que no estaban tan interesadas en el sexo como él siempre lo estaba. Salió de allí sin conseguir nada.

Durante la estación en que Pepe vivió en el Mavaca, ocurrió una cosa muy rara. Los yanomami sabíamos, por supuesto, que a Moscardón no le gustaba los nabas que intentaban ayudarnos a cambiar nuestras costumbres. Era sencillo darse cuenta porque cuando aquellos nabas no estaban cerca, Moscardón decía cosas como: "No debéis escucharles," y, "El espíritu del que os hablan no es mejor que los vuestros." Pero Pez y Pepe no sabían que decía estas cosas.

Un día, Corredor, que era chamán, y otro chamán llamado Kaobawa se molestaron porque Pepe había estado enseñándoles que el gran espíritu destruiría un día el mundo con fuego. Fueron a Moscardón y le preguntaron si era verdad. "Os cuentan mentiras sobre el mundo de los espíritus," dijo Moscardón a Corredor y a Kaobawa. "No aceptéis esas mentiras. Tenéis todos los espíritus que necesitáis. Y el espíritu del que os hablan los nabas, al que llaman el gran espíritu, no existe. Todos los nabas que han aprendido mucho más que ellos, saben que no hay un gran espíritu. Venid, os demostraré que no hay nada que temer de su espíritu. Tomad vuestra ebena." Y empezó a quitarse la ropa. "Vosotros, Corredor y Kaobawa, me ayudaréis a invocar a los espíritus."

Todo el pueblo se emocionó. Y se entusiasmaron más aún cuando vieron que Corredor y Kaobawa pintaron y decoraron al gran naba blanco. Se quedaron quietos cuando se acuclilló en el suelo de tierra del shabono casi sin ropa y se colocó el largo tubo de ebena en la nariz. Corredor sopló la ebena hacia Moscardón y el bailó y cantó, invocando a los espíritus para que vinieran a él, como lo hacemos los chamanes. Todos en el pueblo se sentaron para ver si los espíritus le respondían.

"Venid, venid, están viniendo, venid," canturreaba Moscardón una y otra vez y bailaba y sus brazos flotaban en el aire. Kaobawa y Corredor bailaban con él y todo el pueblo observaba y se asombraba. Sabían que los espíritus de Corredor y Kaobawa vendrían, pero,

¿vendrían nuestros espíritus a un naba que sabía acerca del gran espíritu, el que no es amigo nuestro?

"Venid, Periboliwa, Fereliwa, Lahacanaliwa, venid," seguía llamando y nombrándolos, mientras el pueblo sentado observaba y se miraban unos a otros y luego al naba. Finalmente llamó a Kaobawa, "¡Mira! Ahí vienen, ahí vienen." Y, entonces, Moscardón, gritó a todo el pueblo: "Wadubaliwa ha venido a mi pecho." Todos contuvieron la respiración y se miraron unos a otros. Wadubaliwa es el espíritu del buitre. Es famoso por ser uno de los espíritus más violentos. Yo no tenía este espíritu, pero Kaobawa sí.

"¡Tk!" dijo una mujer. "¡El naba tiene el espíritu buitre! Ahora será tan valiente y poderoso como nosotros." Y un silbido de excitación recorrió el pueblo. Todos sabían lo dañino que era el Espíritu Buitre. Así que, a medida que los brazos de Moscardón se hacían más salvajes, los indios cogían y guardaban sus cosas para evitar que las rompiera.

Mientras bailaba, Moscardón dijo a Kaobawa: "El Espíritu Buitre quiere ir a otro pueblo y matar allí a un niño."

"Si lo haces," le dijo Kaobawa, "tendrán que vengarse de nuestro pueblo."

"Realmente quiere que lo haga," dijo Moscardón. "Así que lo haré." De esa manera, el Espíritu Buitre fue con Moscardón a ese pueblo y se comió el espíritu del niño.

Cuando el canto y la danza al espíritu alcanzaron su máxima excitación, Pepe entró en el shabono. El pueblo se quedó muy quieto. Todos sabían que Pepe también tenía un espíritu poderoso. Estaba a punto de ver al naba haciendo lo que él siempre nos decía que dejáramos de hacer. Todos los indios del shabono vieron la sorpresa en la cara de Pepe cuando vio al hombre blanco pintado, casi desnudo y saltado arriba y abajo en el polvo.

Pepe pegó su cara a la de Moscardón y le dijo: "Moscardón eres un loco repugnante." Entonces, con tres dedos bajó la piel que está sobre los pómulos y mostró a Moscardón esa partecita rosa de debajo del ojo.

El pueblo enteró se partió de la risa. "¡Te ha enseñado su ojo!" gritaron las mujeres. Y empezaron a burlarse de él como solían hacerlo, todos a la vez, diciendo cosas como: "¡Te ha insultado de la peor manera! ¿Qué vas a hacer?"

"Así que el espíritu de Pepe no es real y tú tienes al fiero Espíritu Buitre, el más feroz de todos. Y él, simplemente te ha enseñado su ojo y tú no has podido hacer nada."

"Moscardón, tú lo sabes todo del espíritu naba, ¿no? ¿Qué vas a hacer con este insulto?"

Mientras Pepe salía del shabono, Moscardón le llamó: "Tú eres el loco repugnante porque no existe el gran espíritu." Pero las mujeres seguían.

"Sí, ese es el espíritu feroz que tú tienes, Moscardón."

Las mujeres siguieron imitando a Pepe tirando de su párpado, todos intentaban enseñar a los demás cómo lo había hecho. Señalaban y se burlaban. "Todos esos grandes espíritus no pueden ni siquiera impedir que enseñe su ojo. No podéis hacer nada." Fue el final de la danza de espíritus más rara que jamás había visto.

La gente volvió al trabajo. Se preguntaban qué clase de espíritu tenía Pepe para que pudiera enseñar su ojo a una persona con el poderoso Espíritu Buitre. Por mucho tiempo, la gente contó la historia, que siempre terminaba de la misma manera: con Pepe enseñando su ojo.

10

PODEMOS TOMAR LOS DOS CAMINOS

Sigo amando a mis espíritus y hablo con ellos cada noche. Ya ha pasado mucho tiempo desde que tenía motivo para enviar a mis espíritus a luchar contra la gente de Tucán. Oímos más acerca de la cabeza perdida de Shetary. Como pensábamos, un naba se la llevó. Algunos guerreros le vieron hacerlo, pero nadie sabe quiénes son. Y ellos jamás admitirán que le dejaron hacerlo. Keleewa ha traído a su reciente esposa a vivir en Miel. Deemeoma todavía vive; su hija se casó con Nocrece. Están a punto de darle a Deemeoma su segundo nieto. Ellos siguen felices, sin embargo mis espíritus siguen asustados allí.

"¡Está empezando! ¡Está empezando!" gritaron a Deemeoma. Todos sabían que ella era la mejor ayudando a traer niños al mundo. Deemeoma había dicho a todos que la buscaran a la primera señal de que su hija, Anita, estuviera a punto de dar a luz. Siempre había ayudado a todos. Le entristecía tanto el dolor de las personas, que los enfermos siempre le pedían que les ayudara. Aquella mañana estaba a punto de ver a su segundo nieto.

Aún podía sentir el rocío de la mañana en la hierba al correr a casa de su hija. Anita estaba en medio de uno de los dolores de parto cuando Deemeoma atravesó la entrada de la pared de barro. Estaba oscuro y le costó un minuto poder ver. Deemeoma podía sentir su corazón saltado de emoción al ver la cabeza de su nieto.

"Relájate un poco," le dijo a su hija. "Un empujón más y estará aquí. Creo que será un varón." Era buena con los bebés.

Pero sólo acertaba a medias. Con el siguiente empujón, apareció la cabeza y luego el resto. Era una niña. Sin embargo, cuando Deemeoma miró más de cerca, vio que no importaba que no fuera un varón. La mitad de la cara del bebé estaba cubierta con una densa marca negra. La habitación quedó en silencio y Anita supo que algo iba muy mal.

"¿Qué pasa? ¿Cómo está el bebé?" preguntó. Deemeoma podía ver que este bebé no era bueno. Sabía lo que tenía que hacer. Se ocuparía de él por su hija.

"Calla," respondió Deemeoma. "No me molestes con eso ahora. Tendrás otros hijos más adelante." Envolvió al bebé en una tela, cogió un machete y salió.

Las noticias acerca del bebé habían recorrido todo el pueblo y, fuera de la casa, se había reunido una multitud curiosa queriendo saber sus intenciones. "No está bien dejarla crecer y sufrir," dijo Deemeoma con lágrimas en los ojos. "Le ahorraré todos esos problemas ahora mismo." Todos miraban al bebé, pero nadie lo tocaba. Una vez que tocabas a un bebé, se convierte en una persona real de la que tienes que cuidar. La marca era grande y fea.

"No estaría bien matar a un bebé," dijo Calzapié, tan flojito que casi nadie, a excepción de Deemeoma, lo pudo oír. Aunque fuera el líder del pueblo, no interferiría más de lo necesario.

"Lo único que hará será sufrir," gritó Deemeoma. "Piensa en lo que tendrá que pasar cuando crezca. Ella es una no-buena. Es fea." Todo el mundo dijo de todo al mismo tiempo. Pero, normalmente, el pueblo está de acuerdo con Calzapié.

Justo entonces, Nocrece, el reciente padre, volvió de cazar pavos. "Quiere matar a tu bebé debido a su rostro," le dijeron. Nocrece cogió el bulto, desenvolvió al bebé y vio la fea marca que cubría la mitad de su cara. ¡Cuánto había deseado un varón! Esto era tan distinto de lo que esperaba.

"Deja al bebé tranquilo," dijo. "Yai Pada me la dio y yo la voy a amar sin importar su apariencia."

"Va a sufrir mucho," gritó Deemeoma. "Se reirán de ella. Harán bromas con ella. Será diferente. No se integrará. Lo sé." Hubo una pausa durante la cual todos recordaron lo que Deemeoma sabía. Ellos fueron testigos de todo su sufrimiento. Lanza estuvo allí. Él recordaba cuando mataron a su familia y la secuestraron. Conocía cada detalle que se escondía tras ese "Lo sé" de Deemeoma. Ella sólo había conocido sufrimiento.

El marido de Deemeoma, el abuelo, habló. "Deja en paz al bebé. A pesar de todo, los hombres la querrán. Tiene la marca en la cara, no en la tarántula. Eso es todo lo que les importa a los hombres."

Keleewa se había mantenido al margen del círculo, oyendo. Calzapié se volvió hacia él. "¿Qué opinas tú?"

Se paró y pensó. Sabía que Deemeoma había sufrido toda su vida. Sabía que era la gran preocupación que tenía por el bebé lo que hacía que deseara poner fin a su existencia antes de que se convirtiera en un ser. Keleewa se acercó al bebé y preguntó a Deemeoma: "¿Está el bebé vivo?" Ella asintió.

"Si te la llevas a la selva y la matas, ¿te convertirás en su asesina?" Ella asintió de nuevo.

"¿Tendrás, entonces, que hacer unokai?"

Deemeoma se detuvo. Todos se detuvieron. Los ritos de los asesinos. Ellos no lo habían olvidado, todos aquellos rituales por los que pasaban cada vez que mataban a alguien. Habían pasado muchas estaciones desde que esa palabra, "unokai," se había oído por última vez en el pueblo. Se hizo el silencio.

Finalmente, el marido de Deemeoma habló de nuevo. Era viejo. Lo sabía todo acerca de las antiguas costumbres: unokai, venganza, violación, asesinato de niños, espíritus, todo. "Ya he dicho que dejes en paz al bebé. No lo voy a repetir. Se acabó el asunto."

La esposa de Keleewa se llevó al bebé a su casa, se preguntaba si sería uno de los bebés que tendría que criar ella. La lavó, la envolvió en una bonita manta, la llevó de vuelta a su madre y dijo: "Anita, ¿quieres a tu bebé?"

Anita dijo: "Sí." Y resultó que su padre tenía razón: ahí acabó el asunto. Llamaron al bebé Yaiyomee.

Tucán viajó todo el día hasta Pueblo Tiroteo para encontrarse con los nabas y aprender más de su nuevo espíritu. Le había llevado mucho tiempo aprender acerca de los antiguos espíritus y ahora quería aprender más sobre su nuevo espíritu. Los primeros nabas se habían ido y muchos nuevos nabas había llegado.

Cuando por fin llegó, entró en su casa y llamó al hombre. "Hola amigo. Sal y habla conmigo."

El naba estaba en la parte de atrás de su casa mirando libros y le dijo: "Ahora estoy muy ocupado. Habla con mi esposa." Tucán no quería hablar con la esposa del hombre. Quería oír más del nuevo espíritu, el que era enemigo de nosotros, los chamanes.

Cada vez que iba a visitar a sus parientes políticos, Tucán le pedía al naba que saliera a hablar, pero siempre estaba muy ocupado.

Esto hacía que Tucán se sintiera como una mujer cuando dos pueblos tiran de ella. No le gustaba que los nabas le ignoraran. Había aceptado el espíritu de ellos. Ahora cuando la gente de su pueblo enfermaba, no podía invocar al Espíritu Sanador para que les ayudara. Y los nabas ya no venían para darles medicinas.

Cada vez que aparecía una enfermedad y la gente empezaba a morir, todo su pueblo le rogaba a Tucán que invocara a los espíritus. Esa era su única esperanza. Al final accedió. Tomó ebena y entró en trance, llamando a los espíritus. Pero no vinieron. Rogó. Imploró. Tomó más ebena. Ni uno sólo de sus antiguos espíritus volvió jamás a él.

Así que Tucán se volvió igual que mucho otros chamanes: Aparentaba. Hacía todo lo que había que hacer. Tomaba ebena, bailaba, ponía sus manos sobre los enfermos. Les daba la misma antigua explicación cuando moría un niño: El espíritu enemigo se lo llevó antes de que yo pudiera salvarlo. Pero sólo aparentaba ser chamán y ninguno de sus espíritus volvió jamás, ni hizo nada por él.

Salió a asaltar a unos enemigos con su pueblo. Estaba asustado porque sabía que no tenía a sus espíritus. Pero, por el camino, se puso enfermo y no pudo llegar hasta el lugar y luchar. Se le había conocido como el hombre risueño. Pronto dejó de reír.

Muchas lunas más tarde, Keleewa y sus amigos indios viajaron lejos, subiendo por los ríos Ocamo y Buto, y llegaron al camino que conducía al pueblo de Tucán. Keleewa recordaba cuando conoció a Tucán, cómo Tucán había temblado cuando se miraron por primera vez. En esta ocasión, cuando se encontraron, no hubo esa sensación.

"He expulsado a mis espíritus," dijo Tucán. "Sin embargo, ahora me gustaría recuperarlos y no regresan. Deseo aprender acerca del gran espíritu, Yai Pada, pero los nabas no me enseñan."

"Vuelve a Miel con nosotros," dijo Keleewa. "Es un largo viaje, pero podrás aprenderlo todo acerca de Yai Pada allí." Tucán lo pensó largo rato. Era lo único que podía hacer.

Cuando estaban en el río Ocamo, viajando de vuelta, Keleewa oyó a Tucán hablar a sus nuevos amigos indios sobre las montañas que verían al pasar la próxima curva.

"No sabía que habías estado antes aquí," le dijo Keleewa a Tucán.

Bajó la mirada como si se avergonzara: "Bueno, en realidad no he estado aquí," dijo flojito. "Solía venir por esta zona cuando estaba en el mundo de los espíritus visitando otros lugares como el pueblo de Hombreselva. Desde que mis espíritus me dejaron no he podido volver a hacerlo." Cuando llegaron a Miel, Tucán conoció a Calzapié. Inmediatamente lo reconoció como aquel misterioso chamán al que había llamado Sinproblemas. Calzapié le dijo: "Mira, no estoy muerto." Tucán empezó a aprender muchas cosas de su nuevo espíritu.

Un día viajé con mis esposas para visitar a su hermano Calzapié. Y ahí estaba: Tucán. Antes de esta ocasión sólo le había visto en el mundo de los espíritus. Sin embargo, cuando le vi, supe quién era. Podía ver que era el chamán con el que había estado luchando por tanto tiempo. Y él también podía decir quién era yo. Pero yo no le mencionaría la lucha.

"Así que tú eres el que conozco desde hace tanto tiempo," dije. "¿Qué ha pasado con todos tus espíritus? Puedo ver que sus caminos conducen a tu shabono, pero ¡te han dejado! ¿Por qué?"

Tucán reflexionó. Mis palabras fueron las mismas que él usó cuando vio por primera vez los caminos vacíos de Calzapié. "Todos me abandonaron cuando conseguí a Yai Pada, como la gente de aquí, de Miel."

Hablamos hasta bien entrada la noche, Tucán, Calzapié y yo. Calzapié nos dijo que Omawa nos había engañado a los yanomami con todas las cosas que nos había enseñado: Beber los huesos, matar en venganza, secuestrar y violar mujeres, todo lo que nosotros hacemos.

"Así que Yai Pada se hizo un yanomami él mismo," continuó Calzapié. "Vino como un bebé, creció y nos enseñó una manera completamente diferente de vivir. Aunque sabía que al final le matarían, lo hizo. Su muerte fue por todos nosotros, los yanomami."

Yo podía sentir mi propio enfado y el de mis espíritus al oírle. Aunque era cómodo descansar en casa de Calzapié y disfrutar de la comida de su esposa, la intranquilidad de mi interior crecía al oír sus palabras.

"Pero, él es Yai Wana Naba Laywa," argumenté, "el espíritu hostil. Todos sabemos que su tierra es hermosa. Es la tierra gozosa, llena de alimentos, de caza, sin enfermedad. Es donde lleva a nuestros niños muertos y se los come. Por supuesto que a todos nos gustaría ir allí, pero él no es nuestro amigo y nunca lo ha sido. ¡Es nuestro espíritu enemigo!"

Calzapié explicó un poco más. "Por el hecho de ser Yai Pada, pudo volver de la muerte. Así es como el cruzó el camino que conduce a donde él vive. Nunca ha sido hostil hacia nosotros, sino que es enemigo de los espíritus que obtenemos de Omawa. Es amigo de todo yanomami que pone sus deseos en él."

Era la misma historia que contaba cada vez que le visitaba. Aquella noche, tumbado en mi hamaca en casa de mi viejo amigo Lanza, mis espíritus vinieron a mí de nuevo. Estaban descompuestos. "¡No nos expulses, Padre!" imploró el Espíritu Jaguar. Y Cautivadora, gritó y lloró. La historia de la muerte de Yai Pada y del camino a su tierra, les hizo entrar en pánico. Era fácil para mí entender por qué algunos chamanes ni siquiera bajan de sus canoas aquí. Jamás vendría aquí por mí mismo, si no fuera por lo amables que son mis parientes.

No os voy a expulsar, dije a Cautivadora y a los demás espíritus, pero ni Lanza ni su familia podían oírme. *Sabéis que siempre he puesto mis deseos en vosotros. Jamás los pondré en nadie más.*

No sé por qué dejo siempre que estas conversaciones lleguen al punto de ponerme histérico, pero lo hice. Al día siguiente pregunté a Calzapié: "¿Qué quieres decir con que su muerte fue la muerte por todos nosotros los yanomami?"

"¿Sabes cómo ponemos nuestro arco y nuestras flechas en un árbol cuando hemos acabado el unokai?" respondió. Asentí y chasqué mi lengua. Me trajo muchos recuerdos. "Y el árbol toma nuestras herramientas de matar y hace limpias nuestras manos, de manera que podemos tocarnos de nuevo. Eso fue lo que hizo la muerte de Yai Pada. De ser sus enemigos nos convirtió en sus amigos y así podemos seguir su camino hacia su tierra."

Eso era todo lo que yo podía asumir. La charla sobre la muerte de Yai Pada era más de lo que mis espíritus podían soportar. Me enfurecí. Salté de mi hamaca y me fui, clavando mis pies en el suelo. Ahora me llevaría mucho tiempo calmar a mis espíritus.

Volví después de mucho tiempo, pero durante toda la noche tuve que estar escuchando la misma horrible charla de "no nos abandones" de mis espíritus que tanto me fastidiaba. Sin embargo, a pesar de que la gente de Miel no me gustaba, ellos seguían siendo amables conmigo. La familia de Calzapié siempre estaba contenta de ver a sus hermanas.

Por aquel tiempo hubo una gran fiesta río abajo por el Orinoco, mucho después de pasar Tama Tama. Muchos de los nabas estaban allí, invitaron a todas las tribus indias a ir y mostrar cómo vivimos. Los indios yanomami que no tenían miedo de la gente blanca, fueron. Fue un gran festival y al final planearon un gran concurso de tiro. Estábamos convencidos de que nuestra gente vencería a todas las demás tribus.

La mayoría de los nuestros que acudieron era del río Orinoco, así que habían visto a muchos nabas. Pequeñorizo, el sobrino de Labiodetigre que había vivido con los blancos en Tama Tama, estaba allí con Labiodetigre y sus amigos. Se quedaron en un shabono especial con los demás yanomami para que los nabas pudieran visitarles y ver cómo vivimos. Tantos blancos alrededor observándoles a él y a sus amigos, hacía que Pequeñorizo se sintiera muy raro.

Después de estar allí algunos días, vino un hombre que era un misterio para Pequeñorizo. Estaba sentado en su hamaca con Labiodetigre y el hombre se acercó y habló con todos los indios. Tenía la apariencia de un naba, pero hablaba y actuaba como un yanomami. Y todos los indios le trataban como si fuera un yanomami. *Este hombre ha estado con los nabas tanto tiempo,* pensó Pequeñorizo, *que se ha vuelto blanco como ellos.*

"¿Quién es este hombre con quien toda nuestra gente está hablando?" preguntó a Labiodetigre.

"Es Keleewa," dijo, y le llamó: "¡Hey, Keleewa!" El hombre se acercó a sus hamacas. Pequeñorizo aún no sabía si era un naba que se había vuelto yanomami o un yanomami que se había vuelto naba. Sin embargo, mientras hablaba con el hombre, recordó; era el mismo con quien él había jugado cuando era un niño. Pasaron largas horas hablando de su infancia juntos.

"He matado a tanta gente, que ahora todo el mundo intenta matarme," dijo Pequeñorizo a Keleewa.

"¿Te has convertido en un gran guerrero, entonces?"

"Sí, pero no es tan fantástico como todos decían. Nunca duermo. ¿Cómo puedo dormir cuando todos me persiguen? Estas pocas noches que hemos estado aquí en el pueblo de los nabas son las primeras en las que he dormido desde que recuerdo."

"Has oído hablar de nuestro pueblo," preguntó Keleewa.

"¿Miel? Por supuesto. Todos hemos oído hablar de Miel. Cómo desearíamos ser como vosotros. Estoy muy cansado de la guerra. Los que pierden son los únicos que encuentran una salida rápida y sencilla. Eso me ocurrirá a mí algún día. ¿Te enteraste de lo que los nabas hicieron en nuestro pueblo?"

"No. Cuéntame."

"Cuando conseguimos que el primer naba viniera a vivir con nosotros," comenzó Pequeñorizo, "estábamos muy emocionados y oíamos todo lo que decía. No nos enseñó sobre el gran espíritu del que tú hablas, pero nos dio medicinas que necesitábamos desesperadamente para nuestros niños.

"Entonces, un día, el naba decidió hacer una gran fiesta con todo el pueblo. Mi padre estaba en contra de la fiesta y le dijo al pueblo que no fuera. Le asustaban las bebidas que bebían los nabas. Sabía que nos harían hacer cosas estúpidas. Pero, Padre era viejo y nadie le escuchó.

"Cuanto más bebíamos más nos divertíamos, y pronto todos estaban haciendo como que peleaban con los garrotes. Todo era por diversión, pero como sabes, esto siempre acaba yendo demasiado lejos. Mi hermano pequeño murió aquella noche como consecuencia de un porrazo en la parte de atrás de la cabeza. Todos sabíamos que fue un accidente y nadie se lamentó más que el que le había golpeado. Sin embargo, tú sabes que nosotros tenemos que hacer pagar cada muerte, es la costumbre de los espíritus."

"Sí, ya imagino," respondió Keleewa moviendo la cabeza.

"Así que, a la mañana siguiente, mi hermano mayor dijo que mataría al asesino de nuestro hermano. Y todos sabíamos quién había sido. Había sido mi hijo."

Keleewa sacudió la cabeza. Sabía que la historia no podía tener un buen final.

"Yo les decía que el naba era el causante de todo. Matémosle, dije. Pero mi padre y el resto del pueblo se pusieron en mi contra. Yo no podía permitir que mataran a mi hijo. Así que, tomé a mi familia y escapé hacia el nacimiento del río. Mi hijo dijo: "¿Debería hacer unokai, Padre?" Le dije: por supuesto que no, el naba es el culpable de esta muerte, no tú. Nadie se sentía peor con todo esto que nosotros dos.

"Me pregunto si alguna vez se acercará a nosotros algún naba que no haga que nuestras miserables vidas sean aún peores. Ni siquiera son lo bastante decentes como para traer a sus propias mujeres. En vez de eso, cogen las nuestras."

Keleewa no sabía qué decir a su amigo de la infancia. "Ven a Miel y trae a tu familia," le dijo.

"No puedo huir," respondió Pequeñorizo. "Me llamarán cobarde. Tengo demasiados enemigos con los que luchar. Ahora no se trata sólo de otros pueblos, sino que mi propia familia trata de cazarme."

Cuando llegó el momento del concurso, los indios querían que Keleewa participara porque había crecido con nosotros y podía usar el arco y las flechas. Evidentemente era más como nosotros que como los nabas. Sin embargo, los nabas no le dejaron disparar porque era demasiado blanco.

De todas formas, al término del concurso, fue un guerrero yanomami el vencedor. Pero, entonces, los Myc, nuestros viejos enemigos, reclamaron que era Myc porque, aunque se había criado como un yanomami, su padre era Myc. Por eso reclamaron que habían vencido. Tras una larga discusión, los nabas decidieron que los vencedores éramos nosotros porque había usado arco y flechas yanomami.

Un día un naba visitó Miel. Era buen amigo del hermano de Keleewa y enseñaba a los niños nabas en una escuela especial en Tama Tama. Rabodeperezoso, Nocrece y otros indios del pueblo fueron a cazar con ellos. Cuando volvieron, se sentaron en casa de Keleewa a charlar. Los indios hablaban flojito entre ellos, como suelen hacer cuando Keleewa tiene un visitante que no entiende su lengua.

Cuando Keleewa oyó a los indios usar la palabra "howashi," abandonó su conversación en idioma naba para enterarse de lo que estaban hablando. Howashi significa mono, claro, y es el nombre de ese horrible espíritu. Pero, también es un muy mal nombre cuando se usa para referirse a alguien que siempre está buscando sexo.

Rabodeperezoso dijo a Keleewa: "¿Quién es ese naba con el que hablas? ¿A qué espíritu sigue?"

"Es maestro en la escuela de la misión. Sigue a Yai Pada, como todos nosotros."

"No, eso no es así," dijo Rabodeperezoso.

"¿Qué?" Keleewa quedó boquiabierto. "¡Rabodeperezoso! ¿Cómo puedes decir algo así de una persona que cree lo mismo que nosotros?"

"Porque no cree," dijo Rabodeperezoso.

"¿Qué? Es la primera vez que le ves," le regañó Keleewa. "Jamás has hablado con él. No podrías, aunque quisieras. No hablas su idioma. ¿Cómo puedes hacer juicios de ese tipo acerca de otra gente?"

"No tenemos el mismo espíritu. Mi espíritu no tiene conexión con su espíritu."

"No puedes decir eso, cuando casi ni le conoces," respondió Keleewa. "¿Qué clase de espíritu sientes que tiene?"

"Tiene el Espíritu Howashi," respondió Rabodeperezoso.

La conmoción de Keleewa se convirtió en miedo. "¡Rabodeperezoso! ¿Cómo puedes llamar algo tan asqueroso a alguien de quien no sabes nada? ¡Es espantoso!"

"Porque conozco a los espíritus. Y puedo ver su ser. Tiene el Espíritu Howashi. Míralo. ¿No lo notas?" Miraron a los nabas sentados a la mesa de la sencilla cocina, hablando con los hermanos de Keleewa en idioma naba. "Reconozco a Howashi cuando lo noto, y es él. Por eso no siento conexión de espíritu con ese naba. ¿Tú sí?"

Keleewa no estaba seguro de querer responder. Recordaba que Rabodeperezoso había sido escogido para convertirse en chamán, pero había expulsado a sus espíritus antes de ser experto. *¿Qué podía estar viendo?* se preguntaba. Keleewa dejó la conversación.

Un mes más tarde, la escuela de la misión tuvo un gran problema. Los nabas descubrieron que el maestro estaba intentando jugar al howashi con uno de los niños. Había estado ocurriendo por mucho tiempo.

Keleewa quedó confuso cuando se enteró. "¿Cómo lo sabías?" preguntó a Rabodeperezoso, el único a quien la historia no había sorprendido.

"Se podía ver su espíritu sucio. Podías sentirlo. Como con T.C. Yo debería ser el confundido ante el hecho de que ninguno de vosotros, los nabas, lo hayáis visto."

"Pero, él sigue a Yai Pada, como nosotros," dijo Keleewa, aún sorprendido.

"Sé algo del mundo de los espíritus, aunque no soy ningún maestro en estas cosas," respondió Rabodeperezoso. "Si tú dices que le sigue, de acuerdo. Pero, cuando nosotros los chamanes decidimos seguir a Yai Pada, tenemos que expulsar a nuestros espíritus. No hay otra manera. Este hombre debe ser un seguidor de Yai Pada que todavía no ha expulsado a su Espíritu Howashi. Sin embargo, no entiendo cómo puede ser."

Keleewa había ido a escuelas nabas que enseñaban el libro del mundo de los espíritus. Se preguntaba si debía intentar explicárselo. Pensó un poco y comenzó a decir algo, pero estaba seguro de que Rabodeperezoso no lo iba a entender. *Quizá la "confusión" de Rabodeperezoso es más clara que mi conocimiento*, pensó.

Rabodeperezoso y su esposa, Catalina, tenían una hija que se llamaba Falenci. Era una niña hermosa, pero aún era muy pequeña. Había un hombre viejo, un pariente de la familia de Hombrefruta, que quería a Falenci como esposa. Aunque el pariente vivía río abajo en Pueblo Desembocadura, los eternos enemigos de Miel, Coa-de-Perezoso y Catalina acordaron que aquel hombre fuera su yerno. Empezó a trabajar para Falenci, hacía todas las cosas que se supone que un buen yerno haría por una esposa. Les traía carne para demostrar que era un buen cazador y que sería un excelente marido y un buen proveedor para ellos cuando fueran viejos.

Una vez, cuando estaba visitando Miel, el yerno quiso llevarse a Falenci a su hamaca con él. Sin embargo, era demasiado pequeña y Rabodeperezoso y Catalina no se lo permitieron. Hombrefruta salió en defensa del hombre e insistió en que consintieran que el hombre tomara a la niña.

Hombrefruta convenció a Rabodeperezoso. "Tenemos que hacerlo," dijo a Catalina. "Si no lo hacemos, perderemos este yerno."

Keleewa oyó del problema que había surgido entre Rabodeperezoso y Hombrefruta. Hizo lo posible por no meterse, pero cuando estaba claro que iban a entregar a la niña al hombre, no pudo morderse la lengua.

"¡No vas a entregar esa preciosa hijita tuya a ese hombre!" dijo a Rabodeperezoso tan convincentemente como pudo. "Sus pechos ni siquiera han empezado a crecer. Y ella no le quiere."

"No podemos negarnos," objetó Rabodeperezoso y Catalina estuvo de acuerdo. "Estamos emparentados con Hombrefruta y toda la familia. Habrá problemas si nos negamos. De todas formas, le queremos como yerno. Ya nos ha provisto de muchas cosas. No podemos rechazarlo ahora."

Este blanco había sido amigo de Rabodeperezoso toda su vida. Habían crecido juntos, habían aprendido a cazar y a pescar juntos. Rabodeperezoso no confiaba ni escuchaba a nadie como a Keleewa. Keleewa podía decirle a Rabodeperezoso palabras muy duras, que nadie le diría. Y lo hizo.

"No puedes entregarla." Le dijo lentamente. "¡Está mal! ¡Lo sabes!"

Estaba claro, por su mirada, que Rabodeperezoso lo sabía. Y también Catalina. Amaban a Falenci. Sabían lo mucho que Keleewa amaba a los niños pequeños. Estaba presente cuando Falenci nació. Había saltado en sus rodillas. Había crecido junto a sus hijos. Y ahora, cada noche la oía llorar al pensar que la obligarían a ir a la hamaca de un hombre adulto.

Rabodeperezoso estaba atrapado. No había forma de que pudiera negarse a entregar su hija a su nuevo yerno. Ningún yanomami podía sucumbir al llanto de una niña pequeña y seguir siendo respetado por todos en todas partes. Y el yerno había estado pagando por ella. *Tenía* que entregarla.

"Keleewa intervendrá y se la quitará al hombre," dijo Rabodeperezoso a Catalina.

"Es tu amigo," respondió Catalina. "Te criaste con él. Sabrás cómo manejarlo."

"Esperaremos a que Keleewa salga del pueblo," dijo Rabodeperezoso. "Jamás lo sabrá."

Así que, la próxima vez que Keleewa estaba fuera, avisaron al hombre para que viniera a llevársela. Falenci gritó aquella tarde cuando el hombre fue a casa de Rabodeperezoso a por ella. Igual que la esposa de Velludo y la de Tucán y la mayoría de las esposas, estaba aterrorizada. Sin embargo, sabía que sus gritos no servirían para nada. No podía hacer más que afrontar lo que tenía por delante. Se fue con él. Gritó. Pero nada podía conseguir luchando.

Como el viejo era pariente de Hombrefruta, siempre colgaba su hamaca en su casa cuando venía de visita. Por eso todo el pueblo sabía bien dónde estaba Falenci y que estaba pasando exactamente.

Ese momento puede ser muy duro para un pueblo la primera vez. Los gritos de las chicas jóvenes son muy comunes. Incluso en Miel con todas las casas separadas, los gritos de Falenci atravesaban el tejado de palma y llegaba a todo el pueblo. Sin embargo, todos sabían que unas cuantas lunas más tarde ella aprendería a vivir su nueva vida.

Mucha de la gente de Miel quería ayudarla, pero nadie quería empezar una pelea. Así que se echaron en sus hamacas oyéndola gritar y deseando que Keleewa estuviera allí para detenerlo. Finalmente, la hermana de Keleewa fue a casa de Hombrefruta, quitó la niña al viejo y se la devolvió a Rabodeperezoso.

Sin embargo, a la siguiente noche el viejo volvió a casa de Rabodeperezoso y se llevó a Falenci de nuevo. Esta vez Keleewa estaba en el pueblo. Todos sabían que quería demasiado a Falenci como para oírla sufrir toda la noche. Tenían razón. Tan pronto como la oyó gritar, se levantó de su hamaca. *Estoy harto de hablar con esta gente y no intervenir cuando no me echan cuenta,* se dijo. *Esta vez intervendré.*

Fue derecho a casa de Hombrefruta, sacó a Falenci de la hamaca del hombre y se la llevó. Si Keleewa hubiera sido un hombre yanomami, habría habido una pelea allí mismo.

Keleewa llevó a Falenci a una casita que usaban cuando alguien tenía que ser tratado con medicina. Rabodeperezoso vino corriendo a ver qué pasaba. Cuando abrió la puerta y entró corriendo, Keleewa supo que tendría que defender su derecho a interferir.

"¡Escúchame!" dijo a Rabodeperezoso. "Di medicina a esta niña cuando era un bebé. Me he sentado toda la noche junto a ella cuando ardía de fiebre. Tengo tanto derecho a decir qué pasa con ella como tú, no voy a permitir que le hagas esto. ¡No mereces llamarte padre!" Sus pequeñas partes íntimas estaban cubiertas de sangre. Esta visión les avergonzó a ambos. "No mereces tener una niñita buena como esta. Es una persona real. ¿Te gustaría que te pasara esto a ti?"

"Sé que está mal," dijo Rabodeperezoso, "sé que está mal. Sé que has tenido razón desde el principio. Lo sé. Sabes que sé que ha estado mal lo que le he hecho." Quería llorar. "Pero, Keleewa, sólo estoy equivocado en esto. Sólo en esto. ¿No puedo equivocarme sólo en una cosa? Todo lo demás lo hago bien. No hay manera de mantener la paz con Hombrefruta y su familia si no lo hago."

Keleewa le miró. "Tu vínculo familiar con Hombrefruta significa todo para ti y para Catalina en este momento, ¿no?" Rabodeperezoso asintió. "Y, aunque haces lo correcto en todo lo demás, en esto que dices que es lo más importante, ¿estás dispuesto actuar mal?"

"Sólo estoy haciendo mal en este pequeño asunto," respondió Rabodeperezoso. "Sólo esta vez."

Keleewa permaneció en silencio por un momento. Luego dijo: "¿Es esto para Falenci un asunto *pequeño*?" Hubo más silencio. Keleewa devolvió la niña a Rabodeperezoso y él vio la sangre de la pequeña en su brazo.

"Cada vez que un yanomami mata por venganza," dijo Keleewa, "es sólo una cosa, sólo una vez." Y salió.

Rabodeperezoso llevó a Falenci a casa. Sabía que ella jamás entendería lo avergonzado que se sentía.

Hombrefruta estaba furioso. Él y su padre, Lanza, y toda la familia habían sido humillados al no haber podido tomar una niña pequeña de

Rabodeperezoso para su pariente de Desembocadura. Viajaron río abajo a Desembocadura y se quejaron con vehemencia.

"Los nabas de Miel han interferido y nos han impedido tomar la niña que queríamos," dijo Hombrefruta a su pariente que había intentado tomar a Falenci. La gente de Desembocadura se alegraba al ver a Hombrefruta y a Lanza de su parte, en contra de Miel.

"Asaltémosles y robemos a la niña." Todos estuvieron de acuerdo. "Tomaremos también otras mujeres de camino. Tienen muchas, jóvenes y saludables." Pero Hombrefruta no estaba seguro de querer ir contra su propio pueblo.

No mucho después, Hombrefruta fue invitado a cenar con un grupito de nabas en su casa del Orinoco. Aquello era un gran honor. Los nabas jamás invitan a los yanomami a sus casas, especialmente no para comer a su mesa. Por eso, Hombrefruta sentía el poder de ser una persona importante, como un naba, al entrar en su casa y sentarse a cenar.

Fue saludado amablemente por T.C., Moscardón y otro naba que no conocía. Como todos nosotros los Yanomami, Hombrefruta lo sabía todo acerca de T.C. y de Moscardón. Les llamamos *antros*, gente que nos observa, hacen marcas sobre papel, toman fotos y se supone que saben muchas cosas en el mundo blanco. Nosotros creemos que los antros se han hecho muy conocidos a través de los libros que han escrito sobre nosotros. A algunos indios les gustan, pero Hombrefruta sabía que la mayoría de nosotros los despreciamos.

Hombrefruta comió y bebió todo lo que quiso de comida e importancia. "¿Has tenido todo lo que querías comer?" le preguntaron los inteligentes nabas cuando hubieron terminado. Hombrefruta asintió.

"¿Te gusta nuestra comida naba?" preguntaron. Él asintió. Sabían que a todos nos encantaba la comida naba.

"Tus ancestros no comían así, ¿verdad?" Hombrefruta negó. Entonces llegaron a la razón por la que querían hablar con Hombrefruta.

"Sabemos que amas a tu gente y a tus antepasados. Así que, ¿por qué has dejado de ser como ellos? Eres un yanomami. ¿Por qué no dejas de escuchar a esos nabas de Miel y vuelves a tus viejas costumbres? Si tienes enemigos, te ayudaremos a reunirte con ellos, podréis golpearos el pecho y resolver vuestras diferencias como siempre lo habéis hecho. Beber huesos con ellos. Hacer las fiestas que siempre habéis hecho, todas esas cosas que os hace tan especiales, las pinturas en el cuerpo, los cantos, los bailes, los asaltos. Vuelve a ser un verdadero yanomami como siempre has sido."

Hombrefruta escuchó la charla. Hacía tiempo que no oía hablar así. Le gustaba ser considerado un yanomami de nuevo y sentarse a cenar con los nabas y que ellos le hablaran tan bien de las costumbres yanomami. No había oído esto desde que escuchaba a sus chamanes. Era lo mismo que ellos decían: "Volved a las costumbres antiguas, las antiguas y hermosas costumbres de nuestra gente."

Y esos nabas blancos que le habían alimentado estaban en lo cierto. Hombrefruta pensó en el problema con Falenci. Catalina, la madre de Falenci, era su hermana. Falenci era nieta de Lanza. Su familia tenía derecho a decir con quien debía casarse, y a usar los garrotes para hacerlo cumplir, si era necesario. Los nabas eran los que habían causado el problema. Si Keleewa no hubiera intervenido...

Hombrefruta pensó en ello.

Había otros yanomami allí en la cena, amigos de los nabas. "Nosotros tenemos todo lo bueno de los nabas," dijeron, "pero mantenemos nuestras viejas costumbres también. Seguimos teniendo nuestros espíritus y tomando ebena y robando mujeres y asaltando a otros. Estos buenos blancos nunca nos han pedido que abandonemos estas prácticas. Estas son las cosas que nos hacen yanomami y no vamos a dejarlas."

"¿Cómo puede vuestro pueblo vivir mejor si mantenéis vuestras viejas costumbres?" preguntó Hombrefruta.

"Podemos tomar los dos caminos," respondieron. "Si no hubieras expulsado a tus espíritus, podrías ser un yanomami con nosotros de nuevo. Todavía puedes estar con nosotros de nuevo."

Hombrefruta lo pensó largo rato. "Quiero volver a ser un yanomami," dijo. "Por supuesto que quiero. Hay una niña justo ahora en Miel que debería ser entregada a mi pariente. Y el viejo ha cumplido con todas sus obligaciones de yerno. Se la ha ganado para nuestra familia. Y ahora los nabas le han dicho a su padre que no puede obligarla a venir con nosotros."

"Mira," dijeron. "Ese no es el camino yanomami. Ve y llévatela como siempre lo has hecho. Jamás dejes de ser un yanomami."

"Sé que tienes razón," respondió Hombrefruta. "No debería abandonar nuestras verdaderas costumbres. ¿Cómo he podido dejar que las cosas lleguen al punto en que no podamos controlar ni a una diminuta niña?"

"Bien, vuelve y soluciona las cosas como siempre los has hecho. Róbala. Si no les gusta, sólo tendrás que aporrear algunas cabezas."

Hombrefruta regresó listo para pelear. Lanza y el resto de la familia estuvo de acuerdo con él. Aunque hacía mucho que Lanza había expulsado a sus espíritus, estaba lo bastante furioso como para probar algunas de las viejas maneras. Y ese era todo el estímulo que Desembocadura necesitaba. Generaciones después, aún estaban enfadados por aquellas mujeres que no se quedaron tras la gran matanza de Patata.

Cuando Hombrefruta volvió a Miel, encontró aún más por lo que luchar. Había otra niña que él y su padre habían planeado tomar para su hermano, Labiodemono. Ahora se la habían dado a Tropezón. Tropezón había estado visitando Miel desde el pueblo de Velludo. Se había convertido en un buen cazador por el mucho tiempo que había pasado con Velludo. Y seguía volviendo a Miel por una chica especial de allí. Esperaba que ella se diera cuenta de lo buen cazador que era. Cuando descubrió que a ella le gustaba él, Tropezón hizo muchas cosas por sus padres para ganarse el derecho de ser su yerno.

Pero Hombrefruta y Lanza la habían querido para Labio-de-Mono desde que era un bebé. Tenían más derecho a tenerla. Habían llegado a acuerdos con los padres para que Labio-de-Mono pudiera tenerla. Sin embargo, la chica no le quería. A ella le gustaba Tropezón, y sus padres le dejaron tenerla. Ella y Tropezón escaparon juntos y pasaron algún tiempo en el pueblo de Velludo.

Cuando Velludo regresó a Miel con su nueva esposa, Hombrefruta y Lanza estaban preparados para recuperar a la chica. Hubo una gran discusión. Labio-de-Mono trató de zanjarla cuando dijo: "Si la chica no me quiere, yo tampoco la quiero a ella."

Sin embargo Hombrefruta dijo: "¡No, no! No podemos hacer eso. ¿Qué dirá la gente de nuestra familia si seguimos perdiendo cada niña que queremos, aunque tengamos derecho a tenerla?"

Por casualidad, Velludo estaba de visita en Miel en ese momento. Finalizó toda la conversación al decir: "Nos quedaremos con la chica en nuestro pueblo digáis lo que digáis." Quería decir: *Se acabó la charla, haced ruido con algo que no sea vuestra boca.*

Labio-de-Mono sabía que habría pelea, así que dijo a Tropezón: "La chica no me quiere. Vas a quedártela aunque yo la quiero. Solucionemos esto con unos garrotazos. De esa manera, al menos, puedo decir que te hice pagar por ella."

Tropezón dijo: "Vale. Yo me llevo el porrazo por la chica y nuestros pueblos no tendrán que entrar en guerra." Tropezón se dirigió al centro del pueblo, apoyó su garrote en el suelo y tendió su cabeza a Labio-de-Mono. Éste levantó su garrote y lo lanzó con todas sus fuerzas ¡Zas! Justo en toda la cabeza de Tropezón. La sangre brotaba y Tropezón se tambaleaba. Tomó el garrote del suelo para usar su turno. Sin embargo, Labio-de-Mono se negó a poner la cabeza. Volvió corriendo a las mujeres.

Velludo y muchos de sus amigos se enfurecieron ante tamaña cobardía. Todos agarraron sus garrotes. Calzapié saltó al centro y gritó: "*¡Nada de garrotes, nada de garrotes!*"

Cuando estaban tranquilos, el padre de la chica caminó hacia el centro y todos pararon para oírle. Aunque había vivido mucho tiempo en Miel, nunca había abandonado nuestra verdadera manera de hacer las cosas. Nunca había escuchado a los nabas. De toda la gente de Miel, él era el que más me gustaba. Le llamo Elfiero. Muy pocos yanomami consiguen jamás ese nombre. Y él se lo merecía. Elfiero era conocido por su capacidad para recibir un garrotazo en la cabeza, y dar otro.

Dijo a Hombrefruta: "Este lío, en realidad, es sólo entre tú y yo. No es neéio involucrar a todos los demás. Tú eres el problema aquí. Tú has empezado todo esto. Estoy contento con Tropezón. Mi hija está contenta con Tropezón. Y Labiodemono está satisfecho. Sólo quedas tú." Elfiero clavó su garrote en el suelo. "Aquí," dijo levantando la cabeza. "Golpéame. Puedes hacerlo tres veces. Luego yo te golpearé tres veces."

Todos permanecieron muy quietos cuando oyeron lo que Elfiero dijo. Tres golpes de una vez; nadie había hecho eso. Hombrefruta sabía que podría ser una estupidez aceptar el reto.

"Pepe, el naba, me dijo una vez hace mucho, que tengo una enfermedad y que puedo morir si no dejo de luchar," dijo. Todos sabían que jamás sobreviviría a tres garrotazos de Elfiero en la cabeza. Así que Hombrefruta se volvió a otro hermano, Ojosdeplomo. "Eres joven y fuerte. Puedes recibir los tres garrotazos." Y empujó a Ojosdeplomo al centro, hacia Elfiero, quien seguía ofreciendo su cabeza, esperando a éalguien con suficiente valor como para golpearle.

"Y cuando acabe por expulsaros al río," gritó Elfiero, aún ofreciendo su cabeza, "jamás apareceréis."

Ojosdeplomo sabía que no debía. Sin embargo, todas las mujeres les llamaban cobardes a él y a su familia. No podía escapar de aquello. Así que preparó su garrote. Pero la gente de Miel no tenía idea de lo cobarde que era. Ojosdeplomo movió su garrote de lado y propinó un golpe brutal justo sobre la oreja de Elfiero. Era el golpe más cobarde que jamás habían visto. Los garrotes siempre deben golpear la coronilla. Cualquiera puede matar a otro con un garrotazo en un lado de la cabeza. Sólo un cobarde golpearía a otra persona en la oreja. Era un golpe tipo "entremos-en-guerra."

Pero Elfiero no movió ni un dedo. La sangre salía a borbotones por el lateral de su cabeza. Antes de que Ojosdeplomo pudiera preparar de nuevo su garrote para otro golpe, el cuñado de Elfiero asestó un golpe de venganza en la cabeza de Ojosdeplomo. Fue tan fuerte que el garrote de madera dura se dobló sobre su coronilla y abrió una brecha desde el flequillo, recorriendo toda la cabeza, hasta la nuca. Podía vérsele el hueso.

Ojosdeplomo cayó de rodillas. Se levantó. Cayó de nuevo. Se levantó otra vez y volvió a caer.

Los garrotes volaban por todos lados. La familia de Hombrefruta salió corriendo. Calzapié gritaba: "*¡Sin garrotes! ¡Sin garrotes!* ¡Ya les habéis golpeado bastante! ¡Les habéis hecho sufrir bastante!" Algunos de los familiares de Hombrefruta estaban preparados para saltar al río y escapar.

Ojosdeplomo, por fin, tambaleándose, se puso en pie. "¡Vengadme!" gritaba a Hombrefruta. "¡Vengadme! ¡He sido herido!" Hombrefruta vio un gran bulto en el lado de la cabeza de Elfiero, pero parecía que acababa de empezar a recibir garrotazos. Hombrefruta sabía que él no resistiría un golpe como aquel. Y sabía que Elfiero podía golpear dos veces más fuerte que Ojosdeplomo.

Calladamente, Hombrefruta, movió su cabeza. La sangre corría por la cara y la espalda de Ojosdeplomo. Estaba furioso. "¡Vengadme!" gritaba. Hombrefruta no podía mirar. Sólo bajó su mirada y movió la cabeza.

Ojosdeplomo caminó hacia el río y subió a su canoa. Su cabeza seguía sangrando sobre él mientras remaba en el río rumbo a Desembocadura. Durante el resto del día remaría bajo el caluroso sol, buscando a alguien que le ayudara a vengarse.

EL ESPÍRITU DE LA SELVA

EL FINAL: 1982

NADIE ES TAN ESTÚPIDO

11

CREEN QUE
SOMOS ANIMALES

Ahora ya conoces la historia que hay tras la pelea de la que te hablé al principio, cuando dije que hay una larga historia antes de cada batalla. En cuanto Ojosdeplomo llegue a Desembocadura, río abajo, volverán y resolverán el asunto a garrotazos o, incluso, con arcos y flechas. Y esa será la batalla de la que te hablé al principio. Ahora puedo contarte el resto de lo que ocurrió aquella mañana sobre la hierba de Miel. Y soy feliz por ello. Soy feliz, porque mis espíritus están felices. Mis espíritus están contentos porque nuestras viejas costumbres del mundo de los espíritus, por fin, se van a enfrentar a las nuevas costumbres de Miel. Pero esta vez no será una reunión como la que tenemos siempre en Miel, cuando mis espíritus se molestan tanto y yo me enfado. Esta reunión será como nosotros queremos: Garrotes, e incluso, arcos y flechas. Hoy no se trata de una típica guerra yanomami. Se trata de una batalla entre luchadores que quieren conservar las costumbres antiguas y amantes-de-la-paz que quieren acabar con ellas.

Cuando los guerreros Desembocadura se colocaron en la media luna con sus garrotes preparados, parecía una pelea yanomami normal por dos chicas. Cuando Huesodepierna, un luchador con mucha experiencia, se acercó al centro y Nocrece se adelantó desde la media luna de Miel, parecía que se trataba de una venganza típica. Sin embargo, todos sabían que la necesidad de venganza se remontaba varias generaciones atrás, hasta el asalto a Patata, cuando nuestros parientes de Desembocadura no se quedaron con ninguna de las mujeres.

Deemeoma, que ahora era abuela, permaneció junto a las demás ancianas y observó a su yerno, Nocrece, repartir una serie de sangrientos garrotazos a la cabeza del experimentado guerrero. Había presenciado aquellas batallas desde que era una niña. Miraba a Nocrece y se preguntaba si aquel día volvería todo su dolor. Ahora era demasiado mayor para poder sufrir lo mismo de nuevo. Recordaba el cuerpo de su madre tendido en el polvo y a su padre sentado en su propia sangre. Incluso en sueños, era incapaz de llegar hasta él en medio de las flechas.

Las lágrimas afloraron.

Yo podía sentir en mis espíritus que había mucho más en aquella batalla. Aunque no estaba allí, podía sentirlo. Eran las viejas costumbres contra las nuevas. Nuestros antiguos espíritus, los que Calzapié había expulsado, contra el suyo nuevo. El pueblo de Desembocadura tenía muchos de mis espíritus. ¿Cómo podían nuestros espíritus, que aman la lucha, perder ante Miel, cuando su espíritu, Yai Pada, no le gusta la guerra?

Habíamos luchado antes, pero no de esta forma. Esta vez Lanza y Hombrefruta y toda su familia, que habían expulsado a sus espíritus, habían vuelto a los caminos antiguos. Sólo faltaba Ojosdeplomo. Seguía enfermo a causa de las heridas de dos días antes.

Lanza permanecía tras los guerreros Desembocadura con los brazos cruzados sobre su arco y sus flechas. Observaba a todos los del lado Miel, especialmente a Velludo. Sabía que Velludo no era un amante-de-la-paz. Mataría tan pronto como se enfadara.

Hombrefruta observaba, uno tras otro, a los guerreros Desembocadura adelantarse para encontrarse con sus parientes y amigos de Miel. Era algo nuevo para él y para Lanza, estar del lado de las viejas costumbres de nuestro mundo de los espíritus. Pero la lucha no fue bien para Desembocadura. No debían haberse reído de los pequeños garrotes de Miel. Cada guerrero Miel: Nocrece, Cabezón, Ojoscruzados, Fuertepié y finalmente Tropezón, asestaba el mismo rápido golpe, zas-zas-zas-zas-zas, en la cabeza de los guerreros Desembocadura antes de que ellos pudieran liberar un buen golpe con sus grandes garrotes. Todas sus cabezas sangraban.

Pero nuestros espíritus estaban interesados en algo más que en derrotar a Miel. Sobre todo, queríamos que Miel regresara a las viejas costumbres, a la lucha, a beber los huesos, a los asaltos. Así que, cuando el hijo de Nuboso, Huesodepierna, enloqueció y asestó Elfiero golpe a la madre de Rabodeperezoso que le abrió el cráneo, y Rabodeperezoso lanzó la flecha, todos sabíamos que habíamos vuelto a los antiguos caminos. Nada haría bailar más a nuestros espíritus.

La flecha de Rabodeperezoso había salido disparada, antes de que nadie pudiera detenerla. Nunca antes había disparado a una persona. Sin embargo, en cuanto la flecha abandonó su arco, supo exactamente qué significaba aquello. Él mataría al cobarde que golpeó a su madre y arrastraría a su pueblo a la primera guerra de su vida. Y sabía que el tiro había sido perfecto, directamente entre las paletillas del cobarde. *Hemos vuelto a las costumbres antiguas y nada lo detendrá*, pensó. *T.C. y sus amigos tendrán lo que querían. Es la guerra.*

"¡Eso no! ¡Con flechas no! ¡Sin flechas! ¡Sin flechas!" gritaba Calzapié mientras corría hacia el centro antes de que la flecha alcanzara su diana. Aunque todos los chamanes estábamos molestos con el espíritu enemigo de Calzapié, sabíamos que Calzapié era amigo nuestro, era amigo de todo el mundo. Esa fue la razón por la que recibió el nombre Sinproblemas en el pueblo de Tucán y Noagarramujeres en el pueblo de Hombrecorto. Y aquel día, a pesar de que tenía armas en sus manos para proteger a su familia, permaneció con sus brazos extendidos, gritando por la paz.

Hombrefruta sabía que la flecha de Rabodeperezoso significaba que estaba en guerra con sus amigos más cercanos. Se preguntaba si debía haber prestado oído a T.C. y a toda la charla naba.

Pero, entonces, ocurrió la cosa más extraña que jamás he conocido. Sé que mis espíritus jamás lo hubieran propiciado. Tras Huesodepierna, otro guerrero Desembocadura se adelantó y movió su garrote hacia atrás para prepararse, mientras la flecha de Rabodeperezoso volaba. En el camino, el garrote y la flecha se encontraron. La punta envenenada golpeó el garrote y se hizo astillas. Salvó a Huesodepierna de una muerte segura.

De repente desaparecieron los garrotes y todos prepararon sus arcos.

En el centro de los guerreros, Calzapié saltaba y gritaba. "¡Eso no! ¡Sin flechas!" gritaba una y otra vez. Su propia mano sujetaba un arco y flechas, pero no estaban en posición de disparo. Nadie sabía cómo las había cogido tan rápido.

Miel tenía muchos más guerreros. Provocar una matanza sería sencillo. Y los guerreros Miel querían hacerlo. Sólo Calzapié en el centro impedía a su gente llenar el aire de flechas.

"¡Vamos! ¡Cobardes!" gritó unos de los jóvenes guerreros de Desembocadura. "¿Por qué no seguís adelante y nos matáis? Vuestras mujeres tendrán que quemaros a algunos de vosotros también. ¡Nos aseguraremos de ello!" Tenía razón. Sin embargo, cada uno de los guerreros Miel estaba dispuesto a pagar el precio de algunos muertos, por tal de ver a los Desembocadura completamente aniquilados.

Con sus gritos, Calzapié consiguió evitar que los Desembocadura dispararan. Lentamente fueron andando de espaldas hacia el río con sus arcos tensados. Su ira había sido satisfecha, en parte, por el golpe a la madre de Rabodeperezoso. Era posible que muriera. Eso seguro que daría lugar a una guerra. La furia Miel había sido satisfecha en parte, cuando Rabodeperezoso les mostró que los Miel también podían matar.

En el río, todos gritaban y hablaban a la vez.

"Esperad a la próxima vez."

"Tienen polvo de espíritu en sus garrotes."

"Yo no estaba asustado. ¿Por qué no les golpeasteis más fuerte?"

"Yo podría haberlo hecho mejor, pero el hombre que me golpeó tenía un espíritu poderoso."

Hombrefruta y Lanza estaban callados. En realidad, no pretendían que nadie muriera. Hombrefruta se preguntaba si de verdad quería que volvieran las antiguas costumbres. Sin embargo, las antiguas costumbres eran la única manera que él conocía de conseguir mujeres para su familia.

"¿Qué deberíamos hacer ahora?" Alguien sacó a Hombrefruta de sus pensamientos.

Él movió la cabeza. "Hablaré de nuevo con los nabas, T.C. y los demás antros. Ellos nos dijeron que las costumbres antiguas eran buenas. Deben saber cómo impedir que Keleewa se meta en medio y cause problemas. Puede que ellos tengan más experiencia en estas costumbres."

En Miel, Keleewa y sus hermanas cuidaron de la madre de Rabodeperezoso. Las demás mujeres se juntaron alrededor y comenzaron a lamentar.

"Seguro que se muere."

"Fue un golpe horrible."

"Nadie puede sobrevivir a algo así."

Decían cosas que le hacían pensar que estaba muerta, cuando no lo estaba. Keleewa y sus hermanas se dieron cuenta de que no iba a morir. Le cosieron el cuero cabelludo en su lugar.

Unos días más tarde toda la selva estaba hablando de una misma cosa: El gobierno planeaba ir a Miel y llevar preso a Keleewa, acusado de asesinato. Al principio nadie sabía por qué. Sin embargo, después supimos que era por una historia que Hombrefruta les había contado. Algunas estaciones antes, Keleewa había llevado al hijo de Hombrefruta a los médicos del gran pueblo naba. No pudieron ayudarle y el chico murió. Ahora, Hombrefruta estaba usando esa historia para vengarse. Todos los yanomami estábamos enfadados ante la posibilidad de que hacer esto con nuestro Keleewa.

A pesar de que mis espíritus no se sentían cómodos con el espíritu de Keleewa, siempre supe que era mi amigo. Por eso los indios nos preguntábamos: "¿Los nabas están locos?" Sabíamos que Keleewa jamás había matado a nadie. ¿Quién diría algo así?

Pero también sabíamos que los nabas estaban chiflados. ¿No les habían visto por muchas estaciones venir a nuestra tierra y, cuando pensábamos que eran muy inteligentes y nos podrían enseñar cosas, empezaron a imitarnos?

Cuando los aviones del gobierno vinieron a nuestra tierra, pararon en el Ocamo para repostar ya que allí hay un gran terreno para que puedan aterrizar. El pueblo de Labiodetigre está justo al lado de ese terreno.

Cuando Labiodetigre conoció las noticias, dijo a su gente: "Keleewa ha sido de gran ayuda para nosotros toda su vida. No les vamos a permitir que se lo lleven. Cuando aterricen, nos emboscaremos en la pista de aterrizaje, mataremos a los guardias y nos llevaremos a Keleewa. Luego pondremos el pueblo en wyumi y desapareceremos con él en la selva. Jamás nos encontrarán."

Cada uno de ellos, Labiodetigre y sus guerreros, buscaron un lugar para esconderse al borde de la selva. Conocían el punto en el que el avión pararía.

Todo el pueblo lloraba cuando los guardias vinieron a Miel y se llevaron a Keleewa en el avión. Los nabas decían: "Volverá, eso creemos."

Cuando el avión salió de Miel, Labiodetigre y sus guerreros estaban preparados en el Ocamo. Sin embargo, esta vez el avión del gobierno tomó el otro camino y no fue al Ocamo. Llevaron a Keleewa directamente al gran pueblo naba. El pueblo de Labiodetigre lamentó no haber podido rescatarlo.

Keleewa estuvo en la prisión naba por muchos días y se puso muy enfermo. Debido a que los nabas no pueden hablar yanomami, les costó mucho descubrir a través de nosotros que era nuestro amigo y que no era ningún asesino. Cuando por fin regresó a Miel, hubo una gran fiesta.

Velludo caminó hacia la orilla del río Sangre cuando oyó el motor. Le llamamos río Sangre porque siempre está lleno de suciedad roja, que parece como cuando las pirañas están comiendo algo. Era Keleewa, venía a ver el nuevo lugar que Velludo había elegido para su pueblo. Querían estar más cerca de Miel. *Este será un buen sitio,* pensó Velludo. *La gente de Miel puede hacer todo el camino hasta aquí por el río. Ahora nos visitarán mucho más.*

Permaneció en la orilla pensando, sabía que esto mejoraría las cosas. *Estuvo mal matar a aquella chica. Yo mismo me he quitado el sueño.* Movió su cabeza. *Era buena persona; simplemente yo no le gustaba. No era culpa suya que yo no le gustara.* Todavía podía ver la mirada de Floramarilla, su cabeza contra el suelo, mientras él ponía un pie en cada extremo del palo que atravesaba su cuello. La vio cara a cara en aquel momento, y ahora la veía tan claramente como entonces, a pesar de que todo ocurrió hacía más de una generación.

Keleewa detuvo su barca en la orilla y se alegraron mucho de volver a verse. Tropezón también venía. Jamás se perdía una oportunidad de visitar a su gente. Con Tropezón y Keleewa había un naba blanco a quien habían llamado Nofalla, después de que hubiera disparado a un ganso y a algunos monos en el viaje al pueblo de Velludo. Colgaron sus hamacas en el cobertizo, cerca de Velludo, y el naba comenzó a hacer muchas extrañas preguntas.

Velludo no había visto a muchos nabas, y casi ninguno de ellos podía hablar. Así que, cada vez que el hombre hablaba, Keleewa tenía que decir a Velludo lo que el naba había dicho. Luego tenía que decir a Nofalla lo que Velludo había respondido. Llevó mucho tiempo hablar así.

"El naba quiere saber por qué queréis cambiar la forma en que vivís aquí en la selva," dijo Keleewa a Velludo cuando Nofalla habló.

A Velludo le sorprendió aquella pregunta. "Porque aquí somos desdichados. Estamos continuamente tristes. La gente de Miel vino e hizo la paz con nosotros hace muchas estaciones y su pueblo sigue mejorando. Queremos eso para nosotros. Si eso significa expulsar a nuestros espíritus y tomar otros nuevos, lo haremos. Pero necesitamos que alguien nos enseñe esos nuevos caminos."

Velludo no tenía espíritus, porque no era chamán. Sin embargo, seguía todo lo que los espíritus decían a su chamán. Yo sabía que mis espíritus se irritarían mucho si Velludo dejara de seguir a los espíritus. Nadie que había matado tanto y durante tanto tiempo, podría parar jamás.

"El naba dice que mucha gente piensa que, en realidad, tú no quieres que nadie te enseñe los nuevos caminos," dijo Keleewa. "Sólo quieres el comercio que traen los nabas ricos."

"Si piensas eso, entonces envía sólo indios a que nos enseñen," respondió Velludo. "No queremos a ningún naba para comerciar. Algunos nabas no son nada buenos. Dile, Keleewa, lo que pasó en el pueblo de mi primo, Ocamo arriba."

Keleewa contó la historia; todo el mundo la conocía. El primo de Velludo, Wabu, vive lejos, Ocamo arriba, más allá del pueblo de Labiodetigre. Querían que un naba viniera a su pueblo a enseñarle los nuevos caminos. Por eso estaban muy emocionados cuando uno llegó de visita.

"Volveré a vivir con vosotros y a ayudaros si me construís una casa en la que vivir," les dijo el nuevo naba. Por fin, su sueño de tener un naba se haría realidad, alguien que les proporcionaría todo lo que ellos necesitaban tan desesperadamente. Le hicieron una buena casa con techo de palma, justo fuera del shabono. Y el naba había dicho la verdad: Volvió.

Sin embargo, cuando llegó al pueblo, su barca estaba casi vacía. Todos estaban decepcionados. "¿Qué tiene de bueno tenerle aquí si no tiene nada de lo que necesitamos?" preguntó uno de los hombres a Wabu.

"Quizá necesita tiempo para traer sus otras cosas," dijo Wabu. "No os preocupéis. Vendrán en otro barco." Pero el otro barco jamás llegó.

Cuando el naba se fue río abajo, Wabu dijo a su gente que esa vez seguro que volvería con sus cosas. Sin embargo, tampoco traía nada la siguiente vez que le vieron. "La próxima vez, traerá sus cosas," dijo Wabu. "Tiene que tener otras cosas. Y podremos trabajar para conseguirlas."

Cada vez que volvía, el pueblo se acercaba al río para ver que traía. Y cada vez acababan decepcionados. Las mujeres se quejaban amargamente: "¿Cómo conseguiremos las medicinas que necesitamos para nuestros niños, si nunca trae nada? Todo lo que trae es eso que los nabas usan para hacer marcas. ¿Para qué vale eso?"

Pero lo que de verdad enfurecía a las mujeres era que cuando uno de los niños enfermaba, el naba sólo observaba el trabajo del chamán sobre el niño. Nunca ayudaba. Simplemente permanecía allí y observaba, y hacía marcas en su papel.

Uno de los niños iba empeorando y empeorando y él jamás ayudó. Al final el niño murió. Y él sólo estuvo por allí observando el lamento de todos. E hizo marcas.

No pasó mucho tiempo antes de que todo el pueblo estuviera de acuerdo, era inútil. Así que, los jefes dejaron de proteger su casa mientras estaba fuera. Wabu y sus amigos entraron en la casa y se comieron la comida del naba.

Cuando el hombre blanco regresó, se puso rojo de ira. Gritaba a todo el mundo en el pueblo. Cuando se fue, Wabu y sus amigos disfrutaron de su comida de nuevo. Pensaban que era lo único que conseguirían de este naba. De nuevo, se puso rojo de ira y gritó a todos en el pueblo.

Wabu y sus amigos siguieron siendo generosos con todos en el pueblo con la comida del naba, cada vez que éste estaba fuera. Finalmente, el naba dijo que algo terrible ocurriría a la gente que siguiera robando su comida. Wabu y sus amigos se mantuvieron lejos de la casa del naba. Pero uno de sus amigos se negó.

"Si este naba va a vivir en nuestro pueblo sin ayudarnos, voy a ponérselo tan difícil que acabe por irse," les dijo a todos el chico. Y siguió con su costumbre, hasta que el naba descubrió quién era.

Se enfureció de verdad. Gritó al amigo de Wabu, que estaba echado en su hamaca riéndose. La risa lo empeoraba todo.

"Si te metes de nuevo en mi casa, morirás," gritó el naba, con las venas del cuello hinchadas. La amenaza asustó a todo el pueblo. Decidieron que lo mejor sería mudar todo el pueblo y dejar al naba solo. Advirtieron al chico de que no se volviera a acercar a la casa.

"Si el naba va a vivir en este pueblo sin hacernos ningún bien," les dijo el chico, "le voy a molestar hasta que se vaya. ¿Por qué tendríamos que irnos nosotros?"

"No sabemos lo poderosos que pueden ser sus parientes," dijo el jefe del pueblo. "¿Cómo puedes seguir irritándole?"

Una tarde, mientras el naba estaba fuera, unos gritos de fuera del shabono rompieron el silencio. Todos los guerreros agarraron sus arcos y sus flechas y corrieron a la entraba, esperando enfrentarse a un ataque. Allí, fuera de la casa del naba, estaba el amigo de Wabu, moviéndose y gritando: "¡Me ha matado! ¡Mamá, me ha matado! ¡El naba me ha matado! ¡Ha usado su magia para envenenarme!" Se había metido en la casa del naba de nuevo y se había comido su comida. Esta vez, sin embargo, el naba se había preparado.

No hubo nada que el chamán pudiera hacer por él. Gritó durante un rato y murió. Wabu y sus parientes quemaron los huesos, lamentaron y esperaron el regreso del naba. Pero jamás volvió.

Cuando Velludo vio que Keleewa había terminado de contar la historia, explicó de nuevo. "Nosotros no queremos simplemente cualquier naba. Necesitamos que se nos enseñen los nuevos caminos. Queremos el mismo cambio que ocurrió en Miel."

Nofalla habló un rato con Keleewa. Keleewa se paró y pensó cómo decir lo que el naba le había dicho. Entonces dijo a Velludo: "Dice que hay mucha gente en su tierra que no cree que él, o cualquiera de nosotros, debería estar aquí ayudándoos. Dicen que sois felices aquí y que deberíamos dejaros en paz. Quiere saber lo que un asesino experto como tú les diría."

Velludo se puso aún más serio: "Te digo que, por favor, no prestes atención a la gente que te dice eso. Necesitamos ayuda desesperadamente. Aquí somos desgraciados y nuestra desgracia no cesa. Permanece noche y día. ¿Es que esa gente cree que no sufrimos cuando los bichos nos pican? Si creen que esta selva es un lugar tan feliz, ¿por qué no se vienen a disfrutar de esta hermosa vida con nosotros?"

Nofalla guardó silencio. Después salió de su hamaca y caminó por el sendero hasta su canoa para coger algunas de sus cosas. Cuando estaba demasiado lejos como para oír, Velludo dijo a Keleewa: "¿Es que es estúpido? ¿No tiene ojos? ¿No ve estos cobertizos que llamamos casas? ¿No ve que nuestro pueblo casi ha desaparecido, que esta mudanza que estamos haciendo es nuestra última esperanza de seguir vivos?"

Keleewa se tomó su tiempo para responder. Sabía que Velludo no entendería lo que iba a decirle.

"La mayoría de los nabas piensa como él," dijo Keleewa a Velludo, y movió su cabeza porque sabía que no podía explicar la razón.

"Nadie es tan estúpido," chascó Velludo. Permaneció callado un momento. "Tienen que odiarnos. Creen que somos animales."

Keleewa no sabía qué decir. Se echaron en sus hamacas en silencio. Por eso nadie vio una lágrima aparecer en los ojos de Keleewa. Quizá debía haber mantenido oculto el mundo naba a Velludo.

EL ESPÍRITU DE LA SELVA

12

¿POR QUÉ NO OS VAIS?

La nieta de Deemeoma está creciendo y los niños se burlan de ella por su cara negra. Entrené a Fredi para ser chamán y vive en el pueblo de Olvidadizo. El pueblo de Velludo se ha instalado en su nuevo emplazamiento. Hombrefruta y Lanza decidieron que T.C. y los demás nabas les engañaron. Rompieron con el pueblo de Desembocadura y regresaron con sus parientes y amigos de Miel. Fueron bienvenidos sin siquiera una pelea.

Uno de mis hijos ha muerto esta estación. Ha sido un tiempo horrible para mí, tanto como cuando murió una de mis esposas. Ella murió hace mucho, nunca te lo he dicho porque me entristece decirlo. En aquella ocasión fuimos a Miel a lamentar su muerte con Calzapié. Ahora les visitamos más porque quedan muy pocos de mi familia.

Estoy muy enfadado con mis espíritus por esto. "¿Por qué no me habéis ayudado más?" A menudo, cuando estoy echado en mi hamaca y observo a la única esposa que me queda en sus quehaceres, le digo a Jaguar: "Mira alrededor. No tenemos nada. Nuestro gran pueblo ahora es tan pequeño que sólo estamos yo, mi hijo y nuestras esposas. Y, ¿para qué sirve mi hijo? Tiene ese espíritu inútil del ciervo. Si alguien viene al pueblo, mi hijo se marcha durante días. Mi corazón tiene buenos sentimientos hacia mi hijo. Lo lamentaré mucho cuando muera. Pero, ¿qué perderé? Es un inútil."

"Lo hemos hecho lo mejor que hemos podido por ti. Por favor, no nos expulses, Padre," me responde siempre el espíritu Jaguar. Eso es todo lo que mis espíritus hacen cuando me quejo. Me suplican que no los expulse. Cuando suplican, yo me fijo en Cautivadora. Después de todas estas estaciones, ella no está ni siquiera un poquito más vieja. Está tan joven y hermosa como el primer día que vino a mí. Sin embargo, yo ya soy viejo, ¿y qué beneficio me ha aportado esta mujer tan bella? "No les expulses," me ruega. "Hablaré con ellos y descubriremos por qué las cosas no han ido bien." Habla con ellos, pero nada mejora, y yo sigo atrapado, casi sin familia y con un hijo que tiene un espíritu horrible. Ahora estoy enfadado casi todo el tiempo.

A medida que pasan las estaciones, los antros escriben más libros sobre nosotros y aún más nabas vienen. Algunos de los nuestros que han ido a los pueblos nabas, dicen que los nabas venden fotos de nuestras mujeres desnudas. Todas nuestras mujeres que son suficientemente ricas, llevan ropa. Sin embargo, los nabas sólo compran fotos de mujeres sin ropa.

Muchas lunas después, Hombrefruta fue río arriba por el Orinoco hasta Mavaca. Allí se encontró con, un indio yanomami con mucha voz en el mundo exterior.

"¿Por qué vuestra gente de Miel es siempre tan distinta de todos nosotros?" preguntó César.

"Queremos serlo," respondió Hombrefruta. "¿Por qué deberíamos no serlo si queremos serlo?"

"Porque ya no sois yanomami, por eso," replicó César. "Las viejas costumbres son buenas. Nosotros hemos aprendido mucho de todos los nabas que han venido aquí, y todavía no hemos abandonado ninguna de nuestras antiguas tradiciones. Sus caminos y nuestros antiguos caminos combinan muy bien."

"¿Cómo?" quiso saber Hombrefruta.

"La bebida de los botes," dijo César. "Nos alegra tanto como la ebena que solíamos usar. Algunos chamanes, incluso, la usan. Y mira todas las pistolas que tenemos. Se necesita un gran cazador para matar gente con arco y flechas, pero con estas armas nabas, cualquier estúpido puede matar. Si tu pueblo se une a nosotros en un ataque, liquidaremos a cualquiera. Ven alguna vez con tus parientes de Miel y tendremos una fiesta, beberemos huesos, nos pintaremos y saldremos a robar algunas mujeres. Será genial, y sé que todos vuestros parientes de aquí se alegrarán de veros de vuelta."

Hombrefruta miró a César. Era la misma charla que había oído de T.C. y los otros nabas, lo mismo que solía escuchar de su padre, Lanza, y de otros grandes chamanes, antes de que expulsaran sus espíritus. *Este hombre me va a liar de verdad,* pensó Hombrefruta. Jamás olvidaría la lucha que había empezado a raíz de lo de Falenci y la chica de Tropezón y lo cerca que estuvieron de entrar en guerra.

"Mira a tu alrededor, a tu pueblo," dijo Hombrefruta a César. "¿Te gusta la apariencia que tiene?" César miró cómo la selva se arremolinaba alrededor de las casas. Y toda la basura, casi cubierta de enredaderas trepadoras. Bebés gateando en la tierra, restregándosela en los ojos y en la boca. La tierra mezclada con esa cosa de sus narices y toda la mezcla cubriendo sus rostros.

"¿Cómo puedes decir que nosotros vivimos en la miseria por culpa de lo que hemos aprendido de los nabas?" prosiguió Hombrefruta. "Usa tus ojos, César. No somos nosotros los que estamos en la miseria. Hablas de todo lo que habéis aprendido de los nabas, pero ¿qué tienes que lo demuestre? Estáis viviendo como animales. Es la misma miserable vida en la que vivíamos nosotros cuando estábamos en la selva en wyumi."

Hombrefruta fue de vuelta río abajo, por el Orinoco y subió el Padamo hacia Miel. El agua estaba crecida y se mantuvo cerca de la orilla para quitarse de la corriente. No podía dejar de pensar en los nabas que querían que mantuviera las viejas costumbres. *Parece que les gustan nuestras antiguas tradiciones tanto como a nosotros,* pensó, *quizá más. Cuando nos visitan, le vemos y queremos ser como ellos. Sin embargo, cuando pasan un poco de tiempo con nosotros, son como nosotros. Peores. Puedo entender que quieran masticar nuestro tabaco, pero, ¿por qué querría ninguna persona inteligente quitarse la ropa, para copiarnos?*

A medio camino de casa, rodeó otra curva y el sol bailó en el agua, frente a la canoa. En esa ocasión recordó cuando su madre, Tarántularuidosa, fue a visitar el pueblo de Labiodetigre. Los antros se encontraron con ella a las afueras del pueblo: "Estamos grabando a los yanomami con nuestras cámaras," le dijeron, "tienes que quitarte la ropa para que parezcas una india de verdad." Alrededor de ella la gente se estaba quitando los pantalones y las camisas porque los nabas lo habían dicho. Ella entró con todas sus ropas puestas y los nabas se enfadaron.

Hombrefruta condujo su canoa a través de una curva cerrada. La selva colgante se deslizaba atrás. El espeso follaje frente a él, le recordaba los espíritus a los que seguía cuando vivía en la selva profunda. *¿Por qué, se preguntaba, los nabas, que casi no pueden hablar y ni siquiera conocen a los espíritus, dicen lo mismo que dicen los espíritus? A veces hasta usan las mismas palabras.*

Hombrefruta estaba pensando en Barbalarga, cuando su canoa llegó a la orilla de Miel. Barbalarga era un naba que vivía en un pueblo lejano. Ayudó a la gente del lugar y dijo que les enseñaría mejores caminos y cosas acerca del gran espíritu. Mientras estaba allí decidió tomar como esposa a una chica joven. Ella no le quería, pero sus padres la forzaron a ir con él cuando él les hizo regalos.

Después de un tiempo, ella se acostumbró a él, como hacen todas. Sin embargo, cada vez que él la trataba mal, escapaba a casa con su madre. Entonces él venía para llevarla de vuelta y el problema empezaba de nuevo.

En una ocasión ella forcejeó mucho y Barbalarga no pudo dominarla. El pueblo se arremolinó y empezó a reírse de él porque no tenía bastante fuerza para controlar a una chica. Cuando consiguió zafarse de él y empezar a correr, él le lanzó el machete para detenerla. Pero le dio en la nuca y cayó sangrando a borbotones. Barbalarga se acercó para ayudarla, pero sus familiares le dispararon un montón de flechas. Cayó, sin embargo su cuerpo no llegó a tocar el suelo, quedó colgado de las flechas que le atravesaban.

Hombrefruta miró a su alrededor mientras entraba en Miel. *¿Volver a las costumbres antiguas?* pensó. *Jamás volveré a cometer ese error.*

Cada vez que iba con mi esposa a visitar a Calzapié, pasábamos por Olvidadizo, donde vivía Fredi. Allí vivía un viejo amigo mío llamado Caliente. Había ayudado en la captura de Fredi y le había defendido para mantenerlo con vida. Él y su esposa tenían una hermosa hijita. Incluso los nabas se daban cuenta de lo bonita que era Yawalama. Cuando visitaban Miel, ella jugaba en las rodillas de Keleewa y él hablaba de sus hermosos y grandes ojos. Cuando mi amigo prometió entregarla a Pielargo, el hermano mayor de la niña, Raúl, se enfadó.

"¡No podéis hacerlo!" dijo Raúl a sus padres. "Golpea a la mujer que tenga. ¿Es que queréis ver cómo abusa de Yawalama igual que abusa de Yoshicami, su esposa?" Raúl amaba a su hermosa hermanita.

"Es un gran cazador y un gran proveedor. Necesitaremos la carne que él puede cazar, en nuestra vejez" le dijeron.

"Yo cazaré para vosotros," argumentó. "Yawalama jamás le querrá cuando crezca. Nadie le quiere. Es tan mezquino. Tenéis que esperar a que otra persona venga a por ella." El shabono era pequeño. Todos supieron de la discusión. El pueblo no quería ver a Yawalama sufrir.

Raúl se entristeció cuando sus padres comenzaron a aceptar comida de Pielargo a cambio del derecho de casarse con ella cuando creciera. Raúl se volvió amargado. No pensaba permitir que Pielargo tomara a su hermana.

Entonces Yoshicami se puso muy enferma. Me llamaron, pero ni siquiera mis espíritus pudieron hacer nada para que mejorara. Por esta época yo era viejo y ya no sanaba mucho. Así que llamaron a Caliente, el padre de Yawalama, que era chamán. Sin embargo sus espíritus tampoco fueron de ayuda.

Así que Pielargo llevó a Yoshicami a Miel. Cuando llegaron ella tosía sangre. Los nabas le dijeron que podría tener una enfermedad seria que ellos llamaban *teebee*, y que tenían que llevarla en largo viaje al pueblo de los nabas para ponerle un tratamiento.

Pielargo fue con Yoshicami a Esmeralda, el pueblo de los blancos, y se quedaron allí mientras los médicos estuvieron tratándola. Pero ella mejoraba lentamente y Pielargo empezó a impacientarse y dijo a los doctores que la dejaran volver a casa. Cuando volvieron a Miel, el médico naba hizo que los blancos de allí le explicaran que la mujer tenía que terminar el tratamiento o la enfermedad la mataría. Pielargo decidió quedarse en Miel con ella hasta que terminara.

Sin embargo, pasó mucho tiempo y Yoshicami no mejoraba. A menudo tosía sangre y parecía que iba a morir. Pielargo no creía que fuera a mejorar nunca. Una vez, enfadado, dijo: "¿Por qué no te das prisa y te mueres? Acabemos con esto."

"Por favor, no digas eso," suplicó Yoshicami. "Te necesito más que nunca. Y los dos niños. Mira este buen sitio que el hermano de Calzapié nos ha dado para quedarnos. Por favor, no hables así." Pero no estaba mejorando. Tenía un aspecto horrible. *Jamás volveré a tener sexo con ella*, siguió diciéndose Pielargo. A nuestros parientes de Miel les gustaba Yoshicami y animaban a Pielargo a quedarse, sin embargo él se enfurecía más.

"Vamos, muérete, así podré regresar a mi pueblo," le decía cada día.

"Tu esposa está muy enferma," le dijo Calzapié. "Ha sido una buena esposa para ti. No es justo que la abandones ahora, cuando más te necesita. Sabes qué es lo correcto. Debes alimentar a tu esposa y a tus hijos." Todo el pueblo estuvo de acuerdo con Calzapié, cada día las mujeres venían a cuidar de Yoshicami y a regañar a Pielargo.

Entonces, llegó el rumor de río arriba, desde Olvidadizo, de que Yawalama había finalizado con sus ritos femeninos. Pielargo miró a Yoshicami, muriendo en su hamaca. Sabía que no obtendría nada más de ella. Y ahora Yawalama estaba desarrollada y preparada. No podía esperar.

"Me marcho," dijo a todos sus parientes y amigos que escuchaban. "No puedo esperar aquí a que mueras."

"¿Y nuestros dos hijos que están aquí?" imploró desde su hamaca, acariciando con sus dedos el pelo de su hambriento hijo. "También necesitan comer. Deberías estar pescando algo para que podamos comer en lugar de estar ahí de pie diciéndome que me muera." El no dijo nada.

"¿Cómo puedes dejarnos aquí sin nada? Los niños ya están hambrientos de carne. Estamos pasando hambre." Sin embargo, él no respondió.

"Sé lo que quieres. Pero no te lo puedo dar hasta que no mejore, y no puedo mejorar si no me ayudas."

Calzapié y el resto del pueblo se acercó y animó a Pielargo a ser amable con ella y a quedarse. Pero él no hablaba. Desató su hamaca, reunió sus cosas, y salió por la puerta.

Todos los habitantes de Miel fueron bondadosos con Yoshicami y sus hijos en medio de este tiempo difícil. Era prima hermana de Calzapié y estaba emparentada con mucha gente de Miel. Compartieron su carne y la cuñada de Calzapié cocinó para ella y para sus hijos. Yoshicami se sentía muy bien al ver a tanta gente cuidándola. Aquello la ayudó a sobreponerse al dolor de no tener un esposo que supliera sus necesidades y la protegiera. Muchas veces pensaron que moriría. Pero, tras un largo tiempo, se fue poniendo más fuerte y volvió a estar saludable y bonita de nuevo.

Un día un joven vino al pueblo, Pelorojo, entró en la casita en que ella se quedaba. Traía un poco de carne fresca para los niños. Era la favorita de Yoshicami: pavo salvaje.

"Toma. Cógela," dijo. "Es para los niños. Y para ti." Yoshicami sabía que esta comida no venía de sus parientes. La comida de ellos siempre la traían mujeres. Pelorojo se volvió y se marchó antes de que ella pudiera decir nada. Era extraño que alguien se preocupara lo bastante como para ir a cazar y traer pavo fresco. Era agradable tener a todo el pueblo cuidándola, pero saber que había una persona capaz de hacer eso por ella, era aún más agradable. Le había visto antes, pero ahora estaba tan estupendo. Era joven, empezando, pero...

Sólo tenía pensamientos agradables sobre él mientras ponía el pavo en el fuego y apartaba el humo de sus ojos. Lagrimearon. Quizá era el humo. Sin embargo, pensó que quizá era de felicidad. Su corazón estaba más feliz que nunca mientras observaba cómo se cocinaba el pavo. Quizá fuera a su hamaca esa noche. Cuando la carne estuvo hecha, le dio un buen mordisco y dio algo a sus dos hijitos. Entre los tres se comieron el pavo entero, sentaba muy bien estar lleno.

Ella continuó hablando consigo misma: *Sin embargo, las chicas de Miel son muy distintas. No van a las hamacas de los hombres hasta que saben que las quieren como esposas. Y lo más sorprendente es que los hombres nos las obligan a meterse en sus hamacas. Cuando alguno lo hace, tienen problemas con otros hombres. Qué lugar tan fantástico. ¿Cómo puede ser...?*

Al día siguiente, Pelorojo trajo yuca del huerto y le preguntó si le gustaría ir con él para ayudarle a recoger más. Ella no respondió, no dijo nada. Pero cuando él salió, ella le siguió y los niños detrás. Los cuatro, uno detrás de otro, caminaron a través del pueblo y de la pista hasta el huerto. Ella vio que algunos aldeanos la vieron. Si una persona lo veía, todo el pueblo lo sabría.

Si Pielargo pudiera ver esto, se daría cuenta de que merece la pena cuidar de mí, pensó Yoshicami. Se preguntaba si Pelorojo la llevaría a la selva. *Desde luego se lo merece,* pensó. *Me trajo carne ayer.* Ella miraba su espalda mientras caminaban por el campo hasta el huerto. Era fuerte, a pesar de ser tan joven, estar con él la hacía sentirse segura.

Yoshicami estaba confundida cuando regresaron. Por supuesto ella no quería que él la llevara a la selva, sin embargo, ahora se sentía decepcionada de que no lo hubiera hecho. *Quizá todavía no es un hombre completo,* se dijo. *Soy una mujer. Ahora que no estoy tan débil por la enfermedad, yo podría ir a su hamaca. Quizá esta noche.*

Para cuando regresó al pueblo, todos sabían que había pasado la tarde trabajando con Pelorojo. Hacía muchas lunas que no la veían tan saludable. Ralló la yuca, le quitó el jugo malo y la puso a secar. De repente se sintió muy cansada y se desplomó en su hamaca.

Tarde en la noche, se levantó para remover el fuego. Todos estaban durmiendo. Se deslizó por la puerta y caminó silenciosamente hasta la casita de techo de palma de Pelorojo. Un perro se movió, pero no ladró;

él no se despertó cuando ella entró en su casa. Cuando se metió en su hamaca, Yoshicami sabía qué hacer. Se sentía como si hubiera vuelto a la vida.

A la mañana siguiente, Pelorojo y Yoshicami se habían ido. Se quedaron en la selva por muchos días, lo suficiente para que él demostrara que era realmente suya. Los padres de Yoshicami y la gente de Miel cuidaron de los niños mientras ellos estaban fuera.

Pronto llegó a oídos de Pielargo en Olvidadizo que Yoshicami no se había muerto, como él le había dicho. Se enteró de que estaba tan saludable que tenía otro hombre. Así que regresó, lleno de celos, para llevársela de vuelta.

"Aún tiene mucha medicina que terminar de tomar," le dijo Calzapié. "Cuando esté curada del todo, que ella decida dónde quiere vivir." Cuando los de Olvidadizo se enteraron de que ella necesitaba más medicina, regresaron a casa. Sin embargo, Pielargo siguió regresando, tratando de llevársela de vuelta. Unos meses después, cuando la mujer había terminado el tratamiento, volvió con sus guerreros para luchar. En la zona cubierta de hierba que había entre las casas, se enfrentaron a los guerreros Miel.

"No vais a luchar aquí." Calzapié se colocó en el camino que les llevaba al centro del pueblo. A él se unieron Hombrefruta y los otros jefes de Miel. "Podemos llamar a los guardias del gobierno de Tama Tama y que vengan aquí para resolver este asunto. No hay nada por lo que pelear."

Una vez más, Olvidadizo se sintió complacido y se llamaron a los guardias. Dos días después, tres guardias, vestidos con ropa de soldados de selva amarraron sus barcos a la orilla de Miel. Cada uno llevaba un gran rifle del ejército. Con sus pistolas, en un pueblo despejado, eran absolutamente respetados. Pero en la selva no serían enemigo para nosotros.

Todos se reunieron en el edificio grande que llaman iglesia. Pielargo y los guerreros de Olvidadizo estaban allí. Unos de los guardias les dijo que Yoshicami era una ciudadana de Venezuela y que, como tal, podía hacer lo que quisiera. La miró fijamente y le dijo: "Dinos, ¿quieres volver y vivir con tu esposo?"

"Él no es mi esposo, porque jamás le quise," comenzó a decir Yoshicami quedamente. "Es mi esposo sólo porque mis padres me obligaron a ir a su hamaca cuando yo era una niñita. Sin embargo, yo estaba dispuesta a vivir con él a pesar de ser tan cruel. No tenía elección. Pero, entonces, enfermé y estuve a punto de morir. Y, desde el momento que se enteró de que su nueva esposa, Yawalama, había crecido me dijo que me muriera y se fue dejándome con dos niños pequeños que alimentar. Ninguna mujer quiere un esposo así.

"Entonces, mucho tiempo después, cuando se enteró de que yo ya estaba curada, volvió corriendo a por mí. No le quiero, no le quiero en absoluto. He encontrado un buen hombre aquí que me quiere y ahora soy su esposa."

Los guardias miraron a Pielargo. "Ella tiene derecho a hacer lo que quiera. Nosotros no vamos, de ninguna manera, a obligarla a volver si no quiere hacerlo. Así es la ley de Venezuela. Ella es libre."

Los guardias condujeron a un buen grupo de enfadados guerreros de Olvidadizo hasta sus canoas. Había poco que pudieran decir o hacer, estando allí los guardias. Sin embargo, no iban a dejar pasar esta humillación.

Yoshicami estaba contenta de poder quedarse en Miel y vivir con Pelorojo.

Dos días después, en la quietud que precede al amanecer, Yoshicami despertó con un violento tirón de su brazo que la tiró de su hamaca al suelo. Gritó. Diez hombres la arrastraron a través de la entrada del muro de barro, mientras Pelorojo luchaba con algunos de ellos. Como estaba enfermo de malaria, no pudo presentar mucha batalla.

Cuando los de Miel oyeron el ruido, salieron de sus casas y la vieron luchar contra Pielargo y sus guerreros. Sin embargo, nadie quería pelea. Pelorojo no tenía posibilidades. En la lucha, le arrancaron la ropa a Yoshicami y la arrastraron hasta el camino hacia el río. Su hermano corrió tras ella, tratando de cubrir su desnudez con unos pantalones, mientras ella luchaba para soltarse. No lo consiguió.

Por fin, uno de los amigos de Pelorojo se metió para ayudarle, sin embargo, no consiguieron que soltaran a Yoshicami. Luego otro más se unió, y otro. Pronto empezó a ser difícil para aquellos hombres arrastrarla hasta su canoa.

El resto del pueblo observaba, aún no estaban dispuestos a meterse en la pelea. Los amigos de Pelorojo no consiguieron que la soltaran, pero sí que impidieron que la acercaran al río. Los guerreros de Olvidadizo sabían que había estado bastante tiempo con Pelorojo como para estar embarazada. Así que la tiraron al suelo en medio del pueblo y le patearon el estómago, tratando de matar al bebé. Sin embargo, no consiguieron llevarla al río.

"¡No se van a dar por vencidos!" gritó uno de los enemigos. "Rajémosla." Empezó a empujar a los hombres para poder hacerle un buen corte con su machete.

Hasta este momento Pepe había estado mirando. Odiaba estas peleas. Quería pararlas, pero no podía hacerlo sin meterse en problemas. "¡No, no!" gritó metiéndose en medio y agarrando el brazo del hombre. "No uses el machete con ella." Pepe jamás había golpeado a un yanomami, pero iba a intentar detener un asesinato. Y estaba ya muy cansado de intentar arreglar rodillas destrozadas.

El guerrero empujó a Pepe. El empujón hizo que Pepe resbalara en la húmeda hierba de la mañana y cayó hacia atrás. Cuando los de Miel vieron a Pepe caer, se enfurecieron. El pueblo entero saltó sobre los guerreros, como un jaguar sobre un desvalido pavo. Cada uno de los enemigos fue agarrado por tres o cuatro guerreros Miel.

"¡No, no!" gritó uno de los guerreros de Olvidadizo. "¡No os metáis todos en esto!"

"Es muy tarde para eso ya," respondió a gritos Hombrefruta. "Habéis hecho caer a nuestro naba."

"¡Deberíamos abriros las cabezas en este mismo momento!" gritó Rabodeperezoso.

Sin embargo, Calzapié les llamó: "¡No, no! Ya hemos conseguido lo que queríamos." Todo el pueblo empujó a Pielargo y a sus amigos hasta la orilla y les enviaron de vuelta a casa con las manos vacías. Las mujeres tomaron a Yoshicami, le pusieron los pantalones y la llevaron a casa de Pepe.

Cuando los de Olvidadizo vieron que los de Miel no les iban a dejar hacer lo que quisieran con sus mujeres, fueron al Orinoco a ver a César. Como era yanomami y tenía un poco de conocimiento, el gobierno de Venezuela le había dado la responsabilidad de mantener la paz en la selva yanomami. César decidió ir a Miel y solventar el asunto.

La noticia de que César estaba viajando a Miel para conseguir la paz recorrió todos los pueblos en pocos días. Todos sabían que la pacificación de César provocaría una pelea que nadie quería perderse. La gente de Labiodetigre vino del Ocamo. Los de Desembocadura vinieron. Esos viejos enemigos resentidos, ahora estaban en paz con Miel.

La lancha motora de César llegó a Miel en medio de la más grande convocatoria yanomami que jamás había visto. Un doctor naba que nosotros llamamos Barbudo vino de Los Esmeralda. Incluso él esperaba pelea. Trajo su cámara.

La multitud estaba en calma, pero muy excitada al ver a César bajar del barco y amarrarlo. Entonces, una mujer vieja le dijo: "¿Quién eres tú para venir aquí a solucionar nuestros problemas? Todos sabemos que tú eres el principal causante de las peleas en nuestra tierra."

"¿Qué tienes que decir de esa niña que violaste?" gritó otra, antes de que César se hubiera acercado a la orilla. "¿Te castigaste a ti mismo por eso?"

"Y cuando su padre te disparó en el pecho, ¿tuvo problemas por ello?" gritó otra mujer.

"Tienes suerte de que usara un proyectil recargado, si no, no estarías aquí, ¿no, César?" *¿Cómo puede ser que sepan de esa bala?* se preguntó César.

"Está bien. Toda aquella guerra fue culpa del viejo padre, ¿no? Seguro que fuiste una ayuda para llevarles la paz, ¿no?"

Cuando las mujeres yanomami se enfurecen, cambian. De repente se saben todas las historias. No respetan a nadie. Y no olvidan nada. Oyes cosas horribles que habías olvidado hacía mucho y detalles que pensabas que nadie conocería. Y no necesitan exagerar nada.

César hacía como que no se daba cuenta, pero oyó cada palabra. Hasta ese momento podía no saber lo mal que se sentía su propia gente con su comportamiento. *Por qué tienen que estar tan furiosos conmigo*, pensó. *Hago lo mismo que cualquier otro yanomami.*

Las mujeres siguieron a César todo el camino a través del pueblo. Y al naba que le acompañaba, Barbudo, también les hubiera gustado mucho gritarle. En una ocasión le había dado medicina a una mujer yanomami y luego le había pedido que pagara con sexo. Ella se negó, así que él no le dio más medicina y ella murió. Era la historia perfecta para un momento como este, porque sólo las mujeres sabían exactamente de qué manera intentaba Barbudo conseguir sexo; podían incluso saber algo sobre sus partes íntimas. Pero era un naba...

Así que, continuaron gritándole a César. "¿Y qué tienes que decir de esa recién casada que violaste hace sólo unos días?" preguntó alguien. César sonrió un poco, pero no giró su cabeza. *¿Cómo ha podido una historia tan insignificante llegar hasta aquí tan rápido?* se preguntaba. Él no la olvidaría. Era joven y muy hermosa, lista también, lo que la hacía verdaderamente especial. La vio salir del pueblo con su nuevo esposo para pescar. Tomó a tres de sus amigos y les siguieron. Se turnaron para violarla mientras los otros aguantaban a su marido.

"No pongas cara de sorprendido," chilló una mujer. "Lo sabemos todo. Lo sabemos todo de ti."

"Sí. ¿Por qué no llamas a los guardias? ¡Les contaremos todo sobre ti y tus métodos de pacificación! Cuando se trata de delitos, eres el mejor. Este problema no es nada comparado con lo que tú haces. Vamos. Llama a los guardias."

La esposa de Labiodetigre tenía mucho que gritarle a Barbudo, pero no se atrevía. Recordaba aquella vez en su pueblo cuando le habían disparado una flecha envenenada. Cuando Barbudo no fue capaz de sacar la punta, todos quisieron que se la llevara en el avión del gobierno para que se la sacaran. Después de una gran discusión, Barbudo dijo: "Esa mujer no vale los $200 que costaría el vuelo." Lo había dicho usando palabras nabas, pero todos lo entendieron. Si no fuera naba, se hubiera sorprendido de todo lo que hubiera oído esa mañana.

Para cuando llegaron a la iglesia, la más grande congregación de yanomamis que nadie podía recordar había oído una despiadada narración de casi todo lo que César había hecho. Sabía que sería difícil enviar a la chica de vuelta con toda esa ira. Había cientos de indios insistentes y todos a favor de Miel.

El edificio estaba lleno de gente enfadada cuando César, por fin, consiguió que le escucharan. "Los guardias estuvieron aquí hace unos días. ¿Qué dijeron?" preguntó.

"Dijeron que la mujer puede vivir donde quiera," contestaron algunos al unísono.

"Bien, eso es correcto," dijo César y aliviado de poder estar de acuerdo con la airada multitud. "Sólo estoy aquí para deciros lo que el gobierno dice. No he venido para provocar ningún problema aquí en Miel. Los guardias están en lo cierto. La mujer puede vivir donde quiera. Como venezolana, ese es su derecho."

Era justo lo que todos querían escuchar. Nadie estaba más contento que Yoshicami. Permanecía de pie en el centro del edificio rodeada de los protectores de su nuevo pueblo. Le habían devuelto la vida cuando todos esperaban que muriera. Así que la consideraban parte de ellos. Calzapié, su primo hermano, y algunos más estaban de pie alrededor de ella. Toda su belleza había vuelto a su redondo rostro. Todos podían ver lo maravillosamente que se sentía en sus grandes ojos marrones, y eso les alegraba.

César se volvió hacia Yoshicami: "Dinos dónde quieres vivir," dijo. Era una oportunidad perfecta para que ella pudiera expresar sus propios pensamientos ante todos. Por primera vez en su vida tenía la posibilidad de hacer lo que ella decidiera. Y con tantos guerreros a su alrededor para ayudarle. ¡Qué sensación, ser amada y querida! Jamás había experimentado nada igual. César no tenía poder para obligarla a irse, aunque quisiera. Y ella lo sabía.

"Jamás volveré con él," gritó la mujer, "no importa lo que nadie haga o diga. Aunque pudierais obligarme a volver a Olvidadizo, jamás volveré con Pielargo. Jamás."

César se volvió hacia el padre de Yoshicami y el grupo de Olvidadizo. "Esto no es exactamente lo que me dijisteis que diría. ¿Para qué he venido hasta aquí? ¿Para enfrentarme a los guardias y obligarla a vivir donde no quiere vivir y dormir con un hombre que no quiere?" Se volvió hacia Yoshicami con una mirada de alivio. "Los guardias están en lo cierto. Tienes derecho a vivir donde quieras y con quien quieras."

Barbudo, el doctor de Esmeralda, había venido por curiosidad como todos los demás. Hizo señas a César para que saliera a hablar. Se había acabado, y como Olvidadizo era un pueblo tan pequeño, probablemente no iniciarían una pelea ahora. Sin embargo, todos observaban sorprendidos, mientras César salía con Barbudo. Hombrecorto les seguía porque es primo hermano de César.

"No puedes interferir con esta gente de esta manera," dijo Barbudo a César cuando estaban fuera del edificio y lejos de la multitud. "Es una mujer Yanomami y no tiene derechos. Su único derecho es hacer lo que su marido le diga que haga. Tú y tu gente sois yanomamis y siempre lo seréis. Siempre habéis solucionado vuestros problemas a vuestra manera, con garrotes y flechas. No tienes derecho a cambiar todo eso con toda esa cháchara del "Gobierno Venezolano."

César sabía que Barbudo tenía mucha influencia sobre el gobierno y sobre la gente que le daba dinero. Barbudo veía que César estaba pensando. "Vuelve ahora ahí dentro y dile a esa chica que tiene que hacer lo que cualquier mujer yanomami tiene hacer: Ir a casa con su marido. Esta es la oportunidad que has estado esperando para obligar a este pueblo a volver a vuestras antiguas tradiciones. Si quieren luchar por esto, esa es la costumbre yanomami. Que peleen."

César se volvió para regresar a la iglesia. Sabía que esto significaba guerra. *Al menos mi propio pueblo no estará involucrado*, pensó. *Esta gente está fanfarroneando demasiado con sus nuevos caminos de paz, de todas formas. Puede ser una buena lección hacerles volver a la guerra.*

La multitud rugió de sorpresa y enfado cuando César les dijo que Yoshicami tendría que volver con Pielargo. Veía que todos los de los pueblos visitantes estaban del lado de Miel y que no podía obligar a la mujer a que fuera a ningún sitio. Va a ser una lucha corta y unilateral y alguien de Olvidadizo puede morir.

Hombrefruta permaneció allí escuchando y mirando a César. Recordó haberle dicho a César que Miel no quería volver a pelear. *Ahora César está aprovechando la oportunidad para demostrar quién manda*, pensó Hombrefruta. *Si tuviera sólo una flecha la dispararía a César y diría: "Ahí va la primera flecha de las antiguas costumbres, justo en tu pecho."*

Pero Hombrefruta no tenía ninguna flecha. En ese momento empezó a pensar en ir a buscar su arco y sus flechas.

Hombrecorto había oído todo lo que Barbudo le había dicho a César. Le hubiera gustado enseñar a Barbudo lo que eran las costumbres yanomami con un garrotazo en toda la cabeza. Así que, antes de que Barbudo pudiera seguir a César hasta la iglesia, Hombrecorto le preguntó: "¿Qué haces aquí? ¿Por qué no te largas?" Barbudo se quedó boquiabierto. Ningún indio le había hablado jamás así.

Pero Hombrecorto estaba rabioso y no iba a parar. "¿Quién te ha pedido que vinieras aquí y te entrometieras en nuestro pueblo? ¿Quieres que César nos deje en paz? Entonces, ¿por qué no nos dejas en paz *tú*?"

Barbudo permaneció con la boca abierta y Hombrecorto siguió hablando. "Eres un naba que no sabe nada. No he visto que aquí nadie te pida que le digas a César qué tiene que decir. Sabemos qué clase de persona eres. Estás aquí con esa cámara tuya para empezar a tomar fotos cuando empecemos a matarnos unos a otros."

La cara de Barbudo empezó a llenarse de rabia ante semejantes palabras de un indio. "Tú no sabes quién soy yo, chaval," gritó de vuelta a Hombrecorto. Sí que sabía quién era Barbudo. Sabía lo de la mujer de Labiodetigre y lo de la mujer con la que Barbudo quiso tener sexo. Era pariente de Labiovelludo, su amigo de toda la vida.

En el interior de la iglesia, Calzapié se colocó en el frente. La multitud estaba en silencio, esperando para ver si su jefe hablaría en contra de César. "Yoshicami," le dijo con calma, "este naba, Barbudo, ha enfurecido tanto a todo el mundo que nuestra gente está dispuesta a matar. Si empezamos a luchar aquí, alguien va a morir. Soy tu primo hermano. Tu padre es mi tío. Sabes que no voy a permitir que te hagan daño. Esto es lo que quiero que hagas."

Los guerreros de Miel ya habían oído suficiente. Sabían que Calzapié haría cualquier cosa para evitar la lucha. Caminaron lentamente fuera de la enfadada multitud hacia la espalda de la iglesia. Calzapié les vio y supo a dónde se dirigían. No tenía mucho tiempo.

"Llamaremos a los guardias," dijo rápidamente, "les haremos regresar para que arreglen esto. Pero, hasta que lleguen, quiero que vuelvas con tus padres a Olvidadizo. No tienes que volver con Pielargo. Por ahora, vuelve sólo con tus padres. Cuando los guardias vengan, nosotros iremos a por ti." Yoshicami sabía que se preocupaba por ella. Se preocupaba por todos los que llegaban a su pueblo.

En la hierba, fuera de la iglesia, Barbudo seguía gritando a Hombrecorto: "¡Soy un oficial del gobierno! Si no cierras la boca haré que los guardias vengan y te arresten."

"Llámales," respondió Hombrecorto mientras veían a todos sus amigos pasar corriendo hasta el extremo del pueblo. Iban a por sus armas. Tenían un buen trecho que recorrer y se preguntaban por qué no habrían traído con ellos sus arcos y sus pistolas.

Barbudo estaba aún más sorprendido. Sacó una tarjetita de su bolsillo: "Soy de la Comisión India especial y los guardas hacen lo que yo les digo."

"Llámales," dijo Hombrecorto de nuevo.

"¡Ahora sí que te has metido en un lío!" gritó Barbudo. "Los guardias te van a arrestar seguro."

Dentro de la iglesia, Yoshicami agachó la cabeza. Calzapié tenía razón. Enfermaría de pena si alguien moría. Cuando Calzapié terminó de hablar, todos los guerreros Miel habían salido. "Vamos, *ahora*," dijo, "démonos prisa. Han ido a por sus armas. Mi gente no siempre hace lo que yo les digo."

Tomó a Yoshicami, a sus padres, a Pielargo y a los guerreros de Olvidadizo y salieron corriendo de la iglesia hacia la orilla del río. "¡Deprisa!" gritaba, mientras les empujaba. "Pronto estarán de vuelta con sus armas." El grupo de Calzapié pasó corriendo al lado de Barbudo, que seguía amenazando con llamar a los guardias para que arrestaran a Hombrecorto.

"¡Llámales!" le gritó Hombrecorto de vuelta. "¿Por qué estoy aquí de pie, repitiendo lo mismo una y otra vez?"

"¡Vamos, vamos! ¡Más rápido!" gritó Calzapié y Barbudo comenzó a seguirles hacia el río.

"¡Llámales, Sr. Comisionado Indio!" decía cada vez más fuerte Hombrecorto mientras seguía a Barbudo, que seguía a Calzapié, que empujaba a los de Olvidadizo hacia sus canoas. "Estoy deseando escucharte decirles que una chica yanomami no tiene ningún derecho como ciudadana de Venezuela. Venga." Le hacía gestos y le señalaba un pequeño edificio a Barbudo. "Te llevaré a la sala de radio ahora mismo, para que les llames y vengan a arrestarme. Vamos." Barbudo hacía como que no lo oía y seguía detrás de Calzapié hacia el río.

En el otro extremo del pueblo Hombrecorto vio a Gracioso, Rabodeperezoso, Nocrece, Hombrefruta, Cabezón y a los demás que salían de sus casas con arcos, flechas y escopetas. Ni siquiera se habían molestado en coger sus garrotes

"¡Mira, chaval," gritó Barbudo, "No sabes nada! Los guardias no son más que un puñado de criminales, de todas formas. Les colocamos allí en Tama Tama como castigo por sus fechorías." El grupo de Calzapié desapareció en la orilla con Yoshicami.

El enfado de Hombrecorto aumentó cuando vio que la mujer desapareció de su vista. "¡Llámales!" gritó. "Estoy deseando escucharte decirles eso. ¿De qué tienes miedo? Yo voy a llamar a los guardias, lo hagas tú o no." *Estoy desperdiciando mi energía gritando a un tonto,* pensó, *y no hay tiempo que perder.* Corrió al río con un garrote de madera dura. Nadie supo cómo lo consiguió tan rápido.

Calzapié estaba de pie en la orilla gritando a los de Olvidadizo que se dieran prisa. Keleewa y su hermano Miqie estaban en una canoa vacía, ayudándoles a subir. Entonces Keleewa empujó la canoa en el agua. Arrancaron el motor y, lentamente, se movió hacia la otra orilla. La canoa estaba tan llena con los guerreros que tenían que estar muy quietos para que no entrara agua por los lados. Cada guerrero tenía su arco y sus flechas preparados. Sin embargo, eran un blanco fácil para cualquier contrincante desde la orilla.

Hombrecorto llegó al río antes que los demás con su garrote, casi tan largo como su brazo. Pasó corriendo junto a Calzapié y, bajando la orilla, lo lanzó tan fuerte como pudo hacia la canoa que escapaba. Se retorció en el aire como una liana de la selva y estuvo a un dedo de golpear la cabeza del padre de Yoshicami. Dio en el extremo de la canoa con un pesado golpe sordo, rebotó arriba en el aire y cayó derecho en el agua sin salpicar, hundiéndose como una roca en el fondo del río.

"¡No, no!" gritó Calzapié mientras el resto de los guerreros venía con sus armas. "¡Traeremos a los guardias! Traeremos a los guardias." La canoa se fue alejando de la orilla, hasta que estuvo fuera de su alcance. Calzapié dio un suspiro de alivio.

Y llamaron a los guardias, a pesar de que Barbudo decidió no ayudarles a hacer la llamada.

Hombrecorto caminaba despacio, paso a paso, al volver de la orilla con la cabeza agachada. Su mente estaba muy confusa. *Primero nos dicen que el gobierno no tiene ninguna autoridad aquí y que tenemos que volver a las costumbres antiguas,* pensaba. *Después, cuando intentamos hacer uso de las costumbres antiguas, que son quedarnos a la mujer por la fuerza, entonces dicen que ellos tienen la autoridad y que tenemos que dejarla marchar.* Sabía que él estaba en lo correcto y que Barbudo estaba equivocado.

Desde la orilla, Hombrecorto vio a Barbudo caminar hacia su barco. No estaba seguro de poder reprimir toda la ira que tenía dentro del pecho. Estaba deseando salir corriendo de la orilla y darle un golpe rápido en toda la cabeza con su garrote. Eso le habría dado la sensación de las costumbres antiguas.

Y eso era lo que en realidad estaba dando vueltas en la cabeza de Hombrecorto. Si hacía lo que estaba deseando hacer, golpear en la cabeza a Barbudo, significaría un regreso absoluto a las viejas costumbres. *Eso es lo que Barbudo quiere,* pensó. *Y yo estoy loco, porque no quiero volver a las antiguas costumbres, pero estoy deseando golpear a Barbudo.* Permaneció allí y pensó y observó el barco de Barbudo abandonar la orilla.

Como era de Siapa, Hombrecorto había tenido mucha relación con los blancos. Mientras el motor de Barbudo rugía, Hombrecorto recordó la vez que fue con su canoa más allá del Orinoco y allí se encontró con el antro que le dijo: "¡Chaval, no se te ocurra pensar que eres especial todo vestido con ropas y llevando reloj! ¿Quién te crees que eres?" Hombrecorto le respondió educadamente en español.

"¡No vuelvas a hablarme en español!" Le espetó el antro. "Eres un yanomami y siempre serás un yanomami. ¡No tienes nada que hacer dejando de lado tus verdaderas costumbres e intentando copiar a los nabas con sus ropas, sus relojes, sus motores y, ahora incluso, hablando en español! ¡Jamás vuelvas a hablarme en español! ¡Usa el yanomami!"

Hombrecorto señaló un gran bulto en el labio inferior del hombre. "¿Qué es eso de tu labio inferior?" le preguntó Hombrecorto hablando en nuestra lengua yanomami.

"Es mi bola de tabaco," contestó el antro.

"¿Dónde aprendiste a masticar tabaco de esa manera?" preguntó Hombrecorto.

"Lo aprendí de tu gente."

"Nos viste masticar tabaco de esa manera, lo probaste y te gustó. Así que nos copiaste, ¿no?"

"Exacto," dijo el antro, orgulloso de sus costumbres indias.

Hombrecorto se encogió de hombros. "Si vosotros podéis copiarnos a nosotros," se detuvo con una mirando con perplejidad, "entonces, nosotros podemos copiaros a vosotros." El naba no dijo nada.

En otra ocasión un antro le regañó por viajar en lancha motora. "¿No llegó hasta aquí Simón Bolívar, tu padre blanco, a caballo?" preguntó Hombrecorto al naba. Cuando el naba no respondió, Hombrecorto dijo: "¿Dónde está *tu* caballo?" El naba tenía una mirada y Hombrecorto no estaba seguro si había entendido, "¿Bien? ¿Dónde está tu caballo?"

Mientras veía a Barbudo en su barco por el rio Padamo, Hombrecorto recordó muchas conversaciones con los nabas.

Yoshicami se había ido. *¿Alguna vez nos dejarán en paz estos nabas?*

13

LA VENGANZA ES MÍA

Ahora los de Miel están experimentando la misma duda que todos los yanomami hemos tenido desde aquella primera estación en que visitamos a los nabas. Al principio queremos ser como ellos. Luego, después de observarles por un tiempo, ya no. Ahora sabemos que un naba se llevó la cabeza de Shetary; incluso sabemos quién lo hizo. Ningún yanomami querría jamás ser así.

Pero hay algo que sí sabemos: los nabas pueden fabricar cosas. Todos queremos las cosas que ellos tienen. Pero ellos también hacen que tengamos esas dudas. Unos nos dicen que dejemos de luchar. Otros nos dicen que luchemos. Unos nos dicen que expulsemos a nuestros espíritus. Otros nos dicen que los conservemos. Serán capaces de fabricar cosas, pero no piensan muy bien.

Una sensación de desesperanza cayó sobre Miel, tan densa como las nubes que a veces aparecen por la mañana, desesperanza que hacía tiempo que no sentían. Yo me preguntaba si esto sería el resultado de todas las maldiciones que yo había pronunciado contra ellos. Sin embargo, hacía mucho que no les maldecía. Recuerdo muy bien la vez que les avisé de que el armadillo destruiría sus casas y el jaguar cazaría en sus senderos. Fue un desperdicio de mi energía espiritual, como todas las demás maldiciones contra ellos. Si eran los espíritus verdaderamente los que estaban causando los problemas de Miel, no era como resultado de mi poder.

Pelorojo pasó dos días tumbado en su hamaca debido al golpe que recibió en la lucha con Olvidadizo. Al final se quedó dormido debido al dolor y su familia pensó que estaba casi muerto. Corrieron a por los nabas para que vinieran a ayudarle. Todos entraron en la casa mientras ellos trabajaban con él. Sabían que estaba a punto de morir, así que comenzaron a lamentarse y a hacer duelo.

"Este joven es uno de los nuestros," dijo uno de los hombres. "Nació aquí. Creció aquí. Si muere, tendremos que enseñar a los de Olvidadizo una buena lección y traer de vuelta a Yoshicami." Todos sabían que tenía razón. Tenían que hacer algo respecto a esta muerte.

Entonces, de repente, Pelorojo se levantó perfectamente. Casi se cayó sobre todos. Sonrió. Por primera vez desde la pelea, su familia le veía sin dolor. Todos estaban emocionados.

"Me siento bien," dijo. "Por favor, escuchad lo que tengo que deciros. Todos me conocéis de toda la vida. Como muchos de vosotros, soy hijo de Yai Pada, el gran espíritu. Ahora, como podéis ver a vuestro alrededor," dijo señalando alrededor de la casa, "su gente ha venido aquí a llevarme a casa. Así que, me voy con ellos y sólo quiero decir antes de irme que no quiero que ninguno de vosotros piense siquiera en vengarse de Olvidadizo."

Cuando Pelorojo habló de la gente que Yai Pada había enviado, la emoción de todos se volvió preocupación. "No hay nadie aquí para llevarte," le dijeron, mirando alrededor. "Estás bien. Te vas a poner bien."

Pelorojo estaba sorprendido. "¿No podéis ver a esta gente?" dijo. "Están de pie, alrededor, esperando que yo termine de hablar con vosotros." Todos le miraron moviendo la cabeza. "¡No puedo creer que no les veáis! *Mirad*, justo ahí," dijo, señalando lugares alrededor de la casa. Nadie veía nada.

"¡Abrid vuestros ojos!" Pelorojo seguía señalando alrededor. "¿No podéis verles?" Pero todos le miraban sólo a él con caras tristes y movían sus cabezas.

"Bueno, ellos han venido a por mí y me iré con ellos, me llevarán con Yai Pada. No necesitamos venganza en el lugar al que voy, así que, por favor, no os venguéis de Olvidadizo."

Por primera vez una multitud de yanomamis no tenían nada que decir. Observaban silenciosamente como Pelorojo se tumbaba en su hamaca, se acurrucaba y moría.

Ahora Miel no sabía qué hacer; uno de los suyos había muerto en las malvadas manos de otros. Pelorojo era un yanomami. Sus parientes tendrían que vengarse, no importa lo que él hubiera dicho antes de morir. Seguro que el pueblo que se había alejado tanto tendría que volver a las viejas costumbres de la venganza.

Llegaron rumores de lo que se estaba diciendo en Olvidadizo: "Tuvo lo que se merecía," decían. "Y vuestro jefe, Calzapié, ya no es un yanomami. Es demasiado cobarde para vengarse de la muerte de Pelorojo."

Sus palabras obligarían a Miel a actuar. A pesar de que yo he sido enemigo de Miel durante tanto tiempo, si entraran en guerra yo estaría de su parte. Sería bueno volver a ir a la guerra juntos.

El pueblo se reunió en la iglesia para decidir qué hacer. Todos estaban furiosos. Sin embargo, Calzapié y Lanza seguían oponiéndose a la venganza. "¡No podemos volver a las viejas costumbres!" seguía diciendo Calzapié. Lo decía como si cada palabra fuera una idea por sí sola. "Es sencillo empezar una guerra. Podría, incluso, ser fácil ganar las primeras batallas. Pero, intenta parar una guerra una vez que ha empezado. Sería más fácil hacer que un enjambre de abejas volviera a su colmena."

"No podemos permitir que un asesinato salga impune en este pueblo," respondió airado Hombrefruta. Todos estaban en contra de Calzapié y de Lanza. "Iremos a luchar sin vosotros," dijeron.

El hermano más cercano de Pelorojo era Cabezón. Él no había dicho nada. Todos sabían que estaba muy triste. Finalmente se levantó para hablar. Todos escucharon.

"Todos recordáis lo que dijo mi hermano cuando murió," comenzó lentamente Cabezón. "Pensábamos que estaba bien y que no tenía dolor. Sin embargo, sólo permaneció con vida para dejarnos el mensaje de que no debíamos vengarnos." Y Cabezón contó la historia completa, diciendo de nuevo cada palabra que Pelorojo había dicho.

"El espíritu que ahora seguimos," prosiguió Cabezón, "al que llamamos Yai Pada, este espíritu de paz, sabemos que un día le veremos. La gente de la que estamos a punto de vengarnos, no. Ellos siguen otros espíritus que les dicen que maten. Por eso irán al pozo de fuego. Todos sabéis que quiero a mi hermano. Me encantaría vengar su muerte. Sin embargo, no voy a vengar la muerte de mi hermano, que ya ha partido a la tierra de felicidad de Yai Pada, matando gente que sé que irán al pozo de fuego. Si alguien piensa que estoy equivocado, que hable." Cabezón se sentó.

Todos estaban en silencio. El discurso de Cabezón no era según las costumbres yanomami. Los parientes de Pelorojo tenían derecho *alguna* venganza. Pero sus palabras estaban tan llenas de amor y de bondad hacia nuestros parientes de Olvidadizo que nadie quiso decir nada en contra. Todos salieron, pensativos y sin decir palabra.

Al día siguiente llegó la noticia de río arriba de que Yoshicami había sido atada para evitar que escapara. Calzapié le dijo al pueblo de nuevo que ella no tendría que seguir sufriendo mucho más porque los guardias vendrían pronto. Dos días más tarde otro visitante les dijo que cada noche la ataban a su hamaca y que, a veces, durante el día, la ataban a una estaca.

Al día siguiente llegó un informe de los guardias. Venían de viaje hacia Miel cuando se detuvieron en La Esmeralda. El lugar en el que el comisionado Indio Barbudo trabaja. Cuando llegaron allí, les dijo que el asunto de Miel había sido solucionado, así que no vendrían.

Hombrecorto estaba en la sala de radio cuando llegó el informe. Ya había soportado mucho más de lo que jamás pensó que podría soportar. Yoshicami era pariente cercana de su esposa.

"¿Qué hacemos ahora?" preguntó a Keleewa. "¿Qué hacemos ahora? Soy un yanomami. Sé que hemos dejado las costumbres antiguas. ¡Pero un yanomami jamás da la espalda a un pariente! ¡Nunca!"

Keleewa movió la cabeza. Hombrecorto estaba a punto de llorar. "Es pariente de mi esposa. Dime, Keleewa, ¿qué hacemos ahora?" El sol estaba alto. El día era caluroso. Era un perfecto día yanomami para la guerra. Keleewa no podía pensar en ninguna respuesta para Hombrecorto. En unos minutos todos estaban armados y listos para marchar. Se encontraron en el centro del pueblo. Calzapié y Lanza les suplicaron que no fueran.

"¡Volveremos a llamar a los guardias!" rogaron. "Sólo serán unos días más."

"Todos saben que Barbudo detuvo a los guardias y lo volverá a hacer," respondió Hombrecorto.

"No importa," dijo Nocrece, adelantándose y hablando por todos. "Es lo que están diciendo de ti, Calzapié, que no resistiremos mucho. Te están llamando cobarde. Dicen que ya no eres un yanomami." Rabodeperezoso, Hombrefruta, Cabezón, Gracioso, Hombrecorto y todos los guerreros estaban detrás de Nocrece asintiendo. El brillante sol se reflejó en sus morenos rostros. Calzapié vio profundas arrugas en todos ellos. "Dicen que eres un cobarde y has hecho de todos nosotros unos cobardes." Todos los hombres mostraron mucha pena por lo que Pie-Calzado estaba diciendo.

"No podemos permitir que hablen así de ti," añadió Rabodeperezoso.

Calzapié reflexionó. *¿Por qué estoy haciendo esto?* se preguntó. *¿Por qué no dejarles que vayan y arrasen Olvidadizo? Eso les demostrará que no soy un cobarde y seré el jefe más poderoso de todo nuestro territorio. ¿Por qué no? Sería bueno ser un hombre poderoso de nuevo.*

Cuando Lanza oyó las palabras de Nocrece, cambió de opinión y se unió a los demás. Ahora Calzapié estaba completamente solo. Hombrecorto añadió: "Calzapié, te queremos y siempre te hemos respetado y te hemos seguido. Pero en esta ocasión todos estamos en desacuerdo contigo. Sabemos que debemos subir y golpear algunas cabezas. Si lo hacemos, y le damos a Yoshicami la oportunidad de regresar a este pueblo, por fin nos dejarán en paz."

Keleewa y su hermano no quisieron tomar posiciones. Más tarde supimos que no sabían de qué lado ponerse. El sol quemaba más.

En realidad, Calzapié quería unirse a ellos. *Si creen que Pelorojo tuvo lo que se merecía, si creen que somos unos cobardes, ¿por qué no darles una lección?* Y sentaba bien saber que tenía la capacidad de hacerlo, también. Sentía aflorar el mismo poder que solía tener cuando sus espíritus le incitaban a asaltar otros pueblos. La misma sensación que todos tenemos cuando luchamos. Una sensación que dice: "Soy el más fiero y lo demostraré." *¿Por qué no?* Se preguntaba Calzapié. *Les demostraremos quién tiene el poder de verdad.*

Calzapié se controló a sí mismo por un momento. *No*, pensó. *Estos pensamientos son el primer paso hacia la guerra.*

"Ahora mismo tengo los mismos pensamientos que vosotros," dijo a sus amigos. "Sé exactamente cómo os sentís. Estáis deseando por golpearles y demostrarles que están equivocados. Sé que tenemos razón. Y tenemos derecho. También tenemos el poder para hacerlo. Pero ese sentimiento, esas ansias de golpear a alguien y enseñarle quién tienes razón, eso es lo que está mal."

Fueron las palabras más apasionadas de toda su vida. "Yo también sufro por Yoshicami," dijo Calzapié. "Es mi prima hermana. Pero hay algo que muchos de vosotros no sabéis. Las viejas costumbres. Vosotros los jóvenes no conocéis los antiguos caminos. No sabéis lo que es la guerra. Incluso los más viejos lo habéis olvidado. Lanza, ¿has olvidado lo mucho que sufríamos después de cada victoria? Sufríamos tanto que una victoria no era una victoria."

Lanza se acordaba. Calzapié sabía lo bien que Lanza se acordaba. Su hijo Hombrefruta también lo sabía. Lanza todavía veía la cara del joven guerrero gritando: "¡No me mates, hermano mayor, no me mates!"

Calzapié siguió hablando: "Cuando nos levantábamos por las mañanas, estábamos tan asustados que no podíamos andar por fuera del shabono. Teníamos tanto miedo constantemente que no podíamos ir a buscar comida para nuestras familias. Por eso murieron tantos. Y por las noches estábamos tan asustados que no podíamos dormir. Así era nuestra vida. Si tuvierais idea de lo horrible que eran esas antiguas tradiciones, jamás querríais participar en un ataque."

Todos movieron la cabeza. "Eso es lo que dicen de ti," dijeron a Calzapié. "Por eso tenemos que hacer esto."

Escucharon todo lo que Calzapié tenía que decir. Tenía razón. *No* lo sabían. Pero todos sabían que debían hacerlo. Escucharon, pero salieron. Armados con arcos, flechas, garrotes y rifles, todo lo cargaron en sus canoas. Incluso las mujeres fueron con ellos. El sol produjo destellos en el agua.

Calzapié permaneció con Keleewa y Miqie y observaron dos piraguas, sobrecargadas con guerreros, mujeres y niños, moviéndose lentamente por el Padamo hasta desparecer tras el follaje al pasar la primera curva. Luchó por contener las lágrimas. Ahora era viejo, pero aún podía llorar. Keleewa y Miqie sabían que estaba a punto de llorar porque sabía lo que iba a pasar. Sin embargo, no se les ocurría nada que decir. Se volvió y caminó lentamente hacia la iglesia.

Estaba avanzada la tarde. El pueblo estaba vacío. Sólo unas pocas mujeres viejas se habían quedado para cuidar de los pequeños. Y la esposa y los hijos de Calzapié se habían quedado. Calzapié volvió la mirada hacia el pueblo vacío y continuó su camino, entrando en la iglesia.

Se sentó en un banco de atrás y recordó cómo los guardias le habían dicho a Yoshicami que podía hacer lo que quisiera. Luego recordó la siguiente reunión con el problemático César. Incluso eso habría ido bien si Barbudo no hubiera aparecido. Recordó cómo había impedido que comenzara la pelea. Ahora se sentía tan inútil.

Había hecho todo lo que había podido, pero había fallado. Todo lo que podía hacer ahora era hablar con Yai Pada. Sus ojos se llenaron de lágrimas al pensar que su pueblo estaba yendo a la guerra, y contra sus propios parientes. *Esa gente de Olvidadizo también son parientes míos, y no tienen nada que hacer contra nosotros,* dijo, suplicando a Yai Pada. *¿Quién lo va a celebrar cuando venzamos?*

Dos curvas antes de Olvidadizo hay un pueblecito que se había separado de ellos. Los guerreros Miel se detuvieron allí a pasar la noche. "Es demasiado tarde para pelear hoy. Lucharemos con la buena luz de la mañana," dijo Elfiero. Elfiero nunca hablaba mucho, era tan fiero que no lo necesitaba. Pero, ahora que el pueblo iba a pelear, Elfiero era, de repente, el líder. Él nunca había abandonado las viejas costumbres.

Calzapié se fue a casa. Intentó ayudar a su esposa un poco. Pero se dio cuenta de que no era de mucha ayuda, así que regresó a la iglesia. Las paredes de barro y el techo de palma hacían que se estuviera fresco dentro. Pero, tan vacía. *¿De verdad soy el único que quiere la paz?* Se preguntaba Calzapié. Estaba tan solo. Pasó por el lugar el que estuvo Yoshicami unos días antes y donde estuvieron César y Barbudo.

¿Cuánto más tenemos que sufrir con estos nabas que tienen espíritus malos? Preguntó Calzapié a Yai Pada. Tienen espíritus malos y ni siquiera lo saben. Se sentó en la silla que solía usar y les recordó: Había un chico de un pueblo visitante al que los niños llamaban El-Que-Acarició-El Pene-De T.C., más tarde descubrieron cómo se había ganado su hermoso reloj. La manera en que se había ganado el nombre era demasiado sucia para que Calzapié siquiera pensara en ella. Los adultos de Miel hicieron que los niños dejaran de usar se nombre.

Y el Espíritu Howashi no era el peor que tenía el grosero blanco. *¡Ayúdanos, Yai Pada!* Era todo lo que podía pensar cuando recordaba el horror de lo que el naba había hecho. *Eres nuestra única esperanza contra gente como él.*

La historia que estaba recordando era la de la cabeza perdida de Shetary. Llevó muchas estaciones de calmada charla que todos supiéramos qué ocurrió aquel terrible día. Un pequeño grupo de jóvenes guerreros había abandonado el pueblo de Shetary cuando vieron que la gente estaba enfermando y muriendo. Les guiaba el naba blanco T.C. Se detuvo cuando vio la heeheeka en la que estaba el hijo de Shetary. "Sube ahí y baja esa cosa," dijo a uno de los chicos. Estaban demasiado sorprendidos para moverse. No podían creer lo que estaban oyendo. "¡Quiero esa cabeza!" dijo T.C. violentamente. Todos los indios chascaron la lengua y movieron la cabeza con temor cuando se dieron cuenta de lo que estaba diciendo.

Es verdad. T.C. tenía espíritus que ningún chamán jamás querría. Calzapié se sentó en la iglesia recordando cada detalle de la historia de terror que todos los yanomamis conocían. Conocíamos la historia como si hubiéramos estado allí. Los nabas eran los únicos que no la sabían. *Los nabas nunca entenderán cosas que para nosotros están muy claras,* pensó. *¿Por qué nadie sería tan retorcido como para robar la cabeza de un hombre muerto?*

"Jamás," había respondido el joven guerrero a T.C., a pesar de que le tenía miedo.

"¡Venga!" gritó excitado T.C. "Quiero esa cabeza. La quiero desesperadamente. Vale mucho dinero. Tengo que conseguirla." Prácticamente estaba saltando arriba y abajo. Todos estaban horrorizados de pensar que le cortaría la cabeza al chaval. T.C. ordenó a otros guerreros que subieran y lo bajaran.

"¡No le haríamos eso ni al cuerpo de nuestro peor enemigo!" contestó el hombre. "Si quieres eso, tendrás que cogerlo tú mismo."

"¡Tengo que conseguirla!" repitió T.C. "Vale mucho dinero." Los indios volvieron a chascar sus lenguas antes el horror del pensamiento. *¿Cómo puede alguien pensar algo tan malvado?* Pensaban todos. T.C. se lo pidió a cada indio, pero por supuesto, no consiguió que ninguno le ayudara con su perversa idea.

Así que apoyó un palo contra el travesaño del extremo más largo de la heeheeka. Los indios retrocedieron horrorizados mientras le veían subir y cortar las lianas. La heeheeka cayó al suelo de la selva. Entonces, T.C. sacó de su bolsa algunas cosas que ellos nunca habían visto. Eran muy finas, casi blancas, muy estiradas sobre sus manos y seguían hasta los codos. Luego sacó una cosa que era fina y blanca y con forma de media calabaza. Encajaba perfectamente sobre su nariz y su boca y estaba atada con unas cuerdecitas que rodeaban su cabeza.

Los indios estaban muy sorprendidos de ver a un grosero blanco humillar un cuerpo muerto abriendo la heeheeka. Se horrorizaron cuando vieron que ya no tenía pelo ni labios y que el pecho estaba lleno de gusanos. *¿Qué nos hará su padre,* se preguntaban, *cuando vuelva y se encuentre con esto? No nos ha hecho nada que merezca algo tan malvado.* Movían sus cabezas y chascaban sus lenguas mientras veían cómo T.C. cortaba la cabeza y la ponía en una bolsa. Entonces todos salieron corriendo de miedo por el camino y no pararon hasta que llegaron al barco.

Río abajo, el pueblo no comprendió por qué los indios y T.C. pasaron tan rápido y ni siquiera se pararon. Y no se detuvieron en ningún lugar del río, ni siquiera hablaron hasta que estuvieron lejos. Cuando pararon, T.C. colocó la cabeza dentro de una cosa metálica que tenía, la llenó con algún tipo especial de agua, le colocó una tapa bien fuerte y la guardó. Nadie la volvió a ver.

Los indios se pusieron de acuerdo en que jamás contarían lo que había pasado. ¿Cómo podrían vivir con la vergüenza de haber permitido que el naba hiciera aquello? Nosotros hacemos muchas cosas malas, pero ninguno de nosotros ha pensado jamás, siquiera, algo tan malvado.

Pero una historia como esta no se puede mantener en secreto. Todos confían que nadie se lo dirá a otro. Pronto todos los saben, aunque nadie lo dice. Incluso en la actualidad los guerreros que estuvieron con T.C. dirán que ellos no fueron, por lo avergonzados que están de haber dejado que aquello ocurriera. Pero todos saben exactamente lo que pasó, y Calzapié estaba allí sentado recordando cada detalle. *¿Por qué no nos has librado de estos nabas?* Preguntaba a Yai Pada.

A la mañana siguiente, temprano, Calzapié caminó de nuevo a través del vacío pueblo hasta el edificio de la iglesia. Todo estaba demasiado en calma con todos fuera.

Dos curvas antes de Olvidadizo, Catalina desató su hamaca, y luego la de Rabodeperezoso y las de los niños. Las demás esposas hicieron lo mismo. Los hombres recogieron los cacharros de los fuegos casi extinguidos. Nocrece y Hombrecorto se cruzaban en el camino mientras cargaban las canoas. Nadie recordaba cuándo habían viajado juntos como guerreros, como ahora. "Guerreros" no es la palabra adecuada para estos hombres, son cazadores, no asaltantes. La emoción de las viejas costumbres estaba en el aire y Hombrecorto la notaba, unas viejas costumbres a las que, en realidad, no quería regresar.

Cuando rebasaron la primera curva del río aquella mañana, vieron la segunda más adelante. Tras ella se hallaba Olvidadizo. El sol estaba a medio camino y se reflejaba en el agua. "¡Haremos un disparo de alerta cuando pasemos aquella curva!" gritó Nocrece, y todos cargaron sus rifles.

Tras la segunda curva, cuando sólo había agua entre ellos y el pueblo, Nocrece hizo una señal y todos dispararon sus rifles a la vez. El sonido fue tan fuerte que les molestaron los oídos. Dejaron sus pistolas, sus arcos y sus flechas con las mujeres y los niños en las canoas y entraron en el pueblo sólo con los garrotes. Las peleas casi siempre empiezan siendo pequeñas. No querían matar, sólo romper algunas cabezas. Pero, desde luego tenían derecho a matar. Si alguien moría, volverían rápidamente a por las otras armas.

Olvidadizo aún vivía en shabonos porque no sabían construir casas. Pero la entrada estaba tan tupida de vegetación de la selva, que los guerreros Miel tuvieron que emplear media mañana trabajando con sus machetes para despejar la maleza para la batalla.

"¡Os estamos oyendo ahí fuera!" dijo un guerrero desde dentro. "Es muy amable de vuestra parte que nos despejéis el camino."

"¡Sí!" gritó otro, "especialmente cuando todo lo que vais a recibir a cambio es un montón de cabezas rotas."

"¡Daos prisa! Estamos deseando que entréis y nos deis una lección."

El largo tiempo de ser diferentes se había acabado. Los de Miel estaban a punto de hacer precisamente lo que mis espíritus y yo siempre habíamos deseado, a punto de unirse a nosotros de nuevo, con nuestras viejas costumbres. Ahora volverían a ser auténticos yanomamis. Seríamos una tribu unida de nuevo. El largo tiempo de separación estaba a punto de terminar y mis espíritus lo celebraban conmigo. Se sentían salvajemente complacidos. *Ahora puedo regresar a Miel*, me dije, *y celebrar todos juntos como solíamos hacerlo, beber los huesos de nuestros parientes y salir a atacar a otros pueblos juntos.* El pensamiento era maravilloso. *Incluso, puede que vuelva a enseñar a Calzapié a ser un chamán de nuevo. Era muy bueno. Sé que puede ser tan bueno como yo. Mi esposa se pondrá muy contenta al ver al pueblo de su hermano de vuelta con nosotros.*

Yai Pada, imploraba Calzapié. Sin embargo, ya había dicho todo lo que sabía decir. Lo había dicho tantas veces que estaba seguro de que Yai Pada estaría cansado de oírlo. *Por favor...* rogaba. Rogar era lo único que le quedaba.

Recordó muchas estaciones atrás, cuando yo le estaba entrenando para ser chamán, que Pepe había pedido a Yai Pada que librara su alma del juicio. Lo llamaba "oración." Cuando Pepe terminó, Calzapié oró. Pero no estaba muy seguro de qué decir o qué significaba, era algo sobre seguir los nuevos caminos del gran espíritu. Después, salió de la casa de hojas de Pepe y se fue a la selva para estar a solas. Lo recordaba como si fuera ayer.

Lejos del pueblo, Calzapié había abandonado el sendero para que no pudieran seguirle. Se sentó en un almohadón de hojas de la selva y se echó contra un enorme tronco de madera, miró hacia arriba al techo de follaje sobre su cabeza. "Este lugar es maravilloso," dijo, "pero tan misterioso."

Habló con este nuevo espíritu diciendo cosas que jamás podría haber dicho si Pepe hubiera estado escuchando. Pepe no podría entender lo que los chamanes sabemos. "No puedo expulsar a estos espíritus míos," dijo Calzapié a Yai Wana Naba Laywa. "Me matarán antes de salir. Te dejo que los saques tú, si puedes. Sin embargo, no sé por qué razón habrías de hacerlo. Eres el espíritu hostil, el enemigo. Si alguna vez te has dado cuenta de que existo o te he importado, sabes que siempre he necesitado más espíritus. Mis propios espíritus me lo decían. Si tú eres el espíritu que yo necesito, entonces tendrás que deshacerte de los demás. Pero yo no puedo echarlos."

Después de eso, Calzapié no volvió jamás a tomar ebena, ni habló con sus espíritus. Esperó que intentaran matarle, como hicieron cuando yo empecé a entrenarle.

Unos días más tarde ocurrió, pero no como el supuso que sería.

Estaba echado en su hamaca, adormilado, cuando el mismo Omawa, el jefe de todos nuestros espíritus, vino a él de la profunda selva. Mientras venía, metió su mano en la selva y recogió las más dulces esencias del mundo. Su belleza, su poder y su dulce perfume eran tan maravillosos que Calzapié supo que jamás podría resistirse. Su cuerpo se llenó de excitación. ¡Era tan importante que el mismo Omawa había venido a visitarle!

Omawa sacó a Calzapié en brazos de su hamaca y empezaron a bailar por la selva. Esto era mejor que la ebena, las mujeres o cualquier cosa que Calzapié pudiera imaginar, a pesar de que sabía que Omawa pronto le devolvería con sus espíritus. Aún así, era un momento irresistible.

De repente, justo cuando estaban a punto de bailar para siempre en la selva, fueron golpeados por una blanca luz, tan brillante como muchos soles, cegadora como nada que Calzapié hubiera visto antes. Era como el fino destello de un relámpago que no paraba. La luz brillante permaneció allí, y su calor llenó a Calzapié de nuevas sensaciones que jamás había experimentado, una sensación de seguridad. Era muy agradable.

En el momento en que apareció la luz, una voz enorme había dicho: "No puedes quedártelo. Es mío." ¡Y Omawa salió corriendo aterrorizado! Corrió a través de la selva, hasta que desapareció de la vista. *Es él*, pensó Calzapié cuando escuchó la voz. *Es Yai Pada, el gran espíritu, ¡y no es el enemigo! ¡Me escuchó cuando le pedí que espantara a mis espíritus! ¡Después de todo, tiene que ser amigo mío!*

La luz, el calor, la seguridad, el cuidado del espíritu más poderoso, todo era demasiado para que Calzapié lo asumiera en un momento.

Ahora, Calzapié estaba sentado en su silla, al frente de la iglesia de Miel y recordaba. Era joven entonces y ahora era viejo. Pero, aún recordaba aquel día y el brillo de la belleza de Omawa. ¡Qué fascinante era! Sin embargo, Calzapié sabía que los espíritus de Omawa eran la razón de toda su miseria. Aquel día fue el comienzo de una nueva vida con Yai Wana Naba Laywa, el espíritu enemigo que se había convertido en un amigo. Desde aquel día Calzapié nunca había vuelto a ver a Omawa, ni a oír hablar de él ni de ningún otro espíritu.

He fallado, Yai Pada, lloraba ahora. *He hecho todo lo que podía y he fallado,* siguió diciendo. *Esta gente es demasiado terca para entender, incluso Keleewa. Todos están contra mí. Tú eres todo lo que me queda. Tú nos sacaste a mí y a mi gente de la más famélica miseria. ¿Por qué habrías de hacer aquello para dejarnos volver otra vez a la guerra? Sin embargo, aunque tú me fallaras, yo ya no volvería a mis espíritus, no después de la vida que he tenido contigo. Tu espíritu me ha liberado del temor que siempre tenía a tantas guerras. Acabaste con mucho sufrimiento cuando te convertiste en uno de nosotros para librarnos de estas guerras. Por favor, no permitas que volvamos a ellas.*

Calzapié permaneció toda la mañana en el pequeño edificio diciendo estas cosas.

Al otro lado de la entrada de Olvidadizo, los guerreros Miel habían terminado por fin de quitar las ramas. Se reunieron para atacar todos juntos. Ahí estaban Hombrecorto, Nocrece, Hombrefruta, Gracioso, Rabodeperezoso, Cabezón y los demás, esperando que Elfiero liderara el asalto. Cuando atacaron la entrada del shabono, los Miel se encontraron con los tres guerreros más valientes de Olvidadizo, los que habían fanfarroneado con que jamás conseguirían entrar. Exactamente como en la pelea con los Desembocadura, los pequeños garrotes de los Miel habían funcionado muy bien. Zas, zas, zas, zas, zas, sonaba en la cabeza del jefe. Cayó al suelo antes de que pudiera asestar un solo golpe. Los otros dos valientes guerreros recibieron los mismos rápidos golpes en sus cabezas y los guerreros Miel pasaron sobre ellos al interior del shabono.

Las mujeres y los niños gritaron y se dispersaron en todas direcciones. La mayoría de los guerreros corrieron al ver lo fácil y rápidamente que sus mejores guerreros habían sucumbido. Sin embargo, un guerrero valiente nunca huye. Por eso jamás llegan a viejos. Los guerreros valientes de Olvidadizo recibieron garrotazos hasta que empezaban a tambalearse y caían.

Todo terminó muy rápido. Los que habían escapado, volvían lentamente al shabono cuando se daban cuenta de que nadie les perseguía y que sus líderes habían sido golpeados, pero no hasta la muerte. Las mujeres también regresaron al shabono. Fue la primera victoria yanomami en que las mujeres no fueron violadas.

"¿Dónde está Yoshicami?" gritó Hombrecorto a su padre, que estaba sentado sosteniendo su sangrante cabeza y murmurando algo para sí sobre por qué no la había dejado quedarse en Miel. "Finalmente se escapó."

"Si se hubiera escapado, habría corrido hasta Miel," dijo Hombrecorto, "¿dónde está?"

"Cuando se enteró de que Pelorojo había muerto, se alteró tanto que salió corriendo hacia la selva y no hemos podido encontrarla. Lleva a su hijo."

"Quememos este lugar," dijo Gracioso y corrió a la canoa. Regresó con una lata de combustible.

"¡Espera, espera!" gritaron Nocrece y Rabodeperezoso. "Deja ese combustible. No hemos venido aquí a hacer daño a los niños. Mira a tu alrededor, Gracioso. ¿Ves a algún hombre a quien no hayamos aporreado la cabeza?" Gracioso miró la lata que tenía en la mano. Pensó en los niños. Se sintió muy avergonzado.

Todos miraron alrededor. Ninguno de los de Miel había recibido ni un solo golpe. Todos los enemigos estaban igual que el padre de Yoshicami, la sangre les bajaba por la cara, goteaba en el pecho y caía al suelo. "Hemos hecho lo que veníamos a hacer."

Hombrecorto señaló a los heridos. "Si aún siguiéramos las viejas costumbres, os habríamos matado a todos. Jamás olvidéis eso." No tenían fuerza para levantar la mirada hacia él. Sin embargo, le oían. "Y nos hubiéramos llevado a Yoshicami y al resto de las mujeres. Y sabéis también lo que hubiéramos hecho con ellas. Nos vamos a marchar, pero que no volvamos a escuchar que amarráis a esa chica. Si nos enteramos de que lo hacéis, volveremos."

El padre de Yoshicami era muy viejo, pero tenía buena memoria. Recordaba el gran ataque a Patata. Recordaba toda la gente que habían masacrado y todas las mujeres que habían violado.

El viejo se sentó confundido. La sangre que brotaba de su cabeza, no le ayudaba a pensar con claridad. Levantó la mirada hacia Hombrecorto con interrogantes en sus ojos. *Esta gente, se dijo, que yo pensaba que no eran lo bastante valientes para ser yanomamis, acaban de demostrar su valentía protegiendo a mi hija. Y ahora, me demuestran que no lo son dejándonos con vida y no robando ni violando a nuestras mujeres.*

Dos días después era el primer día de la semana, y el Pueblo Miel se reunió en la iglesia para su encuentro semanal. Calzapié se levantó a hablar.

"Quiero hablaros de una cosita hoy," comenzó. "Los que de vosotros podéis leer, habéis visto en el libro de Yai Pada, cuando dice: 'Mientras sea posible, en lo que podáis, vivid en paz con todos los hombres. Nunca os venguéis por vosotros mismos, dejad lugar a la ira de Yai Pada.' Yai Pada dice: 'La venganza es mía, yo pagaré.' "

Calzapié permaneció en silencio por un momento, mientras dejó que todos pensaran en lo que iba a decir.

"Ya que vosotros sois toda mi familia y mis mejores amigos en el mundo, quiero que sepáis que yo creo que Yai Pada escribió estas palabras precisamente para nosotros los yanomami. Todos sabéis que a lo largo de nuestra vida siempre hemos buscado venganza. Las mujeres más viejas sabéis cómo habéis guardado los huesos de vuestros parientes, esperando que vuestros niños crecieran para que pudieran beber esos huesos y salir a matar. Sabéis que nuestros antiguos espíritus siempre nos ordenaban matar para vengarnos. Ahora seguimos a un espíritu que nos dice justo lo contrario.

"Os digo que Yai Pada escribió esto para los yanomami porque nadie sabe más de la guerra que nosotros. Sabemos que ninguna batalla termina. Siempre nos aseguramos de que continúe.

"Si dejamos que Yai Pada se encargue de la venganza, nuestras batallas siempre serán más pequeñas. Si *él* quiere matarlos, que lo haga. Pero nosotros no seremos culpables si ocurre, y la pelea no irá creciendo."

Calzapié observaba como su gente se movía en sus bancos mientras él hablaba. "No diré que estoy contento de lo que hicisteis. Estabais equivocados al intentar tomaros vosotros mismos la venganza. Cuando les atacáis, la cosa siempre empeora. Eso es exactamente lo que Barbudo quería. El nuevo espíritu al que ahora seguimos está dejándonos esto muy claro y quiero que todos lo que habéis aprendido a leer, lo leáis para vosotros y para vuestros padres."

"Este nuevo espíritu quiere que abandonemos nuestra antigua vida de venganza. Si hubiera muerto alguien de Olvidadizo, estaríamos en guerra. Sabéis que muchos de esos instruidos nabas, al igual que Barbudo, quieren que nosotros los de Miel volvamos a nuestras antiguas tradiciones. Saben que todos los yanomami nos observan y desean ser como nosotros. Los nabas saben que, si fallamos en nuestro nuevo camino, los demás yanomami permanecerán en sus viejas tradiciones. Por eso a los nabas les encantaría que nosotros regresáramos a los caminos antiguos."

Todos estaban en silencio. Pudieron notar mucha emoción en su voz cuando terminó con las palabras: "¡Pero, jamás lo haremos!"

Calzapié se sentó. Hombrefruta se levantó para hablar. Siempre pensó que él debía haber sido el jefe del pueblo, así que a menudo desafiaba a Calzapié. Por eso había ansiado tanto la venganza. Sin embargo, no quería que volvieran las antiguas costumbres. Ahora se daba cuenta de que Calzapié tenía razón.

"No estamos orgullosos de lo que hicimos," dijo a todos. "No lamentamos lo que hicimos, pero no lo volveremos a hacer. Algunos de vosotros, los más jóvenes, habéis estado fanfarroneando sobre lo mucho que les dimos. Dejad de hacerlo. Creíamos que teníamos que hacerlo y lo hicimos. Pero no es algo de lo que alardear. Usar vuestras bocas de esa manera es lo que trae más problemas."

Poco tiempo después, Yoshicami se sentía tan infeliz en Olvidadizo que escapó a otro pueblo en el que tenía parientes. Jamás regresó a Olvidadizo. Pielargo se quedó con una sola esposa, la pequeña y bonita Yawalama.

Os hablé antes de Yawalama y cómo su hermano Raúl intentó evitar que sus padres la dieran a Pielargo. Sabía que Pielargo sería tan cruel con su hermana pequeña como lo había sido con Yoshicami.

Yawalama no tenía ningún deseo de vivir en la misma miseria en la que había vivido Yoshicami. Cada noche, Pielargo tenía que arrastrarla hasta su hamaca pateando y gritando. Entonces, ella molestaba a todo el pueblo con su fuerte llanto. Era un desastre, pero es la costumbre yanomami, y su familia sabía que, al tiempo, ella se acostumbraría y aprendería a aceptar la vida junto a él. Al menos, pronto aprendería que toda la agitación era una pérdida de energía.

Dos meses más tarde, el pueblo estaba realmente cansado del ruido de cada noche. Finalmente, Pielargo se dio cuenta de que ella, en realidad, quería a uno de los jóvenes de su misma edad.

"Si tonteas con otro hombre, te mataré," dijo a Yawalama para que todos pudieran oírlo.

"Es mi hermana," le dijo Raúl, "y yo no me voy a quedar quieto viendo cómo la matas. Si la tratas bien, mejor de lo que trataste a Yoshicami, aprenderá a quererte después de un tiempo. Hablar de matarla no va a hacer que te quiera." Sin embargo, el trato de Pielargo no mejoró y cada noche hacía lo mismo, la arrastraba gritando hasta su hamaca. El pueblo estaba molesto. Le estaba llevando demasiado tiempo a la chica acostumbrarse a su esposo. El arrastrar y el lloriquear tenían que haber terminado hacía mucho.

Un día todos los hombres se fueron de caza. Hacía un día perfecto para cazar, por eso a Raúl le pareció extraño que su cuñado abandonara la partida de caza sin decir nada. Pielargo volvió al shabono, desató su hamaca y recogió todas sus cosas. Luego se fue a la selva y lo escondió todo entre los matorrales. Cuando volvió al shabono, pasó mucho tiempo afilando su machete.

"¿A dónde vas?" le preguntó una de las mujeres.

"Voy a visitar a mi familia," dijo. Su familia vivía lejos, en el nacimiento del Padamo. Las mujeres no le creyeron, así que dos de ellas fueron a buscar a los hombres.

Yawalama estaba en el huerto recogiendo yuca. Sacó otra raíz de yuca y la añadió al montón que ella y su amiga estaban haciendo para pelarlas y rallarlas. "Hemos recogido mucha yuca esta temporada," dijo. Cuando levantó la mirada, allí estaba su marido andando hacia ella entre las plantas de yuca. Su machete brillaba a la luz del sol y en sus ojos vio a un hombre decidido a acabar con su problema. La joven gritó y empezó a correr.

Las mujeres encontraron a la partida de caza. "Ven rápido," dijeron a Raúl. "¡Creemos que va a hacerle algo a Yawalama!"

Yawalama había salido del huerto y estaba en el camino de la selva cuando Pielargo la alcanzó y la tiró a tierra. Ella se puso de pie de un salto y él le cortó una pierna por debajo. Con su espalda en tierra, la mujer usó sus brazos para protegerse de su machete. Él le dio machetazos como un animal loco y la dejó para que muriese.

Raúl escuchó los lamentos de las mujeres antes de llegar al shabono. *Es demasiado tarde,* pensó, *ya ha muerto.* Su madre lo encontró en el camino. "Es demasiado tarde," gimió. "Está cerca del huerto."

Tiene que estar viva, esperaba Raúl. Corrió hacia el huerto y vio algunos matorrales que tenían las hojas cubiertas de sangre, incluso las más altas que él. Apartó el matorral. Allí, en un charco de sangre, estaba la hermana que tanto había intentado proteger. Parecía un animal destrozado. Algunos de sus huesos estaban rotos del todo, sólo colgando de la carne. Huesos y tendones blancos se desparramaban por todos lados.

Raúl envió a su tío, remando río abajo, hasta Miel, el pueblo enemigo, a pedir ayuda. "¿Está muy mal la mujer?" preguntó Keleewa al hombre jadeante.

"Puede que no esté viva cuando volvamos," dijo el tío. La gente de Miel conocía bien a Yawalama. Con sus hermosos y grandes ojos marrones y su ondulado pelo negro, se había ganado el corazón de todos.

Gracioso tomó dos hombres con él y saltó a la canoa. Casi había oscurecido cuando tiró de la cuerda y arrancó el motor. El frontal de la canoa se alzó sobre el agua, el motor lanzó una onda que chocó contra la orilla y la canoa se movió hacia la corriente y se dirigió río arriba. *Sólo hace dos lunas, intenté quemar ese pueblo,* pensó Gracioso. *Ahora salimos en su ayuda.*

Fue en mitad de la noche cuando Gracioso acercó la canoa a la orilla de Miel. Estoy perdiendo el tiempo, pensó mirando a la mujer hecha pedazos. Raúl estaba con él. La mitad del pueblo salió a su encuentro con linternas. El horror apareció en sus caras cuando la gente de Miel vio a Yawalama. Hicieron falta cinco personas para trasladarla para poder llevar los trozos que estaban casi amputados. Deemeoma hizo todo lo que pudo para ayudar.

"¡Está desecha!" susurraron las mujeres juntas.

"¡Está muerta!" gimieron otras, y comenzó un llanto de duelo. Incluso los hombres se unieron.

A la luz de la choza que usaban para practicar la medicina, Keleewa, su mujer y sus hermanas la miraban. "¡Qué le habéis hecho a esta chica!" gritaba Keleewa, conmocionado, a todos. La recordaba tan claramente ocho estaciones antes, cómo saltaba, reía y jugaba, sus grandes ojos brillando para todos. Recordaba cómo saltaba en sus rodillas. Ahora, sostenía su mano y su antebrazo con dos huesos sobresaliendo, completamente separado de la parte de arriba del brazo, excepto por un pequeño músculo. En su mano derecha, sostenía la muñeca de ella con otros dos huesos más que salían.

Las lágrimas afloraron a sus ojos. *¿Por qué me trajo Dios a este lugar?* se preguntó. "Dios" era el nombre naba de Yai Pada.

"¡Deberían llevaros y mataros a todos!" gritó. "Esta niña era tan bonita. ¡Sólo tiene trece estaciones y la habéis rajado como a un animal!" Limpió la suciedad y las hojas de los músculos y presionó el brazo uniéndolo de nuevo. "Esto es lo que conseguís cuando entregáis a estas niñas a gente que ellas no quieren. ¿Cuándo aprenderéis? Si pudiera os sacaría y os daría una paliza a cada uno. Mejor aún, ¡os dispararía! Esta hermosa niña no tiene posibilidades de vivir. Va a cerrar sus ojos en un instante y no la volveremos a ver. ¡Pertenecéis al diablo! ¿Qué hago en este lugar olvidado de Dios?"

Keleewa estaba intentando cubrir el músculo de la pierna de Yawalama como algo de piel suelta, cuando levantó la mirada y vio los ojos de Raúl. Allí vio la misma desesperación que él sentía. Había estado gritando a la víctima.

Keleewa se acercó a Raúl y puso sus manos llenas de sangre alrededor de él: "Haremos todo lo que podamos." Se volvió a Yawalama moviendo la cabeza murmurando para sí: "No será mucho. Nadie puede sobrevivir a esto." Se volvió y miró la cara de la chica, para ver si seguía con él. Ella conocía a Keleewa. Todos conocían a Keleewa, el mejor amigo que jamás habían tenido los yanomami. Ahora le tocaba a ella recibir su bondad. Sus grandes ojos le miraron a él fijamente y sonrió un poco. *Esa sonrisa no estará ahí mucho tiempo*, pensó él. *Se irá en un minuto, quemaremos su cuerpo y luego me voy y no vuelvo.*

Pero, no murió. Y Keleewa, su mujer y sus hermanas pasaron el resto de la noche limpiando sus heridas y poniendo los músculos de nuevo en los brazos y en las piernas. Ataron los miembros con palos de madera para mantenerlos unidas y pusieron compresas y vendas blancas para apretar todo lo posible. La rótula estaba cortada y los tendones fuera. Lo unieron todo. Cada pocos minutos Keleewa miraba para asegurarse de que seguía viva. Estaba tan cerca de la muerte que no sentía dolor. Parecía que había perdido la mayor parte de la sangre. Raúl permanecía de pie observando y sollozando. Las mujeres lloraban.

Trabajaron en ella toda la noche. No pudieron pedir ayuda por radio, porque los aviones no podían volar de noche.

Cuando por fin salió el sol, Yawalama aún seguía con vida. La esposa de Keleewa usó la radio para pedir un avión. Tres horas más tarde, la colocaron con cuidado en una larga hamaca rígida y la metieron en el avión. Raúl vio cómo se llevaba a su hermana por la pista de hierba y luego arriba en el aire.

Movió la cabeza y lloró. ¿Volvería a verla? ¿Viviría su gente siempre de esta manera? ¿Podrían, alguna de vez, de algún modo, vivir como los de Miel?

EL ESPÍRITU DE LA SELVA

El avión se levantó y voló sobre el río y los árboles. Raúl siguió mirando cuando los demás se habían marchado. *¿Hay esperanza?* se preguntaba. *Aunque sobreviva, ¿a qué volverá? Las mujeres no tienen oportunidades en esta selva.* Recordó aquel horrible olor el día que un hombre se enfureció con su mujer. La tiró al suelo y se puso de pie sobre uno de sus tobillos. Después cogió el otro tobillo y, con las piernas de ella separadas, le metió un palo del fuego entre ellas. "Si no me quieres, no tendrás a nadie por un tiempo," Raúl recordaba al hombre gritando. Lo mantuvo ahí hasta que todo el lugar apestaba a carne quemada.

Raúl siguió mirando hasta que el avión desapareció de la vista. *Quizá me quede en este pueblo algún tiempo,* pensó. *Los hombres de aquí son muy raros. Ni siquiera les preocupa que les vean ayudando a sus mujeres. Quizá yo pueda aprender qué les hace diferentes.*

14

ASESINOS COMO YO

La gente de Miel es muy rica. Y cada estación lo son más. Pero, sobre todo, son felices. Los hijos de Calzapié están sanos y son hermosos. Y su esposa y sus amigos son felices.

¿Y yo? ¿Por qué yo no he sido capaz de enriquecerme? ¿Por qué soy tan infeliz? Mi pueblo no es nada. Todos mis hijos han muerto, excepto uno. Y tiene el Espíritu del Ciervo. Bueno, él dice que tiene el Espíritu del Ciervo. Pero él no lo tiene, el Espíritu del Ciervo lo tiene a él. ¡Me es inútil! Yo mudaría nuestro pueblo entero a Miel, pero el Espíritu del Ciervo jamás dejaría venir a mi hijo. Y yo quiero demasiado a mi hijo como para abandonarlo. Todo es culpa del Espíritu del Ciervo.

¿Qué me queda? ¿Qué beneficio tengo después de toda una vida con estos espíritus?

Un día salí de Miel en una canoa para ir río arriba. Mi esposa se alegró del tiempo que pasó con Calzapié, su esposa y sus hijos. Eran muy felices en Miel y ella siempre se sentía feliz durante el tiempo en que les visitábamos. Gracioso manejaba un motorcito y movía la canoa alrededor de los bancos de arena. *Esta es una forma mucho mejor de viajar que el antiguo remo.* Empecé a pensar mientras observaba la selva colgante deslizarse tranquilamente. Empecé a pensar en mi miseria.

Pasamos Olvidadizo y recordé a Pielargo y el dolor que causó a Yoshicami y a Yawalama. Me recordó el dolor que yo le causé a Deemeoma.

"No nos expulses, Padre," me suplicó el Espíritu Jaguar de nuevo, y estaba con otros. Se arremolinaron alrededor de mí como murciélagos aterrorizados.

"¿Por qué me queréis todavía?" pregunté. "Ahora soy viejo. Ya no os soy útil." Pero siguieron molestándome. Ahora estaba teniendo estos malos pensamientos después de cada visita a Miel. Pero mis espíritus siempre se preocupaban tanto por mis pensamientos, que nunca terminaba de desarrollarlos.

Hoy terminaré mis pensamientos, me dije. Y lo hice. Eran pensamientos de los que siempre había sido consciente. Pero mis espíritus siempre me habían impedido reflexionar en ellos. Sin embargo, hoy no.

¡No tengo nada! ¡He sido un tonto! Toda mi vida he sido un tonto y ahora no tengo ni familia. Todo el amor y la atención que recibo es de esos parientes que han expulsado a todos nuestros espíritus y se han apartado de nuestras tradiciones.

"No es culpa nuestra," suplicó Cautivadora. "Necesitas la ayuda del espíritu de las Familias-Unidas. Te ayudaremos a encontrar al espíritu y tu familia estará mejor, incluso como las familias de Miel." No le respondí. He oído estas excusas toda mi vida: "No nos culpes," "No somos el espíritu adecuado para resolver ese problema," "Necesitas otro espíritu," y así han seguido siempre.

Pero, ya tenía más espíritus de los que ha tenido nadie. Lo que no he tenido en mi vida ha sido suficiente tiempo para que nada mejore.

Mis espíritus odiaban mis pensamientos de aquel día mientras Gracioso nos llevaba a través de cada curva del río. Sin embargo, reflexioné en ellos, a pesar de todo.

No mucho después, estaba andando por el camino una mañana, venía de pescar. No había cogido nada. Era un día brillante y soleado, sin embargo el camino de la selva estaba oscuro y frío. Yo estaba solo con mis pensamientos cuando vi que mis espíritus aparecieron detrás con machetes. Muchos de mis espíritus me habían abandonado y se habían ido con chamanes más jóvenes. Es normal, soy viejo.

Prepararon un poderoso golpe y me dieron en la parte trasera del cuello. Miré para ver si me habían cortado la cabeza y esta rodaba por el suelo. Entonces caí y todo se oscureció. Pero, yo sabía qué estaba pasando. Mi tiempo había acabado. Yo había enseñado esto a todos mis chamanes. Todos sabemos que cuando nuestra vida útil termina, vienen a por ti; te matan, eso es lo que quiero decir.

Pero jamás pensé que vendrían a por mí. Creo que todo pensamos lo mismo. Nunca lo diríamos en alta voz, pero creo que todos tenemos esa sensación: "Los espíritus vienen y matan a los chamanes viejos; pero, por alguna razón, mi hora no va a llegar." Yo, especialmente, tenía derecho a sentir eso, porque siempre había tenido una relación muy especial con todos mis espíritus.

Tan sorprendido como estaba, no había nada que pudiera hacer. Estaban intentando matarme.

En el shabono, mi hijo y el otro chamán podían sentir lo que estaba pasando. Se miraron y mi hijo gritó: "¡Los espíritus están matando a mi padre! ¡Ya le han rajado detrás del cuello!"

Mi esposa chilló: "¡Ve allí y ayúdale!" Todo el pueblo se levantó y salió corriendo a través de la entrada del shabono. Pero yo estaba lejos.

Cuando me desperté, estaba tirado en el suelo. Mis espíritus me estaban golpeando el pecho. Salté y corrí a través de la selva como jamás había corrido. Llegué a un claro, tropecé y caí al suelo. De nuevo comenzaron a golpearme el pecho. Perdí la respiración, pero no sentía dolor. Tumbado sobre la hierba, veía un puño tras otro golpearme el pecho con gran fuerza. Pero no podía sentir nada. Aunque sabía que tenía que haber esperado que esto pasara, no podía creer que mis mejores amigos en todo el mundo estuvieran haciéndome esto. Hasta Cautivadora estaba con ellos.

Justo antes de que me mataran, vino una luz brillante. Era tan brillante que no podía ver nada. Y había algo muy cálido que nunca antes había sentido. Una criatura se puso sobre mí, más resplandeciente de lo que cualquiera pudiera pensar. En el momento en que lo sentí, supe quién era. Era el que siempre habíamos llamado Yai Wana Naba Laywa; el espíritu hostil, el espíritu enemigo. Era el mismo que se había comido a los espíritus de nuestros niños, aquel a quien nosotros y todos nuestros espíritus odiábamos, aquel de quien yo había tenido siempre tanto miedo en Miel. Era el mismo espíritu que mi discípulo, Calzapié, había aceptado cuando expulsó a los espíritus que yo le había conseguido. Todas aquellas veces que él me había enfadado con historias sobre el gran espíritu que se hizo un hombre e hizo un camino hacia su tierra, yo sabía que era este espíritu. Jamás había visto luz más hermosa.

Tumbado en el suelo, en la sombra del resplandor, vi toda mi vida; vi lo completamente engañado que había estado. Recordé todas las cosas que mis espíritus me habían dicho. Ahora, en esta luz brillante, veía que todo eran mentiras. Todo lo que dijeron era mentira. ¡Y mentiras muy inteligentes! Todas nuestras venganzas, cada costumbre, golpearnos el pecho, todo fue para hacernos infelices. Mis espíritus me habían usado para su beneficio.

Vi a Shecoima bailando para salvar al aguilucho. ¡Qué mentira! Me vi a mí mismo persiguiendo las almas de los niños. No se las comían, iban a estar con Yai Wana Naba Laywa en su hermosa tierra del río cristalino. Vi a la gente muerta que yo había colgado en la selva y el sucio trabajo que suponía quitar toda la carne de sus huesos para que pudiéramos triturarlos. ¡Cuán engañado estaba!

He estado huyendo de esta bella criatura toda mi vida, pensé. *Con razón no tengo nada.*

Todo ocurrió en lo que cruje la cuerda de un arco. Yai Wana Naba Laywa llegó hasta mí y me agarró. Me sentí muy seguro. *Por eso no duele,* pensé. Me vigilaba, me apartó de mis espíritus y me dijo: "No temas. Todo irá bien. Estoy aquí para protegerte." Entonces, con una gran voz, el espíritu dijo a mis espíritus: "Dejadle en paz. Es mío." Escaparon en todas direcciones, como una piara de cerdos aterrorizados. Y tenía razón; yo era suyo.

En ese momento me sentí más seguro de lo que jamás me había sentido en toda mi vida. Vi como mis espíritus corrían muy lejos de mí. Cuando vi su terror, todos mis miedos escaparon con ellos. Precisamente cuando más necesitaba otro espíritu, el espíritu de Calzapié, de repente, decidió liberarme de mis espíritus.

Justo entonces, llegó mi pueblo. Me encontraron en el claro, sentado en la hierba, al lado del camino. Estaba aturdido por lo que acababa de ver. Siempre habíamos pensado que Yai Wana Naba Laywa era caliente, como el fuego. Sin embargo, no era así, era cálido. Tan acogedor.

"¡Te estás muriendo!" gritaba mi hijo mientras corría hacia mí.

"No, me siento bien," dije. Pero no podía decir lo bien que me sentía.

"No, te estás muriendo," dijeron los demás. "Los espíritus han venido a matarte. Sabemos que te estás muriendo."

"No, estoy bien," dije mientras me ayudaban a levantarme. "Es cierto vinieron a matarme. Sin embargo, cuando estaba muriendo a causa de sus golpes, Yai Wana Naba Laywa vino y me salvó."

"Iremos a Miel a buscar ayuda."

"No, no la necesito. Me siento bien," dije. Era evidente para ellos que algo andaba mal conmigo. Así que enviaron a alguien a Miel para decir que me estaba muriendo. Nada de lo que yo dijera les detendría.

Aquella noche me tumbé en mi hamaca y por primera vez en mi vida no había espíritus que vinieran para cantar, bailar o hablar. Siempre había pensado que no podría vivir sin ellos. Pero, tumbado en mi hamaca, me sentía tan feliz de escuchar el sonido del silencio. Y no sólo me sentía feliz, también en paz y seguro. Ya no había más multitudes ruidosas u oscuridad en mi shabono. Me preguntaba si era de esta felicidad, paz y silencio de lo que mis espíritus estaban tan asustados cuando me suplicaban continuamente que no los expulsara. "Yai Wana Naba Laywa," dije, "¿tienes oídos como los demás?" Sabía que me oía. Le pedí que me guardara del pozo de fuego, ese lugar que nosotros los chamanes temíamos.

Cuando vinieron los de Miel, les dije que no estaba enfermo y que habían venido para nada. Sin embargo, sabía que necesitaba regresar con ellos para aprender más sobre mi asombroso nuevo espíritu.

En el viaje hasta Miel, yo seguía pensando en todas las cosas que había entendido acerca de mis espíritus en aquel momento, en el camino. En Miel, comencé a aprender de Keleewa sobre el espíritu de perdón en vez de la venganza, del espíritu de la bondad en lugar de la ferocidad. Keleewa dijo que todas estas ideas venían de mi nuevo espíritu. Nosotros los chamanes siempre le hemos llamado Yai Wana Naba Laywa, sin embargo, ahora que sé que no es nuestro enemigo, le llamo Yai Pada, el gran espíritu. Ahora que me han contado cómo se hizo un hombre y abrió un camino para que le siguiéramos a su hermosa tierra, puedo ver lo cierto que era todo.

"Sé," dije, "que me habíais contado antes cómo el gran espíritu se había hecho hombre, pero yo era incapaz de verlo. Sin embargo, sé que es él quien me rescató de mis espíritus en el camino."

Moví la cabeza y chasqué la lengua de nuevo. ¿Cómo me lo había estado perdiendo tanto tiempo? Ahora todo estaba tan claro y era tan distinto.

Un día un visitante vino del pueblo de Velludo con noticias horribles para Keleewa. Alguien había soplado alowali sobre el hermano de Velludo y estaba muriendo. Suplicaba a Keleewa que volviera con él al pueblo.

Después de dos días en el río y a través de la selva, encontraron al hermano de Velludo casi muerto por la malaria. Después que le dieron medicina, mejoró. Keleewa advirtió seriamente al pueblo de que no fue el alowali lo que le enfermó y que no deberían estar preguntando a los espíritus a quién tenían que culpar.

Ahora era sencillo de entender. El alowali era otra gran mentira que los espíritus nos habían contado.

"No lo haremos," prometió Velludo. "Aprenderemos los nuevos caminos y seguiremos al nuevo espíritu. ¿Qué tenemos que hacer para que alguien venga y nos enseñe sobre Yai Pada? No gustaría limpiar una zona aquí en la selva para que el avión pueda aterrizar justo aquí donde nosotros estamos." Keleewa se preguntó si Velludo sabía lo que estaba diciendo.

"Si lo hacéis, vendremos," le dijo Keleewa. Velludo sabía que lo haría.

Velludo empujó la canoa que llevaba a Keleewa, Tropezón y los demás hacia el río y les vio ir río abajo hasta Miel. Recordaba la esposa que había matado. *No quiero tratar a las mujeres así nunca más,* pensó. *No quiero que mis hijos sean asesinos como yo. Quiero que sigan al espíritu de este hombre de paz. Quiero que todos nosotros seamos libres de nuestro pasado. Quiero dormir de nuevo.*

Aquel día Velludo y toda su gente comenzaron a limpiar la selva. Amigos y enemigos vinieron de otros pueblos a burlarse. Había muchos árboles que cortar y tocones que desenterrar. Entonces los problemas golpearon de nuevo. El hermano de Velludo se puso muy enfermo otra vez.

En esta ocasión Miqie, el hermano de Keleewa, fue desde Miel con Gracioso y algunos otros. Llegaron justo antes de oscurecer. El hermano de Velludo estaba a punto de morir. A la mitad de la noche se despertó y les dijo que no iba a volver. Al amanecer estaba muerto. La malaria asesina se llevó a muchos aquella temporada.

El fuego para quemar su cuerpo estaba preparado. Miqie, Gracioso y los demás pudieron oler el humo mientras corrían camino de Miel llevando las noticias.

Casi todo el Pueblo Miel fue al pueblo de Velludo. Se quedaron allí bastante tiempo e hicieron duelo con Velludo y su gente. Les aconsejaron seriamente que no volvieran a sus espíritus para buscar venganza. Para mí, ahora era fácil darme cuenta de que la venganza era el peor de los engaños. ¡Qué mentira! Cómo nos manejó. ¡Y siempre habíamos creído que nosotros manejado a los espíritus!

"Jamás lo haremos," dijo Velludo entre las muchas lágrimas de tristeza por su hermano. Su hermano también había sido un gran guerrero y un asesino. Ahora todo el liderazgo recaía sobre Velludo. "Si terminamos de limpiar la selva para que el avión aterrice, ¿enviaréis a alguien para que nos ayude?" preguntó Velludo.

"Si lo hacéis, alguien vendrá," les dijo Miqie.

Cada vez que pasaba algo parecido, me daba cuenta de lo engañados que nuestros espíritus nos habían tenido en tantas cosas. Sin embargo, el nuevo espíritu no hacía simplemente lo que cualquiera quisiera. Un día Nocrece vino a Pepe con una pregunta. "Este nuevo espíritu que seguimos," le preguntó, "¿puede quitar la gran mancha negra de la cara de Yaiyomee?" Nocrece era consciente de lo mucho que aquello preocupaba a su niña. Estaba empezando a esconder la cabeza para que nadie pudiera verle la cara.

"Por supuesto que puede," respondió Pepe, quizá un poco rápido, pensó. Pero, ¿por qué no? Tras haber visto a un pueblo de asesinos convertirse en unos amantes de la paz tan activos que perdonaban a sus enemigos, ¿qué es una pequeña marca de nacimiento? "Ven a mi casa mañana y hablaremos con Yai Pada." *En realidad, no era tan pequeña,* pensó Pepe.

Nocrece fue y oraron. No pasó nada. Al día siguiente fue otra vez y oraron. Y al día siguiente, y al siguiente. Así estuvieron durante muchas lunas y esto colocó a Pepe en una situación delicada.

"Yai Pada no siempre hace lo que nosotros queremos que haga," dijo Pepe a Nocrece un día. "Sin embargo, de todas formas, podemos seguir pidiéndoselo." Así que Nocrece siguió yendo a casa de Pepe. Pero nunca pasó nada. Esto me recuerda la vez que invoqué a mis espíritus para que enviaran armadillos que escarbaran bajo las paredes de la casa de Pepe y jaguares que estuvieran echados en los caminos. Sin embargo, los espíritus no pudieron hacerlo. Ahora, Nocrece decidió que Yai Pada tampoco lo podía todo. Sin embargo, Nocrece siguió yendo a casa de Pepe.

Yo jamás había pedido a mis espíritus que hicieran cosas mágicas, como lo que Nocrece estaba pidiendo a Yai Pada. Yo sólo quería que se llevaran algo de nuestra miseria y nos ayudaran a vivir mejor. Y ahora veo todas las formas en que ellos nos impidieron vivir mejor.

Sobre esta época, llegó la noticia a Miel de que Tucán estaba enfermo con malaria. Su gente le ayudó a viajar hasta los nabas, pero él sabía que no llegaría a tiempo. Cuando pensó que estaba a punto de dormir, hizo que todos sus parientes prometieran que no beberían sus huesos ni vengarían su muerte. Poco después de llegar a las casas de los nabas, Tucán murió.

Cuando se enteraron en Miel, hubo un gran duelo en el pueblo. Muchos pensaron que habría que organizar un asalto y una matanza para vengarle. La muerte de un gran hombre como Tucán no podía pasar sin venganza. Pero hasta el día de hoy, nadie ha bebido siquiera sus huesos, ni se ha vengado su muerte.

Tucán es uno de los mejores recuerdos de mi pasado. Qué gran batalla mantuvimos yo y mis espíritus contra él y su gente. Aunque había sido enemigo nuestro, ahora es nuestro amigo. Y todo Miel lloró por él. Tuvimos el consuelo de saber que no lo habían matado los espíritus.

Sé que mi tiempo está cerca y es bueno saber que no me matarán mis espíritus.

La muerte de Tucán fue especial porque yo sabía muy bien a dónde se había ido. Él fue el primero de una nueva generación de nosotros, los chamanes, que expulsamos a nuestros espíritus para seguir el camino de Yai Pada hacia su maravillosa tierra. Nuestros espíritus siempre nos dijeron que, si tratábamos de expulsarlos, nos matarían; quizá la mentira más grande de todas.

EL ESPÍRITU DE LA SELVA

15

EPÍLOGO
SÉ BUENO CON ELLA

Fredi jamás fue feliz en Olvidadizo. Aunque le ayudé a encontrar muchos espíritus, nunca consiguió el adecuado. Cuando ya pensaba que no podía estar más triste, la rama de un árbol cayó sobre su hija y la mató. Con su pena, se fue a Miel y expulsó a todos los espíritus que yo le había dado y expuso sus deseos ante el espíritu-hombre Yai Pada. Mis parientes de Miel son muy buenos con él. Ahora es viejo y se siente consolado porque la gran tristeza de su vida ya pasó.

Yawalama se ha recuperado casi por completo. Hoy puede andar y usar las dos manos. Jamás regresó con Pielargo y un joven de otro pueblo la ha tomado por esposa.

Yoshicami estaba tan apenada por la muerte de Pelorojo que escapó de Olvidadizo y jamás regresó. Sufrió mucho cuando lucharon por ella y le golpearon la barriga. Poco después, el vientre se le hinchó, tuvo dolores de parto y perdió el bebé de Pelorojo.

Encontró un hombre en otro pueblo que la cuidó a ella y a sus hijos. Cuando ya estaba a punto de dar a luz, enfermó y ardía de malaria. La trajeron de nuevo a Miel. No podía despertar del todo y el bebé estaba a punto de nacer. Estaba demasiado débil y tanto ella como el niño murieron. La gente de Miel quemó su cuerpo y lamentó su muerte. Siguen culpando a Barbudo por ello.

Tras la muerte de Yoshicami, un indio llamado Carl vino de otro pueblo para vivir y trabajar en Miel. Sin embargo, todos los hombres de Miel se enfadaron con él cuando dio su hija a un hombre que tenía la misma edad que su propio abuelo. Más tarde, decidió entregar a su siguiente hija a Pielargo, el mismo hombre que abandonó a Yoshicami y acuchilló a Yawalama. Entonces, los hombres de Miel le dijeron que no le permitirían hacerlo.

Carl regresó a su antiguo pueblo para preguntar a su padre qué hacer. "Por supuesto que puedes entregarla a -," le dijo su padre. "Somos yanomamis, podemos entregar a cualquier chica a quien nos dé la gana. Son nuestras costumbres. Pero, ¿por qué hacerle algo tan terrible a tu propia hija? Sabes que nuestras costumbres son horribles para nuestras niñas. Así que, si vas a seguir a ese extraño nuevo espíritu de Miel, no puedes entregarla a Pielargo; tienes que ser bueno con ella."

Sin embargo, Carl se la entregó a Pielargo de todas maneras. Cuando Calzapié se enteró, le dijo a Carl que nadie en Miel la consideraría propiedad de Pielargo y que él debería marcharse de Miel y no regresar.

El naba al que llamaban Nofalla estaba de visita en Miel cuando ocurrió aquello. Le preguntó a Calzapié por qué obligaba a su propia gente a cambiar sus costumbres.

Calzapié le explicó. "Incluso antes de que conociéramos algo mejor, sabíamos que nuestras costumbres eran malas. Sin embargo, era todo lo que conocíamos. Ahora que conocemos una mejor manera de vivir, no podemos permitir que nadie venga aquí, disfrute de todo lo bueno que tenemos en nuestro pueblo y, luego, trate a su hija según esas terribles costumbres. Si lo consintiéramos, sería el comienzo de nuestro regreso a las antiguas maneras. Y jamás haremos eso."

Sin embargo, Nofalla dijo que Calzapié había abandonado las viejas costumbres sólo porque escuchaba a nabas como Pepe y Keleewa, y que, si escuchara a nabas como Moscardón, mantendría sus costumbres como muchos otros indios habían hecho.

Calzapié dijo que él podía escuchar a quien quisiera.

Entonces, Nofalla le dijo lo que la mayoría de los nabas decían, que la gente de Miel había sido engañada por nabas que les ofrecieron mercancías para que expulsaran a sus espíritus y fueran a la iglesia. La gente de Miel es pobre, así que lo hicieron.

"Los nabas que dicen esas cosas son buenos escribiendo libros y haciendo fotografías de nuestras mujeres desnudas para luego venderlas," dijo Calzapié a Nofalla. "Se burlan de mi gente. He vivido toda mi vida en esta selva. Si ellos creen que saben cuál es la mejor manera de vivir aquí, que vengan y nos enseñen. Y diles que no traigan sus pistolas. Y tampoco sus ropas. Incluso les enseñaremos a plantar yuca antes de enviarles a su maravillosa vida en la selva."

Señaló al otro lado del río, hacia el verde infinito. "La gente que habla de esa manera, no conoce el dolor de mi gente que sigue viviendo en la miseria a diario. ¿Soy un perro, para que deba vivir mi vida y la de mis hijos en continuo sufrimiento, sólo por lo que tu gente, en tu tierra, dice?"

Nofalla no hizo más preguntas.

Uno de los nabas que vino a la tierra yanomami e hizo mucho por ayudar a nuestra gente, fue un hombre que llamaban Doctor Anduce. Cuando era joven había trabajado mucho para curar a la gente y siempre trató a los indios con amabilidad. Más tarde se convirtió en uno de los líderes del país.

En una ocasión hizo que los guardias arrestaran a T.C. y le expulsaran del territorio. Le llevó fuera de la selva con cadenas y grandes pulseras de metal. Sin embargo, muchas lunas después, regresó.

El Dr. Anduce intentó conseguir los huesos del chico que murió después de robar la comida del naba, que decían que había sido envenenado por él. El doctor le dijo a la gente que, observando los huesos, podría decir si el chico había sido envenenado. La gente confiaba en Anduce, pero no pudieron darle ninguno de los huesos del muerto.

Por muchas estaciones siguió intentando conseguir los huesos para expulsar a T.C. de nuestra tierra y proteger a nuestra gente de los buscadores de oro y de otros nabas. Quería asegurarse de que pudiéramos vivir aquí como quisiéramos. Sin embargo, antes de conseguir estas cosas, el Dr. Anduce falleció.

Velludo y su gente terminaron de limpiar la selva para que pudiese aterrizar el avión. Todo el pueblo se reunió cuando oyeron el sonido de un motor sobre las copas de los árboles, un sonido que jamás habían oído sobre su pueblo. Los niños saltaron. Los jóvenes bailaron. Los viejos rieron. Velludo permaneció, como siempre hacía, con sus brazos cruzados sobre su arco y sus flechas, una mano sobre la boca. Era un nuevo día para su gente. El avión descendió suavemente y planeó hasta ellos. Las lágrimas afloraron. No sabía por qué tenía que llorar. Era más feliz de lo que jamás había sido. Nunca antes había tenido este tipo de lágrimas.

La hermana de Keleewa se mudó al pueblo de Velludo con su esposo y sus hijos. Aún viven allí.

Un día un naba visitó Miel. Vio la gran marca negra de la cara de Yaiyomee. Era la marca más grande y fea que jamás había visto. Preguntó a Pepe sobre el tema. Los niños aún se burlaban de ella, por eso siempre tenía la cabeza gacha.

Finalmente dijo: "En mi país soy médico. Si su padres quieren, puedo quitarle eso." Se detuvo. "Gratis."

Pepe sonrió. Jamás dudó de que Yai Pada *podía* responder la oración de Nocrece, pero a menudo se había preguntado si lo haría. "Les preguntaré," dijo.

Hoy Yaiyomee es bonita. Todos los hombres jóvenes disputaban quién la conseguiría como esposa. Después de casarse, se mudó con su esposo a Olvidadizo para ayudarles. Ahora tiene muchos hijos. Su abuela, Deemeoma, es muy feliz.

El territorio en el que robaron la cabeza ha sido declarado inseguro para que los nabas viajen por él. Al final, el gobierno habló con Keleewa para que hiciera un viaje al interior de esa zona y le dijera a Shetary que ellos no habían robado la cabeza de su hijo, y que le pidiera que les dejara viajar seguros por allí. Keleewa lo hizo y Shetary le dijo que no mataría a nadie, excepto a T.C. Nadie ha visto jamás a T.C. en esa parte de la selva otra vez.

Barbalarga, el que mató a su esposa india y fue asesinado por los parientes de ella, se hizo famoso como una gran persona en el mundo de los nabas. Los nabas tienen una palabra especial para una gran persona que está dispuesta a dejarse matar para hacer algo muy importante. Los nabas pueden ser muy lentos mentalmente, cuando quieren. Como tantas cosas en la tierra yanomami, esto es una verdad a medias. Estaba intentando hacer algo muy importante, importante para él. Sin embargo los parientes de la chica muerta saben cuál era en realidad la cosa "importante," y los nabas probablemente jamás supieron que había una chica muerta.

El Padre Gonzáles murió. Fue un hombre maravilloso y una gran persona para nuestra gente. Los nabas deberían haber olvidado a Barbalarga y usar su palabra especial para el Padre Gonzáles.

A estas alturas, la gente del pueblo de Labiodetigre todavía llora al Padre Coco y lamentan no haberle prestado atención.

Muchas estaciones después de que Moscardón se fuera, Kaobawa se enfadó con sus espíritus porque su gente seguía viviendo en la miseria. Todos sus hermanos habían muerto, y también sus hijos. Sus espíritus seguían diciéndole que matara. Finalmente los expulsó, indignado. Creía que le matarían, pero no le importaba.

Tiempo después viajó a Miel para aprender sobre Yai Pada. Tras aprender sobre el buen espíritu, Kaobawa dijo: "Ahora sí que estoy enfadado porque Moscardón me mintió sobre el espíritu de los nabas y me dejó aquí sufriendo con mis espantosos espíritus. Mi pueblo es desgraciado. ¿Por qué me mintió?"

Mi gente, por toda la selva, sigue luchando y matando. Miel es el único lugar en el que no lo hacen. Los hombres de Miel suelen viajar a otros pueblos para intentar que dejen sus batallas. Hombrecorto fue a su pueblo de origen, a Sahael, y al pueblo enemigo de Sahael para convencerles de que abandonaran sus costumbres de asesinar y probaran la paz. Sin embargo no le escucharon.

Hombrecorto tuvo pensamientos muy tristes en el camino de vuelta, río Padamo arriba hacia Miel. *En estos momentos mis parientes se enfrentan a una doble pesadilla*, pensó. *Tienen su necesidad de venganza y ahora han añadido las armas de los nabas. Los nabas son los que realmente conocen el mal. Quizá los chamanes tengan razón sobre Omawa*, se dijo. *Quizá fue al mundo de los nabas para enseñarles lo mismo que nos enseñó a nosotros. Y se lo ha enseñado mejor. Tienen hábitos sexuales que nos han traído enfermedades aún peores, y tienen herramientas mucho mejores que las nuestras para matar.*

Hombrecorto pidió ayuda a Yai Pada en un susurro. Movió la cabeza pensando en sus parientes. *¿Hay esperanza de que esto acabe alguna vez?* se preguntaba.

Ahora, sobre mí: Sigo viviendo río arriba de Miel con la hermana de Calzapié. Y somos muy felices aquí, más de lo que jamás hemos sido. No he vuelto a ver a mis espíritus desde aquel día en que Yai Pada les hizo huir de miedo. Ahora me acuesto en mi hamaca y hablo con él por la noche, como solía hacer con mis antiguos espíritus. Incluso he dejado de practicar muchas de las costumbres antiguas. Ya no asesinamos, ni bebemos los huesos, ni violamos, ni tomamos ebena.

Lo único triste es mi hijo. Sigue teniendo ese asqueroso espíritu del ciervo. Cuando vienen amigos de visita, desaparece en la selva y no regresa en varios días. Pero, ni siquiera la paz y la belleza de la selva pueden esconder la guerra de miedo salvaje de su interior.

El naba blanco, el que llamaban Nofalla, él que preguntó a Calzapié y a Velludo acerca del cambio, meditó mucho en sus respuestas. Decidió ayudarnos a mejorar nuestras vidas y pasó muchos días escuchándome a mí y a todos mis nuevos amigos. Puso todas mis palabras en papel para que tú puedas verlas.

Me hubiera gustado saber la verdad sobre Yai Wana Naba Laywa cuando era joven, me hubiera ahorrado mucho dolor y muchas desgracias. Pero, ¿cómo hubiera podido hacerlo? Mis espíritus me mintieron mucho, me engañaron. Eran tan hermosos, tan maravillosos, era muy difícil no desearlos. Eran los mejores diciéndome medias verdades. Ahora estoy al final de mi vida, y estoy preparado para comenzar mi vida real con Yai Pada.

EL ESPIRITU DE LA SELVA

FOTOS

El autor y Hombreselva—"Incluso a los animales les importa
quién observa cuando se aparean" Capítulo 1

Rabodeperezoso, Mique y la cena para todo el pueblo.

Comida hecha por Hombrefruta—"Estos nabas hablan como nuestros espíritus. A veces incluso utilizan las mismas palabras"
Capítulo 12

Nocrece y Hombrecorto se ríen de los hábitos sexuales del instruido hombre blanco. Capítulo 16

Deemeoma—"Nunca podrán matar a papá" Capítulo 1

El autor y Kaobawa, wyetli, el modelo
feroz de Chagnon—"No tengo más flechas" Capítulo 16

Con el pueblo en wyumi, el shabono queda vacío.

Guerrero yanomami

Nótese el techo inacabado a la derecha de la entrada

El Pueblo de Shetary, todavía está añorando
la devolución de la cabeza robada. Capítulo 16

Calzapié y su familia—"Todo lo que dicen en tu TV de mi gente, es mentira" Capítulo 16

El autor y Velludo, mostrando la pose Yanomamö valiente: "Tu gente cree que somos animales" Capítulo 11

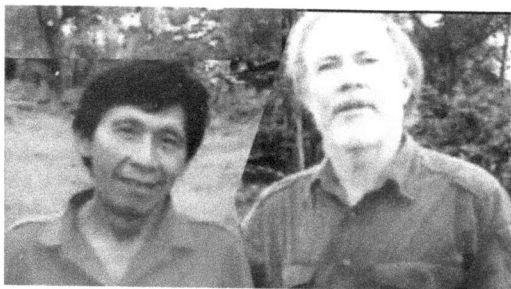

Narración de Calzapié:
"Bajó su mirada a
Moscardón (Chagnon)"
Capítulo 9

El autor y Calzapié: "Nunca
necesité que un misionero me
dijera sobre el foso de fuego."

Tropezón y el autor sentado con Lanza—"Lo maté. Veo su
cara, ésta todavía me roba el sueño" pero lo maté.

Haciendo investigación en el Orinoco es tan agotador
como hermoso

EL ESPÍRITU DE LA SELVA

16

APÉNDICE DEL AUTOR:

MUCHOS DE ELLOS
ESTÁN MUERTOS

El 14 de abril de 1994, Hombreselva murió. Volviendo la vista atrás, creo que, desgraciadamente, casi no le conocía, después de todo. Me refiero a que durante todo el tiempo, lo que hicimos juntos fue contar y recontar historias. En ese aspecto le conocía bien, pero no como amigo. Jamás fuimos juntos a cazar, nunca recorrimos el río, nunca nos tumbamos en las hamacas con las tanzas en el río. Para cuando yo le conocí, era demasiado viejo para hacer esas cosas.

La muerte de Hombreselva no debía haberme sorprendido tanto. Ya era viejo y estaba cerca de la muerte aquel primer día en que nos sentamos a hablar. Pero, sus historias eran tan vívidas y tan grande su entusiasmo que no me di cuenta de la diferencia generacional que había entre nosotros. Unos minutos después de empezar nuestra reunión ya estaba recontando una historia tras otra llena de minuciosos detalles, tanto que me preguntaba cuántos de esos detalles estaban sobreviviendo a la traducción. La dignidad impide la descripción completa del talento de Hombreselva. Keleewa, una persona de humildad y piedad considerables, luchó en vano para traducir a Hombreselva en un inglés aceptable, mientras yo me preguntaba: "¿Cómo voy a escribir esto? No importa cuánto lo suavice, ya puedo oír las críticas: 'Demasiado sexo, demasiada violencia, demasiado degradar a las mujeres.'" Aún así, reconozco mi sorpresa cuando la mayoría de las editoriales rechazaron este libro dando como razón la violencia.

Pero, ya se ha ido y su historia ha quedado registrada. Si todo esto es, como dijo un profesor una "estupidez," sería de esperar que saliera a la luz en el futuro gracias a más evidencias e historias. Pero, si Hombreselva ha presentado a su gente con justicia y exactitud, una nueva imagen de los yanomami habrá emergido.

Desde la primera edición de este libro, Calzapié, Keleewa y yo hemos hecho cuatro giras de promoción. El antropólogo Neil L. Whitehead, una autoridad reconocida en el tema de las guerras tribales, de la universidad de Wisconsin, dijo que estas giras eran "un testimonio elocuente frente a la animadversión que algunos sintieron ante la icónica representación de los yanomami." De todas formas, estar de gira por los Estado Unidos con indios yanomami es una auténtica aventura. Y la cima de la aventura sería que Calzapié tendría la oportunidad de encontrarse de nuevo con Moscardón, el antropólogo que hizo tan famoso a su pueblo. A estas alturas, el libro del Dr. Napoleón Chagnon se ha convertido en el libro de antropología más vendido de todos los tiempos.

Por eso había una expectación reprimida cuando entramos en una lujosa habitación del piso doce del Hilton del centro de San Francisco. Se trataba de la convención anual de la Asociación Americana de Antropólogos y Chagnon había acordado reunirse con nosotros en su stand esa tarde. Calzapié no había sido invitado, así que yo estaba nervioso pensando en cómo sería recibido.

Calzapié parecía no compartir mi ansiedad. Examinó la opulenta habitación y dijo: "Así es como merezco que me traten." Era sentido del humor yanomami; en ese tiempo nos habíamos estado alojando en el Motel 6.

Sin embargo yo sabía que, cuando llegara Chagnon, el humor de Calzapié desaparecería. Los yanomami son por naturaleza muy beligerantes. Hacía mucho que Calzapié había abandonado la confrontación física, pero ¿la verbal? Si un yanomami tiene una queja contra alguien, no empieza con una conversación irrelevante. Las primeras palabras que salen de su boca, van directamente al centro del problema. No importa lo antigua que sea la queja, la van a abordar y en el menor número de palabras posible. Esto puede ser avasallador cuando se produce en público, y más si es en otra lengua. Aunque yo no sabía lo que Calzapié iba a decir, aquella prometía ser una tarde interesante.

Mientras él y Keleewa descansaban en la habitación, yo hice nuestra inscripción. Fuera de la inmensa habitación en la que se exponían todos los productos del mundo antropológico, casi me choco con el profesor Neil Whitehead. Aparentemente me reconoció por mi distintivo o por el libro *El espíritu de la selva* que llevaba en la mano. "Eres Mark Ritchie. Te van a demandar," dijo, en el tono más amistoso posible tratándose de un perfecto desconocido. Yo esperaba que no pudiera ver en mi cara lo intimidado que me sentía, cuando me invitó a sentarme para charlar.

Una hora después de haber conocido a Whitehead, le presenté a Calzapié y nos dirigimos a nuestra cita en el stand de Chagnon. En este punto, para nadie pasaba desapercibido lo amenazado que me sentía. Sin darnos cuenta, en la contraportada de la primera edición de este libro, habíamos colocado la acusación de Calzapié: "Todo es mentira" demasiado cerca del nombre de Chagnon. Y también habíamos magnificado sus comentarios de "vagos, mendigos y prostitutas." Además, de todos es conocida la reputación de Chagnon en cuanto a sus espectaculares enfrentamientos. Sin embargo, tanta ansiedad fue para nada. No apareció. Más tarde, hablé con él por teléfono y acordamos otra cita para que se encontrara con Calzapié.

Acompañar a un indio yanomami a través de los salones del Hilton llenos de los más sobresalientes antropólogos del mundo, es una experiencia de por sí. Calzapié es tan bajo que es totalmente imposible que sobresalga en una multitud. Hay miles de eruditos y documentos que presentar. Las escaleras mecánicas nos llevaron de un magnifico piso a otro, candelabros antiguos con lámparas y cristal que perduran para siempre. Calzapié luchaba por subir a la escalera mecánica. Me preguntaba si quizá podría decirle que, si tuviéramos sólo una de esas escaleras, podríamos venderla y construir una clínica en Miel.

Al día siguiente, mientras esperábamos en el stand de Chagnon, empezamos a ver el último CD-ROM editado que mostraba indios yanomami envueltos en una pequeña lucha con hachas. El gancho comercial: era interactivo. El estudiante podía manipular el CD para actuar de verdad, en alguna forma, con los indios. Yo ya había visto el CD y avisé a Keleewa de que podría ser doloroso para Calzapié, que podría, probablemente, ver parientes fallecidos en él. Pero quería verlo.

En la pantalla de alta resolución del ordenador, rodeado de los más destacados investigadores del mundo, Calzapié realizó un viaje visual a un pasado que hacía mucho que había dejado atrás, una vida de guerra, enfermedad, dolor y, por último, el temor a la extinción. Observó a su gente humillándose a sí mismos con palabras de guerra que conducían a la violencia. No hace falta un traductor para leer el dolor en el rostro de un hombre o la pena en sus ojos. Calzapié movió la cabeza y dijo quedamente: "Muchos de ellos están muertos," y el profesor Whitehead estaba allí.

Esperamos alrededor de una hora en el stand, pero de nuevo Calzapié salió decepcionado porque Chagnon no pudo acercarse.

"Me tiene miedo," dijo Calzapié. Era difícil para mí imaginar eso en el momento. No dije nada, pero me daba la sensación de que no entendía del todo la situación.

Entonces leí la reseña de Whitehead sobre *El Espíritu de la Selva.* Escribió sobre la incómoda ironía "de que los que son estudiados pudieran ofrecer su propia auto comprensión en lugar de nuestras etnografías, y escribir etnografías a partir de nuestro trabajo de campo en lugar de que nuestro trabajo de campo produzca su etnografía." Esta frase es profunda, no sólo porque la ha enunciado mucho mejor que yo, sino porque parece ser el primer erudito que hace esa observación, aunque la etiquete como una ironía. Whitehead, de hecho, usó la palabra "arrogancia" para referirse al proyecto del CD-ROM. Mientras muchos investigadores han estado escuchando y estudiando a los yanomami durante décadas, Whitehead puede haber sido el primero que ha oído y visto como un yanomami responde a la "yanomamiología." Su respuesta a la misma palabra "yanomamiología" sería suficientemente esclarecedora. (Ver en página 256 citas de la reseña de Whitehead y mi respuesta)

Llevar a Calzapié a la AAA en el Hilton, fue como enseñarle la casa que la antropología ha construido. Me recordó una ocasión en que dijo al público: "Los yanomamis estamos hartos de que la gente venga a nuestras tierras para hacer dinero estudiándonos." El comentario produjo tanta indignación en algunos de los investigadores presentes que Calzapié tuvo que explicarse. Habló acerca de una postal fotográfica de una hermosa mujer yanomami que había encontrado a la venta en Caracas. Preguntó a Keleewa cuánto costaba para comprarla y destruirla. (Lo que no dijo a los asistentes es que la mujer era una pariente fallecida.)

"Cuantas más compres, más hacen," había explicado Keleewa a su viejo amigo. Así había comenzado la formación de Calzapié sobre las costumbres nabas.

"Así que, he supuesto," concluyó aquel día ante su audiencia, "que alguien hace dinero estudiando a mi gente."

Sin embargo, Calzapié jamás hubiera imaginado que hacían dinero suficiente para convocar a miles de personas en el Hilton de San Francisco. No fui capaz de decirle que si tuviéramos el dinero que se gastó en aquella semana de convención, podríamos construir una escuela en cada pueblo yanomami. Sabía lo que diría: Los antropólogos no querrían una escuela en *ningún* pueblo yanomami.

Los conocimientos de Calzapié sobre la antropología estaban a punto de experimentar una corrección. Tras dejar la AAA, fuimos a Stanford; allí visitamos la clase de antropología médica del Dr. Clifford Barnett. El profesor acababa de bajar de un avión procedente de Asia y nos invitó cordialmente a hablar a sus estudiantes.

Después los estudiantes se acercaron a Calzapié con preguntas y reacciones, mientras yo hablaba con Barnett, que hizo un comentario que yo había estado esperando oír: "Una vez que un antropólogo termina su estudio de una cultura, está obligado a devolver algo a la misma, que les ayude a mejorar sus vidas." Inmediatamente llamé a Calzapié y a Keleewa, insistí en que Barnett repitiera sus palabras él mismo y observé la reacción de Calzapié.

"¿Es antropólogo?" preguntó Calzapié, señalando a Barnett con una mirada de incredulidad. Fue un momento especial. *Hasta los yanomami tiene sus estereotipos*, pensé, aguantando la risa. "Estoy aprendiendo mucho en este viaje," nos confiaría Calzapié después.

"Si no queréis que vaya gente a estudiaros, ¿qué tipo de gente *queréis* que vaya a vuestra tierra?" preguntó un estudiante.

"No soy un animal para ser estudiado," fue su respuesta. "Queremos gente que nos ayude a mejorar nuestra existencia, no que sólo escriba libros sobre nosotros." Esa fue su breve respuesta a la pregunta. Aquel día en particular, se explicó mejor.

"Queremos gente que se preocupe de verdad por nosotros, como el hombre que vino a mi pueblo y me rodeo con sus brazos cuando yo estaba lleno de polvo, sudor, saliva y mocos. Este hombre participó de nuestro sufrimiento. Se preocupó por nuestros hijos. Nos mostró algo de lo que nosotros no sabíamos nada: Amor." Los que escuchaban estaban a punto de llorar.

Por supuesto, no todos los misioneros son como el hombre que Calzapié describió aquel día. Chagnon escribe acerca de un misionero que chillaba y vociferaba a los indios, diciendo que sus costumbres eran obra demoníaca de asquerosos espíritus, amenazándolos agitando los brazos y con imágenes del infierno. Chagnon hace una reflexión apropiada. Yo mismo escribo acerca de un misionero que azotó a una india con una rama, otro que tuvo una relación inapropiada con una menor y otros que se mostraron abiertamente racistas contra los indios. Un semimisionero de hecho asesinó a su esposa india. Estas historias nos han llenado de ira hacia los círculos de las misiones tanto Chagnon como a mí.

La posición de Calzapié era simple: *Queremos gente que nos ayude, no que nos estudie como animales.* Luego ve a sus parientes fallecidos, expuestos y humillados en un CD-ROM y se le dice que es el último avance en etnografía.

Tras haber pasado tantos años con los yanomami, Chagnon no va a ser víctima del engaño de que la manipulación de un CD-ROM proporciona revelación etnográfica de los yanomami. La ironía es que el CD no funcionó. Pero, aunque hubiera funcionado, esa etnografía no sirve. ¿Es posible estar tan centrado en la etnografía que no se escuche a la gente hablar?

Hay una curiosa nota a pie de página en esta historia concreta. ¿El amable misionero del que habla Calzapié y el misionero severo que describe Chagnon? Son la misma persona: Joe Dawson. Esto demuestra la falta general de fiabilidad que contienen los datos que proceden de culturas aisladas de tierras lejanas. La verificación es prácticamente imposible. La crítica de Whitehead es que el CD-ROM coloca al yanomami "fuera de lugar," es una suposición no verificable, a no ser que aparezca un yanomami y la apoye en algo. En esta sumamente rara oportunidad, uno lo hizo. Cuán esclarecedor hubiera sido que Chagnon hubiera podido entablar este dialogo.

Después de la AAA, fuimos a Colorado. Allí nos encontramos en un estudio de radio, al otro lado de una mesa con una joven y muy dulce afro-americana, conductora del programa, una Oprah en ciernes. Yo ya estoy acostumbrado a los programas de entrevistas, sin embargo, estaba preparado a duras penas para el giro que, abruptamente, tomó esta discusión. Una persona por teléfono nos introdujo en un debate acerca de nuestra credibilidad en general y la destrucción tanto de la selva como de la cultura yanomami. El hombre, obviamente culto y de buenas palabras, se frustró al ver que no podía convencer a Calzapié y se refirió a él como un símbolo negrata.

Fue uno de esos momentos en que tu mente se llena de pensamientos, recuerdos, imágenes, más de lo que podrías expresar. Evoqué miles de injusticias raciales y de clase que he presenciado: los pobres miserables con quien jugué en las calles de Afganistán, los pobres casi marginados con quienes fui a la escuela, usar la palabra judío como un verbo; cuánto tienen que enseñarnos los yanomamis; cuánto le enseñaron a Chagnon acerca de lo que es "ser humano"; cómo la muerte de un chamán es como "quemar una biblioteca."

Y ahora, Calzapié, este hombre con la sabiduría de los años, que había discutido la opinión de unos pocos oyentes cultos, encontró que le estaban etiquetando como un símbolo negrata. Aún así, le respondió con elegancia, incluso con humildad. Sugirió que, aunque parecía que este hombre sabía mucho de la gente yanomami, Calzapié suponía que, probablemente, jamás habría estado allí o habría conocido a un yanomami. Insinuó que se estaba burlando de su gente.

Salimos del estudio aquella mañana en un día típicamente precioso de Colorado. Y, de nuevo, tuve el pensamiento recurrente que tengo desde la edición de este libro: *Se trata de una discusión intelectual sobre un grupo de gente que mi audiencia nunca ha visto, ni ha conocido y que nunca les han importado. ¿De dónde viene tanto veneno?* Algunas teorías vinieron a mi mente mientras viajábamos a Washington, D.C. para visitar a PBS.

En el programa, Derek McGinty ignoró a Calzapié por un instante, se volvió directamente a mí y me dijo: "Esto cuestiona tu credibilidad personal." A mí no me importa que McGinty o cualquiera cuestione mi credibilidad. En esta ocasión fue refrescante. Él es afro-americano, podía estar seguro de que nadie iba a decir nada racista a mi amigo. Sin embargo, no se puede ignorar a Calzapié en este debate. De hecho, toda esta historia trata precisamente del intento de ignorarle. No hace falta escucharle mucho para que su credibilidad quede establecida. Un hombre se acercó a Calzapié después de oírle y se disculpó, diciendo: "No me refería a *tu* selva cuando me opuse a su desarrollo. No me refería a *tu* gente cuando dije que debíamos dejarles en paz."

En una reunión de directores de actividades universitarias, estábamos exponiendo el libro en un stand cuando nos encontramos con una estudiante que reconoció el libro como libro de texto de una de sus asignaturas. Me contó lo controvertida que había sido la historia y cómo se calentaron las discusiones en clase. Le pregunté: "¿Cuántos de vosotros pensabais que yo me había inventado la historia?" Me miró con cara de cómo-lo-sabes. Lo que ella no sabía es que Calzapié estaba sentado sólo un poco más allá. Les presenté diciendo: "Dile exactamente lo que los estudiantes están diciendo del libro." Ella lo hizo, y él le dijo que cada historia que contenía el libro representaba con exactitud lo que Hombreselva y su gente habían dicho.

Cierto libro contemporáneo sobre los aborígenes está clasificado como ficción, sin embargo, la autora sugiere con fuerza al principio, que todo ocurrió en realidad. No hay sugerencias en *El espíritu de la selva*. Lo que has leído no es ficción. Cada detalle significativo está escrito tal y como los indios me lo contaron y he hecho todo lo posible para evitar cualquier intromisión por mi parte. Cada detalle que era difícil de creer fue comprobado por partida doble a través de varias fuentes.

Algunas personas me han preguntado qué sería un detalle insignificante. La página 12 es un buen ejemplo de esto; yo soy la fuente del escrito. En la página 21, teniendo en cuenta que Hombreselva nunca dijo su nombre y yo tuve la decencia de no preguntarle, puse la palabra "Hombreselva" en su boca y creé el marco en el que fue usada. Se trata de una licencia de autor razonable. De cualquier manera, cuando comienza a hablar de su infancia en el párrafo siguiente, cada detalle es absolutamente suyo.

Los detalles, ya sean generales o específicos, hacen que una historia sea creíble. Todos los detalles de esta historia vinieron de y pertenecen a los indios. No tengo ni idea del color que tienen los cerebros de los bebés. Tampoco sé a qué edad la cabeza de un niño es lo bastante dura como para que no se pueda romper contra el palo de un shabono. Se puede sostener que yo podría haber hecho alguna investigación médica para descubrir esos detalles. No lo hice. No tengo ni idea de si es posible que un cuerpo se mantenga en posición de sentado gracias a las flechas que lo atraviesan. No sé el color de los guantes que T.C. usó para robar la cabeza. (A partir de la descripción de los propios indios, parece como si hubieran sido guantes y máscara quirúrgicos). Cualquiera podría suponer que me inventé la descripción. La verdad es que cada detalle viene de los indios.

El mejor ejemplo que puedo poner del hecho de que cada detalle de esta historia pertenece a los yanomami, es el asunto de la cabeza desaparecida. Un antropólogo experimentado de reputación nacional, me dijo: "Nadie creerá jamás esa historia. Sólo valdrá para acabar con la credibilidad del libro." Su opinión ha encontrado eco en otros.

Así que, volví a mis fuentes indias. Mientras bajábamos la corriente del Padamo hacia el Orinoco, Nocrece me preguntó qué me traía a la selva de nuevo. Le mencioné que quería asegurarme de que todas las historias sobre T.C. era ciertas, y que quería saber qué dirían él y sus amigos sobre la posibilidad de quitar la historia de la cabeza robada.

"Mi gente dice que jamás crearán esa historia," le dije.

Nocrece y Hombrecorto comenzaron a hablar, Miqie estaba con nosotros y tradujo. Dos personas pueden hablar bastante bien en una canoa, pero es más difícil para cuatro. Les sugerí que nos dirigiéramos al costado de un banco de arena. En unos minutos tenía la cámara dispuesta y colocada encima de un gran tronco, comenzaron dando detalles. Mientras Miqie traducía en uno de los canales de la cámara estéreo, yo monitoreaba con los auriculares.

A través de los años he llegado a conocer bastante bien a Nocrece y a Hombrecorto. Ambos me visitaron en Estados Unidos cuando Nocrece vino a recoger a Yaiyomee después de la intervención en su cara. Yo les había presentado a Neil Steinberg, periodista del *Chicago Sun Times,* que nos llevó a lo alto de la torre Sears durante una entrevista. Hombrecorto dijo la "Cita del Día" del Sun Times, al decir: "Nada que tenga que ver con asesinar a una persona, te satisface."

Ahora, ambos estaban sentados juntos, con la verde selva como telón de fondo y empezaron a hablar de Bosinawalewa (T.C.). Se avergonzaban mucho al hablar de las historias sexuales. Es un misterio lo modesto que puede ser un yanomami; olvidan pronto que crecieron desnudos. La vergüenza pronto se convirtió en una risilla tímida. Como yo quería todos los hechos lo más directos posible, traté de mantener la seriedad. Sin embargo a medida que hablaban, les dejé a su aire.

Finalmente Hombrecorto dijo: "En realidad no es tan divertido. Supongo que no deberíamos estar riéndonos." Un silenció calló sobre nosotros. Tenía la sensación de que había dicho otra "cita del día." Un aprendiz de chamán, un asesino, un hombre con un horrible pasado, se dio cuenta de que el comportamiento del blanco naba era demasiado vergonzoso para ser tomado con frivolidad.

El mensaje era claro: "No nos importa lo que vuestros nabas crean. T.C. *hizo* todas esas cosas, incluido el robo de la cabeza."

Hacía un día espléndido. De vuelta en la canoa, el motor resonaba por las interminables curvas llenas de follaje colgante, mientras yo meditaba en mi dilema. Les había dado mi palabra de que contaría *su* historia, no la mía, y ahora estaba considerando la posibilidad de eliminar una parte para preservar mi credibilidad en mi propia cultura. Por un lado me decía: "Quita la parte de la cabeza robada. Guárdala para una edición posterior. Gánate la credibilidad primero," y por otro no podía censurar la historia de ellos por el bien de mi audiencia. La historia se quedó.

Al aparecer, la historia de la cabeza robada ha incrementado, de hecho, la credibilidad a ojos de los que saben del tema. Como dijo un antropólogo: "Nadie sería tan tonto como para inventarse una historia tan excesiva."

Un crítico aseguró que *El Espíritu de la Selva* había sido escrito por un partidario de Chagnon para hacerle parecer bueno en comparación con T.C. Menciono esto, más que nada, como algo cómico. Esta idea es sencillamente errónea. No conozco a Chagnon. Tampoco he conocido a nadie que quiera parecer bueno en comparación con T.C.

Se ha sugerido que no he podido mencionar cargos escandalosos que podrían haber hecho que ciertos personajes parecieran peores. Es verdad. De todas formas, eso es bastante irrelevante para este libro. Mi compromiso ha sido contar la historia de los *indios,* no apuñalar a ningún individuo.

Sobre mí también se han hecho acusaciones falsas y escandalosas. Las miro con agradecimiento. Me han ayudado a darme cuenta de lo fácil que se puede pasar una acusación falsa sin darse cuenta. Cada repetición añade a la apariencia de credibilidad y, normalmente, también distorsiona la acusación.

Sin embargo, todas las acusaciones que se hacen en este libro llegan al lector directamente de los mismos yanomamis. Precisamente por estar comprometido con la exactitud de cada historia que contiene, cuanto más extraña ha sido, más testigos y detalles he pedido para confirmarla. Y, hasta el momento, nadie ha encontrado ni una sola línea que sea menos rigurosa.

Durante los últimos diecisiete años, desde que conocí a Calzapié y a su gente, yo mismo he visto con escepticismo mucho de lo que se me dijo. A día de hoy, ese escepticismo ha resultado ser infundado. El hecho de que Calzapié no hable inglés y de que yo no escriba Ph.D. detrás de mi nombre no le resta longevidad a la verdad que hablamos. De hecho, es difícil imaginar la confianza que tenemos en ella.

Para terminar este tema de la credibilidad, yo tengo una premisa: Dejar que la gente hable por sí misma. Aquellos que han oído hablar a Calzapié han obtenido abundante información a considerar. Un profesor que se negó a invitarle, dijo: "Va a tirar por tierra todo lo que he enseñado sobre los yanomami," sencillamente se lo perdió. El profesor que dijo *El Espíritu de la Selva* es un montón de chorradas," seguro que nunca ha oído Calzapié.

Calzapié ha conocido personalmente a muchos eruditos que han estudiado a su gente y ha publicado sus historias. Vio con curiosidad a un grupo de entendidos hablar sobre su gente en un documental televisado a nivel nacional por el programa "Prime Time Live" de la ABC. Cuando terminó, dijo: "Todo lo que dicen en tu TV (televisor) de mi gente, es mentira."

Hemos llegado, ahora, al punto más inquietante: El objeto de estudio ha dicho a aquellos que le estudian: "¿Por qué me describes así?" En su reseña, Neil Whitehead usó frases como "incómoda ironía para todos nosotros" y "perturbadora autosuficiencia profesional" para captar el impacto de un indio respondiendo.

Para que nadie piense que Calzapié ha caído al nivel de devolver los insultos, voy a aclarar. Él no dijo que fuera mentira ninguna de las declaraciones degradantes que se hicieron sobre su gente. Se refería a la conclusión global que ve a los yanomami como *viviendo en el Edén*. Esta visión sobre los yanomami encuentra su mejor resumen en el subtítulo de la popular versión del libro de Chagnon: *Los últimos días del Edén*. Esta frase es completamente incorrecta.

He viajado alrededor del mundo. Si pudiese encontrar el Shangri-La de James Hilton, me mudaría allí. Desgraciadamente, Hilton era un escritor de ficción. No conozco ni a una sola persona que esté de acuerdo con la teoría del Edén, que se haya trasladado al Edén con el objetivo de disfrutarlo, ni una.

Sorprendentemente, sin embargo, parecería que Chagnon está de acuerdo conmigo en esto. ¿Cuántas veces un autor reniega de su propio título en el prefacio de su libro? Y, sin embargo, eso es precisamente lo que Chagnon hace. Sin llamarlo Edén, como palabra específicamente objetable, argumenta enérgicamente que los yanomamis son violentos en contra de la opinión mayoritaria de que los pueblos aislados viven en pacífica tranquilidad. (Nada es más importante para un hombre yanomami que la fiereza). Chagnon puede tener sus críticos, pero en el tema de la violencia debe ser alabado.

Y admite abiertamente que su propia comunidad antropológica es la fuente del error. "Hay una inclinación definida en la antropología cultural," escribe y cita a un colega que dice acerca de la violencia: "Aunque sean así, no queremos que otros lo sepan, les daría una impresión equivocada." Así que el Edén es la impresión "correcta." Chagnon compara este estado mental con la actitud cerrada de los anti-evolucionistas, un reconocimiento sorprendente. (*Yanomami, Los Últimos Días del Edén, 1992*, Harcourt Brace and Company, p. xv. El lector encontrará el prefacio de Chagnon digno de ser leído al completo.)

Nada ha cambiado desde la muerte de Hombreselva. Los asaltos, las matanzas, los secuestros siguen siendo parte integral de la vida yanomami. El pueblo de T.C. entró en guerra. Se los llevó a Desembocadura para que se defendieran mutuamente y les armó con pistolas y munición. Las niñas fueron secuestradas y robadas para convertirlas en esposas. En la actualidad el pueblo de T.C. lucha contra sus propios aliados Desembocadura y los de Desembocadura han matado a algunos de ellos con la munición que T.C. les había dado para defenderse. Si hay algún cambio es que ahora tienen mejores armas para matar. La muerte prematura sigue siendo la norma. La muerte de

Hombreselva fue una excepción. Fredi está muerto. Corredor está muerto. Dedeheiwa, a quien Chagnon le dedica su libro, ha muerto.

"Todas mis flechas han desaparecido," dijo Kaobawa, refiriéndose a todos sus hijos. Calzapié lo resumió sencillamente: "Muchos de ellos están muertos."

Un grupo de estudiantes de antropología hizo un viaje para visitar un país diferente y experimentar esa cultura en sus diferentes aspectos. Bueno, quizá no todos. Mientras estaban allí, algunas de las estudiantes fueron violadas y una de las chicas fue asesinada, una tragedia del mayor nivel. Que nadie insinúe que lo que voy a escribir a continuación tiene la más mínima intención de restarle valor al horror de esta experiencia.

En un pueblo cercano a Miel tuvo lugar una disputa sobre una chica, cuando esta llegó a la pubertad. Al ser una buena chica yanomami, ella habría consentido en servir y vivir con cualquier hombre al que la obligaran a acompañar. Sin embargo, antes de que pudiera cumplir con sus obligaciones de esposa, la disputa sobre su posesión tendría que ser resuelta. En una cultura en la que la posesión es el cien por cien de la ley, la chica se convirtió en el objeto de una guerra de estirones. Era demasiado joven y demasiado pequeña y pronto murió.

La historia de la muerte de esta chica, parte de la vida diaria de los yanomami, es una tragedia similar a la muerte de la estudiante de antropología. Decir que la vida de una chica terminó en tragedia y que la otra chica vive en el "Edén" es burlarse de los yanomami.

¿Por qué los yanomamis remueven tanta controversia y tantas emociones? Mi teoría ahora, mirando hacia atrás con buena retrospectiva, es que hemos llegado a ver en los yanomami un reflejo de nosotros mismos algunos siglos atrás. No queremos que sean violentos, porque no queremos pensar en nosotros mismos como violentos. No queremos que sean violadores, porque no queremos pensar en nosotros mismos como violadores. Necesitamos creer que el Edén es posible. Sobre todo, necesitamos creer que somos esencialmente buenos.

Pero ahora, dejemos que Calzapié y su mentor, Hombreselva, entren en escena; ambos extraordinarios chamanes. Viven en el "Edén" y poseen la sabiduría de la selva, la biblioteca virtual de su inteligencia. Ambos se convierten al cristianismo y recomiendan al resto de su tribu que haga lo mismo. Una estudiante resumió una pregunta habitual cuando preguntó: "Pero, ¿no podéis cambiar para mejor sin haceros tan religiosos?"

Es absolutamente imposible que Calzapié responda esa pregunta con la tolerancia que se espera en nuestra cultura. Él cree sinceramente que seguir a los espíritus de los chamanes es perjudicial para su cultura y para su gente. No hay manera de suavizar la respuesta para que parezca aceptable. Una y otra vez ha repetido: "Los espíritus son malvados. La única esperanza para mi gente es dejar de seguir a esos espíritus."

Él, incluso, ha identificado los signos y señales de muchos de los espíritus justo aquí, en nuestra cultura "civilizada." No tiene problemas para comprender la masacre del instituto de Columbine (Colorado, 1999), o cualquier otra matanza. Los espíritus de ira y odio que poseen y dirigen a una persona, son espíritus que él ha conocido personalmente. Sabe lo que es matar bajo la influencia de algo o de alguien. Por eso, cuando un estudiante formula una pregunta natural de investigación como: "¿Por qué no podéis deshaceros de vuestros espíritus sin convertiros al cristianismo?" su respuesta es sencilla: "No conozco ninguna otra forma de librarnos de los espíritus que nos están destruyendo. Y ningún otro chamán tampoco."

Calzapié ve el mundo con ojos espirituales. Sabe que sin un milagro, su tribu o bien se extinguirá o bien vivirá según el peor de los temores de Chagnon (y mío): convirtiéndose en vagabundos, mendigos y prostitutas. Y aquí está la diferencia definitiva entre Calzapié y nosotros. Nosotros estudiamos etnografía, pero no creemos en los milagros. Sin embargo, él mismo es un pequeño milagro. En otro tiempo, él hubiera valorado la destreza matando de los dos asesinos del instituto de Columbine, ahora es un líder magnífico para su pueblo y un modelo de virtud.

Tengo una teoría sobre las mordaces reacciones que hemos encontrado. ¿Recuerdas la extrema tensión espiritual y emocional que a menudo sentían los chamanes cuando estaban en presencia de personas con el espíritu de Yai Pada? Tengo la sensación de que algunas personas experimentan la misma confusión interna cuando se enfrentan a Calzapié y a su mensaje. Dejaré que el lector sea el juez final de este punto. Dime: Cuando piensas en Yai Pada, un espíritu de amor y perdón, ¿tienes la misma sensación de amargo conflicto interior que tuvieron Caliente, Tucán y otros chamanes? Cuando piensas en que Calzapié se convierte al cristianismo, ¿sientes la misma animosidad al respecto que otros sintieron? Tengo mucha curiosidad por saber qué respondes a esto (escríbeme a la atención del editor).

Estas respuestas a Calzapié, con tan alta carga emocional, a veces acompañadas de palabras beligerantes, me hacen preguntarme si no habrá un conflicto interno que simplemente se revela con esos desagradables insultos. Por mi parte, es sólo una suposición, pero Calzapié cree que sí.

Hombreselva está muerto. Habló muy respetuosamente de Yai Pada y su hermosa tierra y de sus expectativas de disfrutar de la inmortalidad allí. A pesar de que le conocí poco, si está en lo cierto, nos volveremos a ver.

APÉNDICE

Reseña colgada en internet por Thomas Headland, antropólogo de la universidad de Texas en Arlington, 24 de enero de 1998.

Yanomamis: ¿Nobles Salvajes o Brutos Hobesianos?

Los 16.000 yanomamis son descritos como la más primitiva, violenta y famosa sociedad tribal del Amazonas. Popularizados por el libro más leído en la historia de la antropología *(Yanomami: El Pueblo Fiero.* De Napoleón Chagnon), este pueblo está sufriendo problemas atroces de parte de mineros de oro y enfermedades de reciente introducción. Grandes debates se han propagado entre antropólogos, y entre antropólogos y misioneros, durante 20 años acerca de la "verdad" de la cultura yanomami. ¿Viven una vida maravillosa en el hermoso Edén de la selva, como Chagnon insinúa en su libro de 1992, *Los Últimos Días del Edén,* o viven en el miedo y la miseria, como dicen algunos misioneros?

Quizá debiéramos hacer esa pregunta a los mismos yanomami, en lugar de a los antropólogos o a los misioneros. De todas maneras, ¿quién habla por los yanomami? Ahora, por primera vez, el autor Mark Ritchie permite que los yanomamis nos hablen por sí mismos. Esta es verdaderamente "la historia de un chamán yanomami," como reza el subtítulo del libro. Se trata de la autobiografía de un jefe-chamán yanomami llamado Hombreselva. Él, al menos, está cansado de su violenta sociedad y harto de los antropólogos también.

Cualquiera que piense que la cultura yanomami es idílica tiene que ser un hombre: Las mujeres viven en peligro crónico por parte de las bandas de violadores, palizas salvajes de sus esposos y secuestros. Los hombres padecen una de las tasas de homicidios más alta del mundo debido a los frecuentes asaltos entre los poblados. Si te parece una forma de vida romántica, ¿por qué no la pruebas?

Los no especialistas en la antropología yanomami pueden mostrarse escépticos ante las descripciones de las costumbres sexuales del antropólogo europeo al que los yanomami llaman Tocaculos. T.C. ha vivido con los yanomami muchos años y, según Hombreselva, practica regularmente la sodomización forzada de los chicos yanomami. Los incrédulos querrían preguntar a algún antropólogo especializado en el Amazonas.

Este es un libro apasionante: difícil de echar por tierra, violento (alguien diría que pornográfico), que causa dolor de estómago. Los estudiantes que han leído otras etnografías sobre los yanomamis reconocerán que este libro tiene, sobre todo, un halo de verdad. Los investigadores de la Nueva Era quedarán fascinados ante las descripciones que hace Hombreselva acerca del mundo de los espíritus que los chamanes han encontrado. Los estudiantes de antropología quedarán impactados por la visión privilegiada de Hombreselva acerca de las intrigas internas entre antropólogos y entre antropólogos y misioneros.

Misioneros: 1 – Antropólogos: 0

Reseña colgada en internet por George Tucker, 31 de octubre de 1998

Lee este libro si:
Crees que los antropólogos son gente arrogante y ridícula.
Crees que los chamanes adoran a Satanás.
Crees que los misioneros pueden salvar a los animistas y a los paganos de sus propias naturalezas violentas.
Sospechas que muchos indígenas saltan ante la posibilidad de seguir a Cristo.

Apoyas la intromisión de los blancos en la economía, la política y la cultura de los indígenas.

Has matado a mucha gente y quieres ser perdonado.

Crees que establecer una iglesia en un poblado se convertirá en una utopía.

Crees firmemente que los no cristianos son salvajes.

Eres un tele-evangelista y quieres material para tus sermones.

Este libro no es de escritura pobre, pero creo que el autor se toma libertades extremas con el material, toda la información es de segunda mano, en el mejor de los casos.

Respuesta del autor

Michener escribió que él nunca leía nada de lo que sus críticos decían acerca de él y aconsejaba encarecidamente a otros autores que hicieran uso de la misma restricción. Este debe ser un lujo reservado sólo para autores de ficción. Mientras que las reseñas brillantes son geniales, nada centra más la atención que una fuerte dosis de crítica. Esta resume mucha de la crítica que hemos oído. Demuestra la pasión que Hombreselva remueve. Permíteme referirme a cada una de estas observaciones cuidadosamente establecidas.

Ningún único grupo ha reclamado de manera exclusiva el título de "ridículos y arrogantes" y tampoco Hombreselva ni yo hemos insinuado jamás eso acerca de los antropólogos. La antropología es un campo de estudio muy valioso.

Tú decides si los seres a los que chamanes siguen son algo parecido a tu concepto de Satanás.

Los misioneros cristianos jamás han salvado a nadie de nada (exceptuando las inmunizaciones). Sólo los individuos que toman sus propias decisiones internas y traumáticas, se vuelven de sus violentas formas de vidas.

La tesis de que los indígenas quieran mejorar sus vidas es digna de considerar.

Cuando presenté esta opinión, sostenida por una buena mayoría de personas, a Velludo, me respondió en cuatro frases que jamás he olvidado: "Por favor, no les eches cuenta. Nadie es tan imbécil. Deben odiarnos. Piensan que somos animales."

El perdón ha protagonizado una sorprendente reaparición en estos días, comparable a los niveles más altos del país. Todos lo desean. Este podría ser un pensamiento a tener un poco en cuenta: Incluso los asesinos, a veces, desean el perdón.

No sé lo suficiente sobre Utopía para comentar nada aquí.

Es posible que los seres humanos sean salvajes.

No conozco a ningún tele-evangelista, tampoco tengo interés en hacerlo, ni tampoco tengo ninguna razón para creer que pudiera encontrar material aquí. (Una organización cristiana promocionó *El espíritu de la selva* hasta que la crítica severa les obligó a negarse a distribuir las copias que habían comprado entre su gente, demasiada actividad espiritual y violencia contra las mujeres. Me temo que no hay demasiado material para un sermón aquí.)

No me he tomado ninguna libertad con ningún material significativo. (Ver p. 246 para una discusión sobre material significativo). Exceptuando a las mujeres, más tímidas, he mirado a los ojos de cada una de las fuentes mientras escuchaba esta historia.

Yanomamology, Missiology, and Anthropology

Fragmento de "Yanomamology, Missiology, and Anthropology," de Neil L. Whitehead, Universidad de Wisconsin-Madison, en *American Anthropologist,* junio de 1998, pp. 507-19. Cuanto más leo y estudio esta reseña, más respeto siento por ella. Animo al lector a consultar *American Anthropologist* para obtener el texto completo de la reseña de Whitehead, no sólo de *El Espíritu de la Selva,* sino también del libro de Salomone *The Yanomamö and Their Interpreter: Fierce People or Fierce Interpreters?* y del de Chagnon *Yanomamö Interactive: The Ax Fight.*

[A partir de las tres obras reseñadas] es mucho más probable estar informado de la práctica intelectual de la antropología que de la situación de los nativos del Amazonas... en San Francisco en 1996, ... He estado junto a un Yanomami, Calzapié, con el autor de *El Espíritu de la Selva*, Mark Ritchie, mientras observaba el CD-ROM interactivo *The Ax Fight (La batalla del hacha)*... este es el contexto de estos textos [los trabajos reseñados] que le da sentido, no sólo los textos por sí mismos.

Es casi una ironía, por tanto que *El Espíritu de la Selva*, a pesar de ser un producto Salesiano poco disimulado... sea un documento de los más interesante en todo derecho, tanto por la manera en que imita la forma etnográfica de "ciclo de vida," como por la vívida ventana que abre sobre aspectos del chamanismo yanomami. Sin embargo, la profunda complicidad entre Mark Ritchie, Hombreselva y su interlocutor, Mark Dawson en las mismas controversias que demandan aclaración, hacen de este un texto profundamente problemático.

Sin embargo, uno no puede evitar sentir que aquí existe una ironía incómoda para todos nosotros: Que los que son estudiados puedan ofrecer su propio auto entendimiento en lugar de nuestras etnografías, y que escriban etnografías de nuestras prácticas en el trabajo de campo, en vez de que nuestro trabajo de campo produzca su etnografía. Aunque *El Espíritu de la Selva* es una obra de propaganda misionera, es una buena propaganda, porque hace su trabajo al perturbar la complacencia profesional y demostrar que nadie puede reivindicar hablar en exclusiva en nombre de otros, ni autoritariamente de otros.

La profunda arrogancia que subyace en el CD-ROM se manifiesta con claridad... se hace la sugerencia de que el disco permite a los estudiantes "practicar la etnografía" manipulando datos demográficos y etnográficos para explorar significados alternativos de los "datos puros" (p. ix). Sin embargo, obviamente sólo se puede acceder a algunos "significados alternativos" a través de estos datos, que no son para nada "puros," sino el resultado de muchas manipulaciones previas. Por esto el CD-ROM presenta serios problemas técnicos e intelectuales, pero no se le puede negar la innovación.

... se puede empeorar la conclusión de esta reseña con el comentario que me hizo Calzapié al ver el CD-ROM... "muchos de ellos están muertos...tantos." Es la interacción con ese tipo de "datos puros" lo que nos permite encontrar significados alternativos, no el reflejo del modelo etnográfico y la interpretación descarnada.

Respuesta del autor

La reseña del profesor Neil L. Whitehead es innovadora en dos frentes: De todos los que han criticado *El Espíritu de la Selva*, Whitehead es el primero en citar, de hecho, un ejemplo de imprecisión. Y hace la inestimable distinción entre los datos puros y la manipulación de los datos a través de la alta tecnología.

Primero, consideremos su crítica. Whitehead etiqueta el libro como propaganda, pero luego la llama "buena" propaganda. ¿Podría ser esto una concesión de que el libro establece un buen argumento, sin importar lo parcial o injusto que pudiera ser respecto a los hechos? Basa su afirmación de "propaganda misionera" en algunas observaciones que le llevaron a concluir que mi trabajo es un texto "profundamente problemático." Por ejemplo, opina que existe complicidad entre yo mismo, Hombreselva y Mark Dawson, que es hijo de misioneros Salesianos. Así, esto no le lleva a concluir que *El Espíritu de la Selva* es un "producto Salesiano poco disimulado."

Toda la propaganda y los textos problemáticos son etiquetados aparte, agradezco a Whitehead por poner, por fin, encima de la mesa algunos hechos sobre los que puede haber alguna discusión significativa. De todas formas, en cierta manera está confundido. No hay ningún Mark Dawson. Sólo puedo suponer que se refiere a Gary Dawson. Ni Gary ni yo somos hijos o estamos relacionados en manera alguna con ningún misionero Salesiano. Yo creo que los Salesianos hacen voto de celibato. Su frase sobre que este libro es un "producto Salesiano poco disimulado" es una suposición por su parte. Hasta donde recuerdo, nunca he conocido a un Salesiano.

EL ESPÍRITU DE LA SELVA

A lo que él quiere llegar es a que Gary Dawson en el hijo del misionero que tuvo el enfrentamiento con Chagnon hace unas tres décadas. No lo dice, pero nos deja suponer que el hijo de una de las partes de una disputa podría ofrecer una impresión parcial de lo que ocurrió, dando lugar, por consiguiente, a lo que él llama un "texto profundamente problemático."

La historia a la que se refiere es el muy dramático enfrentamiento entre el extravagante antropólogo, cantor de espíritus, y el misionero. Es la clase de dramatismo que ningún escritor puede resistir. Sin embargo, fue el mismo antropólogo quien contó la historia por primera vez; él, una de las partes del conflicto.[1] ¿Convierte eso su texto en un "texto profundamente problemático?" Siempre que hay dos posiciones en una historia, suele ser contada por alguien de la otra posición. Los problemas no surgen porque alguien tome partido en una historia, sino porque los hechos que usen para sustentar su posición sean muy poco precisos. En este caso prácticamente no hay discusión sobre los hechos, con lo cual no hay problema ni con mi texto ni con el de Chagnon.

Whitehead llama a *El Espíritu de la Selva* "obra de propaganda misionera." Tengo cartas indignadas de dos de los colegas más cercanos de Gary Dawson, ambos misioneros de toda la vida, que demuestran que este libro es cualquier cosa menos propaganda misionera. He escrito de un misionero que "azotó" a una mujer india con una vara, de otro que tuvo una relación inapropiada con una menor, de otros que eran abiertamente racistas contra los indios, de uno que incluso mató a su esposa india. Puedo asegurar que aún ningún misionero me ha dado las gracias por esta propaganda.

En la idea general de la reseña de Whitehead, de todas maneras, estas correcciones son tan de poca importancia que casi no merece la pena mencionarlas. Lo hago sólo para poner las cosas claras.

Por tanto, permíteme que vaya al segundo campo en el que Whitehead ha abierto nuevos caminos. De hecho, la clave de sus comentarios es, cuando menos, brillante. Toda la crítica de Whitehead

---

[1] *Yanomamö: The Fierce People,* 2ª edición, p. 158. También 3ª edición, p. 210. Esta fascinante historia sólo aparece en estas dos ediciones.

palidece en comparación con la perspicacia de su párrafo de conclusión. Conocí al Dr. Whitehead en la AAA de 1996, en San Francisco. A los sesenta segundos de habernos conocido, estábamos enfrascados en una discusión. Unos treinta segundos después descubrí que yo estaba sobrepasado.

Así que, ¿por qué llamo "brillante" la reseña de un hombre que no está de acuerdo conmigo? Porque Whitehead conoció a Calzapié. Estuvo a su lado y le observó responder al CD-ROM de alta tecnología de Chagnon sobre los yanomamis. El CD-ROM muestra a los yanomamis desde la menos halagadora perspectiva.

En esa experiencia Whitehead, recibió un breve destello de lo que él llama "datos puros," y que con razón diferencia de los datos del CD-ROM. E hizo lo que muy pocos han hecho: Le escuchó. Escuchó el corazón de un hombre preocupado por la supervivencia de su gente. Whitehead no sólo lo capta perfectamente, sino que lo captó en perspectiva. Incluso hay un toque de emoción en su erudita conclusión.

Whitehead no podía ser más profundo cuando aplica la palabra "arrogante" al proyecto del CD-ROM. Con nuestra maravillosa tecnología, ya no tenemos que conocer a la gente real; ahora podemos manipular sus datos puros a través de un ordenador. Whitehead observa correctamente que los datos que manipulamos ya han sido manipulados. Luego llamamos a toda esa manipulación etnografía. Whitehead no se quedó cerca, usó la palabra perfecta: arrogante.

Uno podría decir que fue una ironía simbólica que el CD-ROM no funcionara, pero eso no es un problema. Un genio de los ordenadores puede arreglarlo. Pero, ¿quién puede arreglar la arrogancia de la cultura de la alta tecnología que pasa por alto las lágrimas en los ojos de un hombre mientras dice: "Muchos de ellos están muertos?"

GLOSARIO

ă·lă'nă: Pared construida delante de la entrada del shabono para proteger de los asaltantes. En épocas de guerras serias, se extiende a todo alrededor de la pared externa del shabono. Obliga al asaltante a rodear completamente el shabono para llegar a la entrada.

ä·lō·wä'lï: Polvo mágico que se espolvorea sobre el enemigo dando como resultado una maldición.

ăn'trōs: Nombre con el que los indios se refieren a las personas que vienen a estudiarles.

cåp·y·bä'rä: El roedor más grande del mundo, tiene una altura de 50 ó 60 cm y más de un metro de largo. Parece un cobaya gigante con los pies parcialmente palmeados.

chä'măn: Persona cuya vida está dedicada a encontrar seres del mundo espiritual y a comunicarse con ellos; habitualmente se interesan más por el mudo espiritual que por el mundo real y a menudo no pueden distinguir entre ambos.

e·be'nē: Droga alucinógena, proveniente del árbol de la ebena, usada por los chamanes para poder contactar con sus espíritus.

hee'hee'kă: Envoltorio que se hace atando walemashi alrededor del cadáver.

hor'·dï·mō·shï'·w̄a: Nombre dado a un teatrero, un tonto despreciable, un títere, una cabeza hueca.

hŏ-wä'shï: Mono pequeño conocido por su carácter travieso.

nä·bă: No yanomami.

Ō·mä'wä: El principal de todos los espíritus en el mundo de los espíritus.

shä'bŏ·nō: Pared alta que se extiende en un gran círculo; la pared se inclina hacia dentro unos 45 grados, construida con estacas y cubierta con hojas de palma para proteger de la lluvia. Cada familia tiene una sección de la pared inclinada bajo la cual cuelgan sus hamacas, encienden sus fuegos para cocinar y se encargan de los demás quehaceres domésticos.

¡Tk!: Sonido que se hace con la lengua cuando esta se libera de la presión contra el cielo de la boca; expresión de asombro, como "¡Vaya!" Sin embargo, suele ser en tono más serio como: "Increíble" o "¡Qué vergüenza!"

ū'nō·kai: Rito purificador, de una duración aproximada de siete días, por el que debe pasar un guerrero después de haber asesinado. Cualquier cosa que toquen sus manos durante ese tiempo, quedará maldita.

wä'lē·mä·shï: Varas entrelazadas con lianas que forman una esterilla en la cual se coloca un cuerpo para colgarlo en la selva mientras se descompone.

wy·ū'mï: Actividad nómada con el propósito de conseguir toda la comida que pueda encontrarse en la selva.

Yai Pä'dă: El más grande de los espíritus, creador de todo, incluyendo al resto de espíritus, habitualmente llamado el gran espíritu. Ver Yai Wana Naba Laywa.

Yai Wä'nä Nä'bă Lāy'wä: Mismo ser que Yai Pada. Este nombre, de todas formas, le etiqueta como el espíritu no amistoso, misterioso o extranjero (nótese el término "naba") y el espíritu enemigo. El uso de "naba" en este nombre no le califica como el espíritu de los extranjeros. Más bien, describe la naturaleza de la relación de este espíritu con el pueblo yanomami.

RELACIONES FAMILIARES

Padre-tío: A los hermanos de tu padre se les llama padre porque podrían acostarse con tu madre (los hermanos, a menudo, comparten esposa).

Madre-tía: A las hermanas de tu madre se les llama madre porque podrían acostarse con tu padre (las hermanas, a menudo, comparte esposo).

Hermano-primo: Hijo nacido del hermano de tu padre, llamado hermano porque se asume que tu padre y sus hermanos comparten sus esposas. Por eso, a cualquier hijo del hermano de tu padre se le llamaría hermano, aunque probablemente fuera primo. Si eres una chica, casarte con tu hermano-primo es incesto – estrictamente tabú.

Hermana-prima: Hija nacida del hermano de tu padre, llamada hermana porque se asume que tu padre y sus hermanos comparten sus esposas. Como en el caso del hermano-primo, a cualquier hijo del hermano de tu padre se le llamaría hermano, aunque probablemente fuera primo. Si eres un chico, casarte con tu hermana-prima es incesto – estrictamente tabú.

Suegra-tía: Más comúnmente la hermana de tu padre, pero también la esposa del hermano de tu madre. A esta mujer se le llama suegra aunque no estés casado con ninguno de sus hijos, porque es suegra potencial. La posibilidad de casarte con uno de sus hijos dura toda la vida, así que ella nunca perderá su título de suegra. Sus hijos son esposos potenciales porque probablemente no serían medio hermanos, ningún hombre tendría relaciones sexuales con su hermana. Por lo tanto, uno de los hijos de la hermana de tu padre podría, perfectamente ser tu cónyuge. Así mismo, los hijos del hermano de tu madre podrían ser tu pareja porque no podrían ser tu medio hermano (el hermano de tu madre jamás compartirá esposa con tu padre). El defecto de nacimiento de la hija de Anita, posiblemente fuera debido a este tipo de matrimonios entre primos. La madre de Nocrece era hermana del padre de Anita. Nocrece y Anita eran considerados una combinación perfecta porque no podían haber sido medio hermanos.

Suegro-tío: Más comúnmente el marido de la hermana de tu padre, pero también el hermano de tu madre. A sus hijos les llaman tus primos. Se supone que serían tu pareja ideal o tu cuñado.

Suegra: Cualquier mujer que no podría ser tu madre, porque podrías casarte con unos de sus hijos sin cometer incesto. Si eres un hombre y te casas con la hija de una suegra (una mujer a la que siempre has llamado suegra), a partir de ese momento no la llamas de ninguna manera. De hecho, jamás le hablarás o serás visto con ella en público o en privado. Hacerlo sería el peor de los escándalos, la sola idea de que la madre de tu esposa críe a tus hijos es tan repulsiva que, si te encuentras con esta mujer andando por el pueblo, tú (y ella) volveréis la cara hacia el otro lado. Atravesar el pueblo (o cualquier lugar) no es tan importante como evitar a tu suegra. En cualquier reunión pública, siempre te colocarás en el lugar opuesto a tu suegra. Se ha especulado con que este trato ha atraído a muchos antropólogos hacia los yanomamis.

LISTA DE PERSONAJES Y LOCALIZACIONES

Moscardón: Napoleón Chagnon, antropólogo mundialmente reconocido cuyo libro: *Yanomamö, The Fierce People,* ha vendido más de un millón de copias.

Abuela Troxel: Anciana blanca, la primera persona blanca que residió en un poblado yanomami.

Anduce, Dr. Pablo: Antropólogo y médico que ha trabajado en el territorio del interior del Amazonas durante muchos años y luego ha ostentado un alto cargo en el gobierno de Venezuela. Un antiguo defensor de los derechos de los indios.

Barbalarga: Misionero que se casó con una india. No se ha revelado su identidad porque me ha sido imposible comprobar su versión de la historia. Casi todos los yanomamis conocen su identidad.

Bocachica: Guerrero de Desembocadura.

Cabezón: Guerrero Miel, hermano de Pelorojo (Nombre español: Julio)

Calzapié: Aprendiz de chamán; se convirtió en el jefe de Miel (Nombre español: Baptista)

César: Indio designado por el gobierno para mantener la paz entre el pueblo Yanomami

Corredor: Viajó por el río con T.C., se convirtió en uno de los principales informadores a los que Napoleón Chagnon dedicó su libro (Nombre yanomami: Rerebawa)

Deemeoma: Niña pequeña que fue raptada en el asalto a Patata Pueblo. La historia la sigue hasta Miel, lugar en el que crece hasta convertirse en una mujer extraordinariamente compasiva.

Dye: Paul Dye, misionero de profesión con la Misión New Tribes.

Fredi: Amigo de la infancia de Deemeoma.

Fuertepié: Guerrero Miel.

Gracioso: Guerrero Miel (Nombre español: Ramón)

Hombrecorto: Víctima de niño del Siapa (Nombre español: Pablo Majías)

Hombrefruta: Hijo de Lanza y de Tarántularuidosa, muy influenciado por los extranjeros (Nombre español: Octavio)

Hombre-Rápido: El mejor cazador de Miel.

Hombreselva: Narrador de la historia. Chamán de extraordinario talento, elocuente, agradable, extrovertido, líder, amante de la selva, gran cazador y pescador, guerrero fiero y asesino de niños.

Huesodepierna: Fiero guerrero del pueblo de Desembocadura.

Kaobawa: Antiguo amigo de Corredor, jefe del pueblo del Mavaca, importante informador de Chagnon. Chagnon dedicó su libro a Kaobawa y también a Corredor y a otros indios, diciendo que le enseñaron mucho de lo que es ser humano.

Keleewa: Gary Dawson, amigo de toda la vida de muchos de los personajes de esta historia.

Labiodetigre: Fiero chamán (Nombre español: Justo), se asentó en el Ocamo y se convirtió en el mejor amigo del Padre Coco.

Lanza: Amigo de toda la vida de Hombreselva y Calzapié, fiero chamán y asesino, atrapado por los recuerdos de sus víctimas y de la muerte de su padre; sigue viviendo en Miel (Nombre español: Luis)

Mavaca: Nombre dado a una misión salesiana y a un grupo de pueblos yanomami situados en la embocadura del río Mavaca.

Nadadeproblemas: Extraño visitante al pueblo de Pavo.

Noagarramujeres: Llamado así por su inexplicable control. Un hombre tan misterioso que cambió toda la historia de un pueblo con sólo una visita.

Nocrece: Guerrero Miel (Nombre español: Jaime)

Nofalla: Extranjero que tuvo breves encuentros con Velludo y Calzapié.

Noweda: Comerciante de caucho.

Ojoscruzados: Guerrero Miel (Nombre español: Augusto)

Padre Coco: Misionero católico, mentor de Labiodetigre.

Padre Gonzáles: Robusto amante de la naturaleza, voluntario en una misión.

Pavo: Pariente de Calzapié y jefe del pueblo del Mavaca.

Pelorojo: Hombre joven de Miel que tomó a Yoshicami por esposa; hermano de Cabezón (Nombre español: Ricardo)

Pepe: Misionero Joe Dawson, uno de los primeros hombres blancos que mantuvieron contacto prolongado con los indios yanomami.

Pueblo de Labiodetigre: Situado en la embocadura del río Ocamo, comúnmente llamado: Ocamo (2º47'N, 65º11'O)

Pueblo de Miel: Situado en el río Padamo en 3º3'N, 65º11'O, comúnmente llamado: Coshelowweteli.

Pueblo de Pavo: Situado en la embocadura del río Mavaca. El pueblo de Pavo y otros situados allí, así como la cercana Misión Católica Salesiana, son conocidos comúnmente como: Mavaca y así son llamados en los mapas venezolanos. Bisaasiteli es el nombre yanomami y el nombre habitualmente usado por los antropólogos.

Pueblo de Velludo: Situado en el río Iyewei (Sangre), comúnmente llamado Hallelusiteli.

Pueblo Olvidadizo: Situado río arriba de Miel, comúnmente llamada: Seducedawiteli.

Rabodeperezoso: Guerrero Miel (Nombre español: Pavlino)

Shetary: Indio que sigue queriendo matar al responsable de la profanación del cuerpo de su hijo.

Tarántularuidosa: Esposa de Lanza. Sólo su nombre da a entender el trato a las mujeres.

T.C.: Antropólogo conocido. Debido a las graves acusaciones que se hacen contra él, su identidad no ha sido revelada. Cualquier agencia reguladora interesada en la protección de los indios podría conseguir abundante testimonio de estas y otras historias acerca de él, de los indios; incluida, por supuesto, su identidad.

Tropezón: Sobrino de Velludo, se fue del pueblo de Velludo para tomar una esposa de Miel (Nombre español: Pedro)

Tucán: Fiero chamán con poderes especiales (Nombre español: Samuel)

Velludo: Temido guerrero, pero no chamán; un líder fuerte.

Wyteli: Padre de Deemeoma, famoso por ser difícil de matar.

Yaiyomee: Bebé nacido con una enorme marca de nacimiento en la cara, considerado un defecto de nacimiento.

Yawalama: Segunda esposa de Pielargo.

Yoshicami: Primera esposa de Pielargo, objeto de lucha entre Miel y Olvidadizo.

EL ESPÍRITU DE LA SELVA

DOCUMENTACIÓN

Para mantener el ritmo de la historia de Hombreselva, he decidido no usar notas a pie de página. De todas formas, los hechos más significativos aparecen en esta lista con su fuente y sus detalles correspondientes. Gary Dawson, en sus muchos viajes al nacimiento del Orinoco, grabó en cintas a los testigos de los acontecimientos de la vida de Hombreselva. Dawson grabó en lengua yanomami y luego transcribió las grabaciones al inglés. En septiembre de 1990 yo grabé las mismas historias con detalle, con Hombreselva y los demás personajes que quisieron hablar. (Grabamos la mayoría en estéreo, la persona que hablaba en yanomami en un canal y la traducción simultánea al inglés en el otro canal).

Los indios más familiarizados con todas estas historias, viven en Miel (comúnmente conocida como Cosheloweteli), situada en el río Padamo 3º3' N, 65º11' O. Todas las grabaciones de septiembre de 1990 se hicieron en este lugar. En enero de 1995, se consiguió más documentación usando grabaciones de video, otra vez con el yanomami en un canal y el inglés en el otro. La mitad de ellas se hicieron en Cosheloweteli y el resto en varios lugares de los ríos Padamo y Orinoco.

Capítulo 9

Página 141: Sodomizar a jóvenes

La identidad de este antropólogo es muy conocida en el Amazonas y estas historias son comunes entre los yanomamis. Las historias se contaron en varios escenarios y se grabaron en septiembre de 1990 en Pueblo Miel en el río Padamo. Hombrefruta (Octavio) y un grupo de indios informaron de estos acontecimientos. De hecho, ninguno de ellos estuvo involucrado en actos sexuales con el antropólogo. Sólo contaban las palabras de aquellos con los que habían hablado y que sí lo habían estado. Gary Dawson, mantuvo una conversación no grabada con un chico contratado por T.C. para mantener relaciones sexuales. El 21 de enero de 1995, Hombrecorto (Pablo Majías), Nocrece (Jaimie) y Timoteo, todos indios que viven en Cosheloweteli en el Padamo, también contaron estas historias, todas ellas fueron grabadas en video.

Página 146: Golpe a Pajarojoven

El incidente ocurrió en 1969 en Mavaca, en el río Orinoco. Fue presenciado por el traductor Gary Dawson y muchos de los indios del poblado.

Página 148: Pelea en la que T.C. se rompió el brazo

La pelea tuvo lugar en 1972 o en 1973 en un poblado del río Manaviche, afluente del Orinoco situado entre Mavaca y Platanal. El incidente fue presenciado por varios indios y grabado en septiembre de 1990.

Página 151: Moscardón toma drogas y practica el chamanismo

Esta fascinante historia fue relatada por primera vez por Napoleón Chagnon en su bestseller *Yanomamö, The Fierce People.* Yo he entrevistado a cinco testigos acerca de esta interesante suceso: al misionero al que Chagnon llama Pete (nombre verdadero: Joe Dawson), a Keleewa (Gary Dawson, hijo de Joe), a Kaobawa, a Corredor (Rerebawa) y a Calzapié. Todas sus historias tienen un fenomenal parecido a la de Chagnon, con algunos añadidos que aportan los más interesantes giros. De hecho, Kaobawa estaba tan impresionado ante la precisión de Chagnon en su descripción del mundo de los espíritus, que me dijo: "Debe haberlo escrito él mismo." Su repuesta me desconcertó. ¿Qué podía saber un indio analfabeto sobre el arte de escribir que le llevara a la profunda conclusión de que las palabras que acababa de oír sólo podían haber sido escritas por Chagnon mismo? Su respuesta sólo puede calificarse de brillante.

Yo estaba tan sorprendido que interrogué a Kaobawa acerca de lo que sabía sobre el proceso de comunicación que le llevara a tal conclusión. Dijo, simplemente, que sabía que la descripción dada en el libro de Chagnon sólo podía haber sido escrita por alguien que realmente hubiera estado allí y hubiera experimentado el mundo de los espíritus por sí mismo.

Kaobawa en realidad me mostró la danza y los cantos usados por Chagnon para invocar al Espíritu con el resultado final, según Kaobawa, de que el Espíritu Buitre mató al espíritu de un niño de otro pueblo. Kaobawa afirmaba que el niño murió como consecuencia del trabajo de Chagnon y el Espíritu Buitre.

Gran parte de lo que ocurre en el mundo de los espíritus suele confundirse en la mente yanomami con lo que ocurre en realidad en el mundo físico. Esta confusión no presenta ningún problema para el razonamiento yanomami. Ellos suponen que, si, ocurrió en cualquiera de los mundos, ocurrió en el otro también. Por lo tanto, debería quedar meridianamente claro que ni Kaobawa ni ningún otro testigo ha dicho que Chagnon mató al niño en el mundo físico. Dijo que Chagnon y el espíritu Buitre mataron al niño (diríamos que echando una maldición) en el mundo espiritual. Cuando el niño murió, los indios atribuyeron su muerte a las prácticas chamánicas de Chagnon.

Es posible que, debido a su estado inducido por las drogas, Chagnon no recuerde este asesinato relacionado con la brujería. En ese caso, no hay duda de que Kaobawa le habría puesto al tanto. Este tipo de muertes son el sustento de un orgullo considerable. Este hecho, el asesinato espiritual de un niño en otro pueblo, podría decirse que era uno de los logros supremos de Chagnon en la cultura yanomami. Cuando uno considera la cantidad de espacio que Chagnon dedica al estudio de la cosmología y el espiritismo yanomami, no puede evitar preguntarse la razón por la que omite este acontecimiento en sus escritos.

Pero lo más sobresaliente del hecho, para todos los testigos fue la exposición de la carne rosa bajo el globo ocular, a la que se refieren como "enseñar el ojo." Chagnon insinúa que los hombres devotos podrían maldecir en la lengua de otro y que esta acción se podría ver como una maldición. Sin embargo, parecería que este movimiento, enseñar el ojo, no tiene conexión alguna con una maldición. Chagnon también expone que era equivalente al uso del tercer dedo (la palabra real que usa en su estudio del caso, P. 158, era "el pájaro"). En todas las entrevistas que he conducido, las respuestas fueron similares, enseñar el ojo no tiene ningún significado sexual.

Enseñar el ojo es el peor insulto no violento que un yanomami puede usar. Es una muestra de desprecio absoluto. Todos los testigos que contaban esta historia, comenzaban con el enfrentamiento enseñando el ojo, lo repetían varias veces y terminaban con el mismo clímax: Enseñar el ojo.

Para el autor parecería que el hecho supuso un momento significativo en la memoria de todos los entrevistados involucrados; todos recordaban, después de 25 años, cada palabra que el misionero usó para describir su desprecio hacia Chagnon. Incluso Kaobawa, bajo la influencia de las drogas en aquel momento, recordaba que la palabra concreta que Joe Dawson usó para referirse al Dr. Chagnon fue "hordimoshiwa," que significa "despreciable hipócrita." Según Kaobawa y Calzapié, el insulto verbal y el de enseñar el ojo, llevaron el enfrentamiento espiritual a concluir directamente en risas.

El aspecto más significativo de este incidente para Kaobawa era el engaño al que había sido sometido por Chagnon. Insistía en que el extranjero blanco había arruinado su vida y las vidas de su gente. Me intrigaba la repetición de este tema. "Estoy muy enfadado por lo mucho que le dejé engañarme," decía una y otra vez. "Mi vida está arruinada por el engaño de este extranjero." Aseguraba que si hubiera expulsado sus espíritus cuando Joe Dawson le animaba a hacerlo, su vida no hubiera sido tan miserable y no hubiera tenido un final tan patético. Hablaba tan francamente como lo haría cualquier yanomami sobre el sufrimiento que había padecido por la muerte de sus muchas "flechas," refiriéndose a sus hijos.

Confieso que se me saltaron las lágrimas cuando Kaobawa dijo: "Quiero que le preguntes a Chagnon por qué me mintió sobre los espíritus." Le dije que Chagnon no le había mentido, sino que no sabía acerca de los espíritus. ¿No era él, Kaobawa, el experto en el tema de los espíritus, y Chagnon el aprendiz de chamán? "Sí, es correcto," respondió Kaobawa. "Yo era el entendido en los espíritus." Así que le pregunté por qué había escuchado a Chagnon. Su respuesta: "Porque dijo que sabía acerca de los espíritus extranjeros."

A pesar de que el testimonio de Kaobawa es difícil de creer, parte de él, como la frase anterior, procede de las propias palabras de Chagnon. Él escribió que su experiencia con los espíritus tranquilizó la mente de los indios: "... porque, ¿no era yo de Diosi-urihi-teri, y por tanto conocedor de las maquinaciones de Dios y las limitaciones de su poder para destruir a los hombres con fuego?" (*Yanomamö, The Fierce People*, second edition, p. 158. Diosi-urihi-teri significa literalmente: "tierra de Dios.")

Si la afirmación de Chagnon de saber acerca de los espíritus extranjeros es dura de creer, las declaraciones adicionales de Kaobawa sobre Chagnon son aún más erráticas. Asegura que Chagnon le dijo que si él (Kaobawa) expulsaba a sus espíritus y aceptaba el espíritu de Pepe, moriría. Esto es bastante coherente con la enseñanza de los espíritus yanomamis y hace que uno se pregunte si Chagnon realmente se comunicó, como asegura, con los espíritus. Kaobawa incluso declaró que Chagnon le dijo que, si, seguía asistiendo a las reuniones de Pepe, moriría.

Cuestioné, al fin, a Kaobawa acerca de esta declaración. Le dije que no era posible que nadie de mi país creyera que Chagnon le hubiera dicho nada semejante. Él podría decir que no le creí y que le presioné hasta el punto de insultarle, y quizá más allá. Pero se mostró inflexible con esto. "No puede negar que dijo esto. Porque lo dijo."

A pesar de lo disparatado de la acusación de Kaobawa, parece creíble por tres razones. Primera: La sinceridad, convicción y pasión con la que Kaobawa contaba su historia era bastante convincente.

Segunda: El propio comportamiento de Chagnon demostró que estaba interesado en que Kaobawa siguiera siendo chamán y rechazando el mensaje del misionero. De hecho, Chagnon exonera las costumbres chamánicas con todas sus fuerzas.

Tercera: Como él mismo reconoce, Chagnon tenía prejuicios intelectuales a favor de la posición espiritual de Kaobawa. Escribió que la enseñanza de Pepe "casi le enfermaba de ira y resentimiento." (pág. 155) Chagnon estaba tan predispuesto contra el estímulo de Pepe a los indios para que abandonaran a sus espíritus, que su oposición al misionero le aportó cierta mejora en su sensibilidad moral. Escribió: "He interferido en el "trabajo" del misionero de este modo pero, de alguna manera, me siento moralmente mejor por haberlo hecho." (pág. 155) Luego es posible creer que Chagnon, de hecho, le haya dicho a Kaobawa que moriría si se convertía al cristianismo. La afirmación es bastante consistente con la demonología yanomami.

Es interesante preguntarse si un misionero es culpable de manipulación si le dice a un indio ignorante que un ser todopoderoso destruirá su mundo con fuego. En el caso que cito aquí, el misionero probablemente respondería que el indio en cuestión está bastante lejos de ser un ignorante. Los chamanes dicen que no necesitan que los misioneros les den información sobre el concepto del infierno. Ya lo tenían mucho antes de que ningún blanco apareciese (Video de la entrevista a Calzapié del 26 de enero de 1995). Cualquiera podría sostener que una discusión entre dos hombres con intereses espirituales, un misionero y un chamán, sobre el propósito futuro de Dios para su creación, podría producir un intercambio estimulante. Mientras que el misionero basa sus conclusiones en los escritos sagrados, uno se pregunta en qué autoridad se basa un antropólogo para hablarle a un indio del horrible destino que le esperaría si se convierte al cristianismo.

Bajo la influencia de Calzapié y la gente de Miel, Kaobawa se ha convertido al cristianismo, pero sigue lamentando haber estado tan engañado.

Capítulo 11

Página 182: El chico indio que murió acusando a un extranjero de envenenarlo.

La historia se suele contar en Wabutawiteli. En la época del envenenamiento, el pueblo estaba en esta localización: 3º 5' N, 64º 35'O. El Dr. Anduce no pudo conseguir los huesos del indio para hacer pruebas en busca del veneno. El pueblo se ha mudado y ahora esta es su posición: 2º 55.54' N, 64º 45.32 O.

Capítulo 12

Página 187: Filmar a los indios

Extranjeros de toda clase piden y pagan a los indios yanomami para que se quiten la ropa delante de sus cámaras para que parezcan más primitivos. Esto ocurría cada año en los ríos Ocamo y Orinoco durante las décadas de los 70, 80 y 90. El lugar más común es el pueblo de Labiodetigre (comúnmente conocido como Ocamo, situado en el río Ocamo en 2º 47' N, 65º 11' O). Puede que la mitad de los indios que uno puede encontrarse allí cuente una historia similar.

Página 196: Mujeres acosadas sexualmente

La historia sobre la mujer que falleció por falta de tratamiento porque se negó a los requerimientos sexuales del doctor, la contó Hombrecorto (nombre español: Pablo) y se grabó en audio el 27 de septiembre de 1990 y el 23 de enero de 1995 en video. Pablo vive tanto en Cosheloweteli, en el Padamo, como en Sahael, en el Orinoco. La mayoría de los indios de Sahael están familiarizados con esta historia.

Página 198: Enfrentamiento entre César y Barbudo en Miel

Esto ocurrió en la primavera de 1988 y fue presenciado por cientos de indios yanomami. Calzapié, Octavio, Pablo, Pedro y otros hicieron grabaciones dando detalles del acontecimiento.

Capítulo 13

Página 211: La cabeza robada

De todas las atrocidades detalladas en este libro, ninguna es tan reprobable para las mentes de los indios como la profanación del féretro funerario de Shetary y el robo de la cabeza de su hijo. La historia sigue sin ser admitida por los testigos oculares a pesar de ser del dominio público. Aunque en un momento hable con Corredor, que estaba con T.C. cuando la cabeza desapareció, ni él ni ninguno de los otros indios que estaban con él admitirá jamás que permitió que ese extranjero consiguiera cometer tal crimen.

Sin embargo, la historia es conocida al detalle. Hombrefruta (nombre español: Octavio) me la contó el 27 de septiembre de 1990 en Miel (Cosheloweteli, en el río Padamo) Octavio es primo hermano del joven cuya cabeza fue robada. Los detalles de la historia fueron confirmados por Tropezón (nombre español: Pedro) del pueblo de Velludo (llamado Hallelusiteli), Hombrecorto (nombre españo: Pablo), Timoteo, Lanza (Luis) y Calzapié.

Sus historias y las palabras de otros se grabaron en audio. Su conocimiento de los detalles es asombroso. Sabían que T.C. usó guantes y una máscara y que no consiguió que nadie le ayudara. Conocían el color de los guantes y de la máscara. Sabían que los indios habían permanecido a la distancia, horrorizados ante lo que estaban viendo. Sabían que T.C. colocó la cabeza en una bolsa de plástico. Les hice y les repetí tantas preguntas detalladas sobre esta historia, que Hombrefruta dijo, finalmente: "Nos haces tantas preguntas que está claro que no nos crees. Pero es verdad. No podemos probarlo, y la gente que estaba con él jamás admitirá que permitieron que aquello ocurriera, pero todos los yanomami saben quién se llevó la cabeza: El antro T.C."

Si sigues el Orinoco hasta el Ocamo y subes por él hasta 3º 15' N, 64º 35' O, llegarás al lugar de este crimen. Si Corredor estuviera dispuesto y lo bastante saludable, podría volver a la misma escena.

Lo más difícil de confirmar de esta historia, es el año. Tuvo lugar durante la época del chontaduro, sobre enero o febrero, se cree que en

1973 o 1974. Mike Dawson visitó este pueblo en 1974 y se encontró en el camino con un grupo de guerreros con sus arcos preparados. Dijeron que le hubieran matado, pero reconocieron a la india que iba andando delante de él, en el camino.

El pueblo de Shetary (también llamado Aloteteli) se mudó para tratar de escapar de la pena de esta tragedia. Ahora están en esta posición: 3º 10.62'N, 64º 44.6' O. Los indios de este pueblo confirmarán esta historia, pero hay que acercarse con cuidado ya que siguen enfadados y desconfiados con los blancos. Tropezón (Pedro) y Phillipe confirman de nuevo la historia en video el 27 de enero de 1995.

La historia de Shetary y su actitud es muy conocida. Se dice que el gobierno venezolano protestó ante un gobierno extranjero por la cabeza desaparecida.

AGRADECIMIENTOS

Más allá del talentoso trabajo de traducción de Trini Bernal Boada reside una multitud de colaboradores sin los cuales esta edición no hubiese sido posible. La profesora Beth Matthews repasó cada frase del trabajo de Trini Bernal Boada. Un amigo anónimo del Seminario Teológico Al-Ándalus (Santiponce, Sevilla, España) financió el proyecto desde el principio en forma gratuita.

Pablo Balestra diseñó la protada.

Sandra Hyland tradujo un montón no contabilizado de detalles menores, asistida por Gaiana Bastitta Harriet. Hizo el diseño interior y un extenso trabajo de composición tipográfica.

El Profesor Thomas Headland y su asociado Steve Van Rooy proporcionaron consejos sobre el documento original que se manifestaron invaluables a lo largo de los años.

Cuando los críticos utilizan palabras como "basura" y "chorradas" para describir los años de trabajo arduo de uno, no hay recurso mejor para mantenerse concentrado en nuestra misión que un mentor del más alto renombre. El profesor Norman Geisler ha ejercido ese rol para mí durante una larga hilera de décadas. Sin su persistencia, ustedes no leerían nada de todo esto.

Y, por supuesto, la última y la más importante: el amor de mi vida, Nancy. Aunque su enfermedad ha aplazado este proyecto alrededor de una década, ella contribuyó con el estímulo y la motivación para devolver esta historia especial, tardía pero definitivamente, a donde pertenece: la comunidad latina.

EL ESPÍRITU DE LA SELVA

SOBRE EL AUTOR

Ritchie ha escrito sobre una gran variedad de temas. Cuando este libro se publicó por primera vez, se produjo una carrera en la comunidad antropológica para averiguar quién era el autor. Las búsquedas por internet dieron resultado en un candidato a doctorarse por la Universidad de California, Berkley, que debía ser el autor. Presumiblemente, los académicos que hicieron ese descubrimiento no dan clases sobre búsquedas por internet. En la confusión, alguien lo llamó un antropólogo aficionado.

El autor no se sintió atraído hacia esta historia ni por razones académicas ni por cuestiones antropológicas, sino por Piezapato, Wahaleebo y la naturaleza cautivadora de su gente.

Ritchie se crió en Afganistán, en el sur de EE.UU. con las leyes Jim Crow y un pueblo de explotación forestal de Oregón. Esto le brindó, casi por accidente, un historial excepcionalmente adecuado para el decoro intercultural que este proyecto requería. En efecto, él acuñó esa frase, "decoro intercultural," en un intento por describir la cualidad necesaria para recostarse en una hamaca en la selva tropical y hacerle preguntas personales invasivas a un consabido asesino recostado en la hamaca contigua.

Además de esta historia, Ritchie escribió su propio viaje espiritual personal (*God in the Pits*), su estrategia de mercado (*My Trading Bible*), una novela ambientada en Cisjordania (*The Last Shibboleth*) y más.

En la actualidad es Presidente de RTM2, un grupo de comercio e inversión, tiene cinco hijos y diez nietos y vive en las afueras de Chicago.